IL CORAGGIO DELLA DOMANDA

Filosofia antica e medievale

西方哲学史七讲

从古罗马时期到中世纪

Francesca Occhipinti

〔意〕弗兰切斯卡·奥基平蒂◎著

长夏　彭倩◎译

上海三联书店

目 录

第二章　如何获得善和幸福

罗马帝国和古典时代晚期

第三章　哲学新思想：基督教哲学与新柏拉图主义

第四章 奥古斯丁：真理存在于我们心中

中世纪

第五章　经院哲学：从修道院到大学

第六章　经院哲学的发展与托马斯·阿奎那

第七章　理性与信仰：是和谐还是冲突

译名对照表

希腊化时代和罗马共和国时期

哲学分期表

历史分期	时间	流派与哲学家
公元前 4—前 3 世纪 希腊哲学探究的主要问题是如何确立生活方式，以保障个人的安宁与幸福。 哲学流派开始——建立：首先是柏拉图的雅典学园，然后是亚里士多德的吕克昂学园，伊壁鸠鲁学园和斯多葛学园跟随其后。	约前 365—约前 270	皮浪，怀疑论奠基人
	前 341—前 270	伊壁鸠鲁，伊壁鸠鲁主义奠基人
	约前 336—约前 264	季蒂昂的芝诺，斯多葛主义奠基人
	前 306	伊壁鸠鲁学派的学园"伊壁鸠鲁花园"诞生
	前 300	斯多葛学派的学园"画廊"诞生
	约前 304—约前 233	亚索的克利安西
	约前 281—约前 208	索利的克利西波斯
公元前 2—前 1 世纪 希腊哲学传播到罗马世界中，激发了对生命和内心自由话题的特殊兴趣。这一阶段正值斯多葛主义中期。	前 156	哲学传入罗马
	前 106—前 43	马库斯·图留斯·西塞罗，罗马折中主义的代表人物
	前 98 / 前 96—前 55 / 前 53	提图斯·卢克莱修·卡鲁斯，罗马伊壁鸠鲁学派哲学家
公元 1—2 世纪 在拉丁哲学家的推动下，斯多葛主义经历了一段中兴的过程，晚期斯多葛主义又称罗马斯多葛主义。	约前 4—65	塞涅卡，罗马斯多葛学派哲学家
	50—138	爱比克泰德，罗马斯多葛学派哲学家

历史大事年表

历史分期	时间	人物与事件
公元前 753—前 509 罗马建立，君主制时期。		
	前 509	伊特鲁里亚三王被驱逐出罗马，共和国建立。
	前 396—前 290	罗马对拉齐奥地区的统治得到巩固。
	前 323	亚历山大大帝卒于巴比伦，他的将军们为争夺统治权同室操戈，以帝国分裂告终。希腊化时代的君主制诞生。
	前 306	马其顿将军托勒密开创埃及王国。
公元前 509—前 27 罗马共和国时期：罗马在这一阶段首先扩张至意大利，而后吞并了地中海。	前 264—前 146	罗马和迦太基为争夺地中海控制权引发布匿战争，以腓尼基城被毁告终。
	前 146	在希腊化时期，罗马征服了希腊，将其变为一个行省。
公元前 323—前 30 希腊化时期：从亚历山大大帝逝世至屋大维征服地中海（前 63—14）。	前 131—前 121	格拉古兄弟时期：罗马经济和社会的紧张局势使共和国体制陷入危机。
	前 88—前 82	第一次罗马内战：马略和苏拉。
	前 49—前 45	第二次罗马内战：恺撒和庞培。
	前 44	恺撒在一次阴谋中遇刺。
	前 32—前 30	第三次罗马内战：马尔科·安东尼和屋大维。
	前 27	屋大维在击败马尔科·安东尼执掌权力后，修改罗马国家宪法，获得"奥古斯都"的头衔。
公元前 27—284 罗马帝国时代。		

希腊化时代和罗马时代哲学的地理分布

城市	描述
雅典	在罗马征服希腊之后,直到古代哲学晚期,雅典仍然是最重要的哲学流派所在地。
亚索	克利安西诞生地。
季蒂昂(塞浦路斯岛)	斯多葛学派的奠基人芝诺诞生地。
罗马	公元前 156 年,一批属于不同流派的雅典哲学家将哲学引入罗马。
伊利亚	皮浪诞生地。
索利(西里西亚)	被认为是斯多葛学派第二创始人的克利西波斯诞生地。
埃及的亚历山大	希腊化时代最重要的文化中心:哲学流派、博物馆和古代最大图书馆之一的所在地。
科尔多瓦(西班牙)	吕齐乌斯·安涅·塞涅卡诞生地。
萨摩斯	雅典裔的伊壁鸠鲁诞生地。

希腊化时代和罗马时代的城市和都城

城市	描述
罗马	拉齐奥地区的城邦国,建城时间为公元前 8 世纪。罗马君主制、共和制和帝国制时期的都城。
拜占庭	希腊城市,由米利都的居民在公元前 6 世纪建立,逐步成为罗马帝国最大的城市之一。
安条克	建立于公元前 300 年的叙利亚城市,是叙利亚塞琉古王国的都城。
迦太基	建立于公元前 8 世纪的腓尼基城市,位于数量众多的殖民地和商贸中心的中央,由于和罗马同样具有朝地中海扩张的意愿而引发冲突。
帕加马	古老的安纳托利亚城市,在公元前 282 年成为阿塔罗斯王朝的首都。
埃及的亚历山大	公元前 331 年由亚历山大大帝建立,是托勒密王朝统治下的埃及王国的都城。
巴克特拉	公元前 3 世纪中期建立的古老亚洲城市,巴克特里亚王国(又称大夏-希腊王国,今阿富汗地区)的首都。
巴比伦	巴比伦帝国的古老都城,是勾连印欧大陆的重要中心。公元前 323 年,亚历山大大帝在此地溘然长逝。

知识

从希腊到罗马

在公元前 4 至前 1 世纪之间,通过古希腊文化的盛行和罗马的扩张,欧亚大陆之间的西方文化产生了深刻的变革。古希腊文化盛行代表了古典希腊文化和东方文化的碰撞与融合,催化出一个多元民族与多元文化的社会。具有国际语言作用的希腊语得到简化,产生了"通用语言",希腊元素作为黏合剂的功能得到了极大的增强。同时,罗马征服了大量的希腊化疆域以及希腊本土,在吸收其文化之后催生了新的语言。

大众文学的诞生:书籍、翻译、受众

文学重新使用古典希腊文学的体裁、表现手法和意象。但是,这一时期也出现了一些对未来产生巨大影响的现象:

1. 文学与口耳相传断绝联系,成文作品成为其传播的关键媒介。

2. 文学受众国际化,其中包括大范围的受教育阶层,由此产生高阶艺术和大众艺术的分化。在古希腊文明中,文学作品面向所有人,民众也能够理解荷马的诗篇或是悲剧作品,但是在希腊化时代中这一切都不再可能。该现象由亚历山大图书馆的领导者之一、诗人卡利马科斯(前 305—前 240)第一次指出。

3. 出现了文学体裁的革新,例如,叙拉古的提奥克里图斯(前 315—前 260),写作第一组田园牧歌诗(以乡野或田园为背景),而罗德岛的阿波罗尼奥斯(前

295—前215）则创作了史诗《阿耳戈号英雄记》，讲述了伊阿宋（Giasone）和阿耳戈号的神话传说，但其记载与叙事风格和荷马史诗有所不同。

4. 希腊化文献被大量翻译，许多著作，例如来自本地文化的《圣经》（翻译时间为公元前 3 至前 1 世纪），或埃及、叙利亚和巴比伦的历史学家的文章被翻译为新的通俗语言，社群外部的人也可以读到这些作品。

5. 诞生了一系列与文学研究有关的学科——语法学、语言学和文学批评，主要在希腊化王国的研究中心中得到实践。卡利马科斯的著作《希腊图书总目》中收录了亚历山大图书馆中的作品（按类划分）和作者（按字母顺序排列），并为其添加历史注释和传记，考证作者归属等。

6. 只有少数人能够理解的高阶文化形成，导致新型大众文学的诞生，其中包括冒险、感性和色情的叙事作品。

《亚历山大冲向一名波斯士兵》，浮雕，公元前 4 世纪。
伊斯坦布尔，考古博物馆。

拉丁文学：希腊模式和寻求认同

罗马当地的语言是拉丁语。拉丁语形成的大致时间为公元前1000年，但到公元前3世纪仅存留下少许痕迹，其中大部分是碑文或后期作者的引用。最早的文献记载可以追溯到公元前7世纪：古罗马市集路面的一块"黑石"和一个附带有拉丁文铭刻的伊特鲁里亚手工普莱内斯提那带扣（前675）。

最早的拉丁语成文作品由利维奥·安德罗尼科（前280—约前200）写成。他是一名被释放的希腊囚徒，将希腊语的古典作品（荷马、埃斯库罗斯、索福克勒斯等人的作品）转写成拉丁语的悲剧和诗歌。

公元前1世纪，尽管仍然以希腊和希腊化文学作为范本，但是拉丁文学获得了自己的身份。因此，这一时期被称为古典时代，而成为"古典"拉丁语语言和文学典范的作者分别是：

• 马库斯·图留斯·西塞罗，他的作品涵盖哲学著作、书信和演说；

• 特伦齐奥·瓦伦内（前116—前27），他写作诗歌、历史和博物志（例如《农业三书》或《拉丁语》）；

• 诗人盖乌斯·瓦莱里奥·卡图卢斯（前84—前54）、提托·奥拉齐奥·弗拉科（前65—前8）和普布利乌斯·奥维德·纳索（前43—17），以希腊文诗歌的结构和抒情类别为范本；

• 提图斯·卢克莱修·卡鲁斯以诗歌为工具表达伊壁鸠鲁的哲学；

• 普布利乌斯·维吉留斯·马罗（即维吉尔，前70—前19），赞歌、田园牧歌和英雄史诗《埃涅阿斯记》的作者，这篇史诗是少数完整保留至今的古籍之一，不仅文学价值弥足珍贵，而且通过对埃涅阿斯的神话和罗马城的建立的描述，为罗马文化和政治认同做出重要贡献。

从1世纪下半叶起，希腊化时期落下帷幕，罗马帝国时代迎来曙光。拉丁语开始成为国际语言，而拉丁文学则成为罗马帝国欧洲地区的通用文学。

《爱侣》，湿壁画，公元前 1 世纪至公元 1 世纪。
庞贝，纯洁恋人之屋。

希腊和罗马的戏剧新形式

在古希腊文化盛行的时期，希腊戏剧继续按照传统的流派发展。悲剧的产生与公共生活关系紧密，但内容千篇一律，没有出现杰出的作者。

在希腊诞生了新型喜剧，讽刺政治、针砭时弊的主题被抛弃，转而开始展现人类的脆弱及与个人或家庭冲突有关的情景。"新型喜剧"最重要的作者是米南德（前 342—前 291），他：

• 运用重复出现的形象（文学典型），如脾气古怪或悭吝的老年人，恋爱中的年轻人，奸猾的仆从和钻营者；

• 写作极为复杂、精心构造的情节（身份的交换、乔装打扮、认回失散的子女等），命运在其中具有决定性作用；

• 将情感，诸如尊重、友谊、对他人的友爱搬上舞台，为故事带来圆满的结尾。

在罗马时代，不论是悲剧还是喜剧，都出现了再度参考古希腊戏剧表现和写作的现象，通常伴随着对已经存在的作品进行拉丁文的改写。

不仅利维奥·安德罗尼科的作品有残篇留存至今，在罗马戏剧创作的源头还有提托·马乔·普劳图斯（前 255 / 前 250—前 184）的二十余篇喜剧作品传世。

普劳图斯和普布利乌斯·泰伦修·阿甫洛（前 185 / 前 184—前 159）都遵守新型喜剧的表现准则和人物角色模板。

我们唯一能够获知其作品的罗马悲剧作家是吕齐乌斯·安涅·塞涅卡（约前 4—65）。除了哲学著作之外，他还创作了多篇悲剧作品。和希腊范本相比，塞涅卡的悲剧作品以人物的内心戏和人物之间的冲突为中心，花费大量篇幅描写暴力、血腥和恐怖的场景。

《喜剧场景》，红绘式坎帕尼亚双柄大口酒坛，公元前 4 世纪中期。
柏林，国家文物博物馆。

权力和新型政治体制

在法律领域，希腊化时代与古典希腊时期相比，并未推陈出新。相反，从政治体制的角度来看，希腊城邦的模式陷入危机，确立了以亚历山大大帝的所作所为为蓝本的新型君主体制，其中：

• 君主拥有绝对的权力；

• 君主具有半神的性质。亚历山大的头衔是"宙斯阿蒙之子"，坊间流传着关于他诞生的神迹。希腊化时代的君主们纷纷效仿，以神明或者半神自居；

• 强壮而勇敢的人因具有指挥的能力而被赋予权力，君主则被认为是天生的统治者。

在罗马还产生了新的法律形式和政治体制。

自公元前 5 世纪起，罗马法开始形成，第一份文献是《十二铜表法》（前451—前450）。这一文件与家庭关系有关，赋予一家之主对妻子、儿女、奴隶、财产方面的绝对权力。随后确立了婚姻法、离异法、收养法、合同法、遗产法等等法律规定。另外还诞生了一种法律体系，这种法律体系从某些原则出发，约束着私人关系，在之后的整个罗马历史进程中薪火相传，不断完善。

从政治体制的角度来看，罗马时代出现了一些重要的创新之处。

1. 罗马共和国（前 509—前 27）的体制具有以下特征：

• 公民权利，罗马公民享有很多政治和民事权利；

• 复合型政府形式（元老院、执政官、护民官、大祭司等），代表社会各阶层的利益；

• 选举产生公职人员（任期有限），不同机构之间相互制约；

2. 屋大维（前 27）掌权后开创罗马帝国，罗马事实上转变为君主体制；为达成这一目的，屋大维：

• 正式废止了共和国的体制；

• 改变了元老院的准入规则，驱逐对自己怀有敌意的元老；

· 将所有的公共职务都掌握在自己手中，每年指派自己信任之人担任法官；
· 重组了帝国行省的管理体系。

《格涅乌斯·庞培，罗马将军与执政官》，大理石，共和国时期。
卡斯特拉佐·迪博拉泰（MI），阿尔克纳第别墅。

艺术

观察现实

在希腊古典艺术中，秩序、分寸和理想之美占据统治地位；而希腊化时代的艺术则确立了一种写实主义的倾向，引导人们观察自然世界和人类，使之表现为日常生活中所见的样子。人物的真实形象取代了对人类的理想化和对英雄的歌颂，辛劳、痛苦，抑或不愉快和粗俗的态度不再被隐瞒。悲怆哀婉代替了祥和宁静，情绪和深层次的感情呼之欲出。

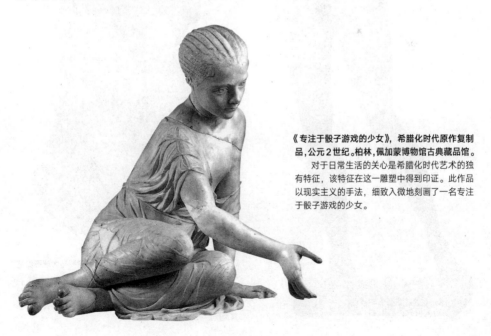

《专注于骰子游戏的少女》，希腊化时代原作复制品，公元 2 世纪。柏林，佩加蒙博物馆古典藏品馆。

对于日常生活的关心是希腊化时代艺术的独有特征，该特征在这一雕塑中得到印证。此作品以现实主义的手法，细致入微地刻画了一名专注于骰子游戏的少女。

《清洁身体的运动员》，利西波斯（Lisippo）青铜原作的罗马复制品，可追溯至约公元前 320 年。梵蒂冈，梵蒂冈博物馆。
　　在这一雕塑中，运动员并未被表现为与胜利有关的传统姿势（例如整理额前胜利者饰带的动作），也没有携带任何能让人联想到胜利的物品（例如铁饼或标枪）。艺术家捕捉了比赛之后的瞬间：运动员在劳累之后目视前方，用一种工具（刀刃弯曲的铁制刮刀，用于竞赛之后清洁遍布皮肤的汗水、灰尘和油脂，以使肌肉更具弹性）清洁自己的皮肤。

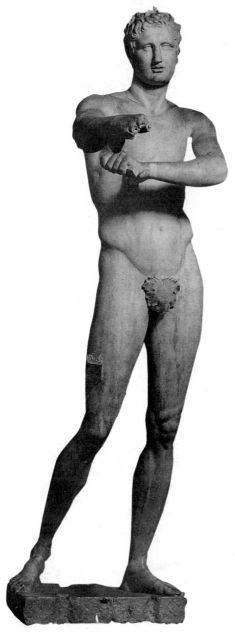

《醉酒的老妇人》，约公元前 200 年原作的罗马大理石复制品。慕尼黑，州立文物博物馆。
　　画面中，雕塑家表现的是日常生活不尽如人意的一面——老妇人瘦骨嶙峋，动作失调，脑袋向后歪倒，显示其酒醉的状态。

《垂死的加拉塔》，希腊化时代青铜原作的罗马大理石复制品，公元前 3 世纪。罗马，卡皮托里尼博物馆。
　　雕塑中，不着一缕的战士正处于濒死状态。他肋骨遭到撞击，跌坐在盾牌之上，面部朝下，显示出极大的痛苦。

《拉奥孔群像》，局部，希腊化时代青铜原作的罗马大理石复制品，公元前 2 世纪。梵蒂冈，梵蒂冈博物馆。
　　这一雕塑展现出特洛伊祭司拉奥孔试图阻止木马进入特洛伊城的故事。他因此受到波塞冬的惩罚 ——海神的海蛇将他和儿子一同扼死。拉奥孔遭受海蛇盘绕的折磨，其肉体的强烈痛楚表现在他面部扭曲的表情上。

第一章
希腊化时代的哲学和罗马哲学

对待这些事物（欲望）的正确观点是：懂得将所有选择和拒绝引导至身体健康和灵魂安宁，因为这就是有福生活的目的——无痛无惧，我们做的所有事情都以此为目标。

（伊壁鸠鲁：《致美诺西斯的信》）

1. 我们是否可以认识物质实在并解释其现象？以哪些原则为基础？

2. 什么是愉悦？愉悦是普遍意义上的吗？还是说愉悦具有不同的形式？

3. 为什么人类在思考死亡时会感到困惑、焦虑和恐惧？什么最使他们害怕？

4. 如何才能更容易地获得幸福？在行动中，在务实的投入中，还是在与永恒实在的联系中？抑或说幸福是一种个人的内在维度？

5. 外在事件能干扰和制约我们的存在到何种程度？无论何事发生，我们是否都能笑着面对？

6. 对自己所知深信不疑和始终受疑问驱使，这两种人谁的研究和学习冲动更强烈？

哲学家年表

时间	人物
前 306	伊壁鸠鲁创立花园学园
前 300	芝诺开创画廊学园
前 270	皮浪逝世，未有作品传世
前 1 世纪	卢克莱修的《物性论》将伊壁鸠鲁主义引入罗马文化
前 44	西塞罗写就受斯多葛学派思想启发的《论义务》
62—65	塞涅卡写作《致卢基利乌斯书》
180	马可·奥勒留的《沉思录》问世，记载了他余生最后十二年的故事

历史大事年表

时间	事件
前 323	亚历山大大帝卒于巴比伦。希腊化时代开始
前 212—前 205	罗马人和腓力五世的第一次马其顿战争
前 168	罗马人在彼得那击溃马其顿人，吞并他们的王国
前 146	希腊成为罗马的一个行省
前 31	阿奇奥战役：奥古斯都统一地中海地区，希腊化时代告终
54—68	尼禄的王国
161—180	马可·奥勒留成为罗马的帝王

⚜ 1. 从希腊传播到罗马的哲学 ⚜

从亚历山大帝国到罗马人的征服

亚历山大大帝征服远东标志着一个时代的开始 —— 在历史编纂学中被称为希腊化时代，在此期间希腊文化传播至地中海和远东地区。在亚历山大大帝去世（前323）后，他的将军之间纷争四起，但是无一人能够服众，于是帝国分崩离析，分裂为一系列王国。

公元前 2 世纪至前 1 世纪之间，从马其顿帝国中诞生的王国受到罗马人扩张的冲击，在埃及被屋大维吞并（前30）后，希腊化时代落下帷幕。

从文化的角度来看，希腊化时代新意盎然，别开生面。有两座城市象征性地代表了这一时期文化的蓬勃发展：雅典，保留了其哲学都城的地位；埃及的亚历山大城内筑造了一座巨大的图书馆和博物馆，各类学科的学者都能够在安静的环境中追求自己的兴趣。

思想新趋势：个人主义和世界主义

哲学活动主要在学园内部进行：在这些学园中老师和学生在园长（学校校长）的带领下，共同进行学习和研究。

在雅典，雅典学园和吕克昂学园旁，建立起花园学园（公元前 306 年由伊壁鸠鲁建立）和画廊学园（公元前 300 年由季蒂昂的芝诺建立）。

这一时期出现了新的思想趋势，倾向于以不同方式抹除希腊城邦所做出的政治承诺的意义：

1. 个人主义，将个人的兴趣和思考主要引导至个人问题上；

2. 世界主义，即对自身属于一个大型社群（扩展至整个世界，城市—世界：世界人民）的自我意识。在这一群体之中，鉴于所有的人类都同样具有理性，因而都是平等的，无关社会和法律的差异。

在哲学领域，三分法成为常态：

- 伦理学，即对个人生活方式和幸福问题的反思；
- 逻辑学，关于思维工具和认识的研究；
- 物理学，对于实在的总体说明。

希腊和罗马的希腊化时代哲学

希腊化时代的学派主要针对的是以负面方式为特征的美德和自由的理想，如"消除 / 摆脱"某种令人厌烦的事物 —— 没有痛苦（aponía），没有烦扰（ataraxía，无忧无虑），没有激情（apátheia，无欲无求），对世间万物无论善恶都无动于衷（adiaphoría，漠不关心）。

希腊化时代的哲学从希腊开始传播至罗马世界，在希腊化时代衰落之后影响仍然长存。

希腊化时代和罗马时代哲学家的地理分布

城市	描述
埃及的亚历山大	图书馆和博物馆在此拔地而起。
伊利亚（伯罗奔尼撒）	皮浪（约前 365—约前 270）诞生与辞世之地。
萨摩斯	公元前 341 年，伊壁鸠鲁诞生。
季蒂昂（塞浦路斯岛）	约公元前 336 年，斯多葛学派的建立者芝诺诞生。
索利（西里西亚）	约公元前 281 年，被认为是斯多葛学派第二奠基人的克利西波斯诞生。
雅典	公元前 306 年，伊壁鸠鲁创立了自己的花园学园； 公元前 300 年，芝诺建立了自己的画廊学园； 公元前 270 年，伊壁鸠鲁去世； 约公元前 264 年，芝诺去世；约公元前 208 年，克利西波斯去世。
希拉波利斯（土耳其，代尼兹利省）	公元 50 年，爱比克泰德出生。
罗马	公元 65 年，科尔多瓦的塞涅卡去世； 公元 121 年，马可·奥勒留诞生。

欧几里得的几何学：一种演绎体系

希腊化时代的科学

多亏了埃及的亚历山大享有盛誉的文化机构——图书馆和博物馆，不同领域的科学蓬勃发展成为希腊化时代的特征。当时的科学家包括数学家欧几里得、物理学家阿基米德和天文学家萨摩斯的阿里斯塔克斯（第一个提出太阳是静止不动的、地球围绕太阳转动之人）。

欧几里得的《几何原本》

欧几里得生活在公元前 3 世纪，他的贡献在于对当时的几何学知识进行了全面的梳理。在他名为《几何原本》的作品中，欧几里得用严格的演绎体系阐述了几何学的内容。该书分为两个部分：

1. 第一部分收录了几何学的基础原理：

• 被认为理所当然、无须论证的原理；

• 所有论证都必不可少的、作为出发点的原理。

它们包括：

• 术语：对实体和形状的定义，例如"点""线""面""形状"这些构成几何学的首要对象；

• 公设（字面意思指被需要之物，即

《三个哲学家之间的对话》，马赛克，公元前 1 世纪。那不勒斯，国家考古博物馆。

需要被预先接受之物）：确切地阐明几何实体某些特性（例如，所有直角都相等）或肯定某些操作可能性的命题（例如，从任意一点向另一点都能够引出一条直线）；

• 公理（在亚里士多德的语言中称为 assiomi，自明之理）：适用于多种科学，包括几何学的原理（例如等同于同一事物的事物彼此相等）。

2. 第二部分收录的是对定理的论证（根据亚里士多德在《分析篇》中阐述的范本，通过演绎过程或归谬法论证）和基于第一部分的定理所提问题的解决方法。

⤜✦ 2. 伊壁鸠鲁：实在的唯物主义观念 ✦⤛

生平和作品

公元前 341 年，伊壁鸠鲁诞生于萨摩斯岛，父母为雅典人。根据传统，他在瑙西芬尼学园求学，因此与德谟克利特哲学和柏拉图主义者潘菲洛亲近。

公元前 306 年，在米蒂利尼（Mitilene）和兰普萨库斯（Lampsaco）完成教学之后，伊壁鸠鲁来到雅典，在那里买下一座带花园的房子。就在此处他建立起自己的花园学园，将一众友人（其中也包括妇女和奴隶）聚集在自己身旁，与他们共度简单而朴素的生活，远离公共生活。

伊壁鸠鲁不要求自己的学生具有特别的文化素养，也不介意他们的年纪、财富和社会地位。由于哲学是灵魂之恶的治疗方法，而非娱乐或智慧的奢侈品，因此无论老幼、男女，自由人还是奴隶，都可以成为哲学家。

关于伊壁鸠鲁，人们传说他对其他哲学家态度强硬，针锋相对，却对自己的门徒慷慨而和蔼可亲，以强大的毅力忍受自己健康状况不佳的痛苦。

如今，他浩如烟海的作品只剩下：

《伊壁鸠鲁》，希腊原作的罗马复制品，公元前 3 世纪。
那不勒斯，国家考古博物馆。

• 致学生皮托科莱、希罗多德和美诺西斯的三封信。信中以概述的方式阐释自己关于实在、自然现象和伦理的思想；

• 一定数量的箴言和名句；

• 一篇关于自然的论文的残篇；

• 他的遗嘱。

伊壁鸠鲁于公元前 270 年逝世，他将学园作为遗产留给门徒。

哲学的部分

根据伊壁鸠鲁的观点，哲学知识可分为两部分：

• 物理学，研究自然及其规律；

• 伦理学，研究个体得以摆脱恐惧、困扰和激情而获得幸福的媒介。

这就是哲学的真正问题：只有在为人类指明幸福之路时，哲学才具有价值，而知识本身则显得无用，甚至一无是处。物理学和伦理学的前提是准则学。这一学科以对真理之准则的定义为对象，在此基础上确立真实知识和虚假知识的界限。

◆ 2.1 准则学

可感认识的作用

伊壁鸠鲁明确地指出了真理的准则：只有当认识如同感觉（由感官获取的认识）一般，能够被即时理解，并且如实反映被感知事物的可感表象时，才能被认为是真实的。因此，当人们以可感事物为基础形成判断和评估时，谬误便产生了。

对常见事物的映像同样是真实的，例如人们在生活中不断重复地感知到树木，对其产生经验，由此产生树木的映像。

特定而明显的感觉不断积累，被保留在记忆中，成为一般概念或观念（关于树木、人类、房屋等）的来源。由于它们是在已经获得的知识 —— 特定物体的特点 —— 的基础上做出的预先了解，因而被伊壁鸠鲁称之为前定观念或预想。例如，"树木"的概念使我们能够认识面前出现的这一物体，而这一物体则展现出符合树木概念的特定特征。

所有其他不是来源于感官的思维内容都是想象的产物，也就是说它们不符合真实物体的映像，是简单的假设。然而，通过推理，我们同样能够从可被感知之物上升至不可被感知之物，将认识扩展到感官对象之外。

◆ 2.2 物理学

原子和虚空

伊壁鸠鲁的物理学在准则学的基础上发展起来 —— 通过对显性之物，即来自经验的资料进行逻辑推理，获知隐藏的本原：原子（数量无限、不可分割的微粒）和虚空（原子运动的空间）。他重新采用了德谟克利特关于原子和虚空的概念，在不借助精神和超自然力量的条件下解释物质世界。

经验表明，虚无既无法从虚无中产生，也无法消失在虚无之中，由此我们可以推断出宇宙的永恒性：如果这一刻存在的宇宙不是来自虚无，也不会在虚无中消亡，那么就应当是亘古长存、不朽不灭的。

同样，从躯壳和其运动的显著性中，可以推理出虚空的存在，因为如果没有虚空就没有运动，虚空就是运动发生的场所。

在伊壁鸠鲁的观念中，虚空是无限的空间，是无限的宇宙的所在地，而宇宙由无限的世界构成，每一个世界都由原子构成的实体组成。

正如经验告诉我们，实体会瓦解和死亡，但是由于没有任何东西消失，因此我们可以推导出它们是由不可分割的微粒原子所构成。因此，正如德谟克利特的论断：实体是虚空中运动的原子的聚合。

原子的偏移

伊壁鸠鲁与古代的原子论主义的相同点在于他认同原子缺乏性质，不同之处则在于他认为原子的基本特征是重量，因此所有的原子都循着平行的轨迹向下不断运动。那么，它们是如何聚合成实体的呢？为解决这一问题，伊壁鸠鲁承认存在一种偏移，这种偏移后来被拉丁诗人卢克莱修（前 98 / 前 96—前 55 / 前 53）称作克里纳门（clinamen）。伊壁鸠鲁通过在物理行为中引入一种随机性的组成部分，解释了原子的碰撞和随之而来的实体的诞生。这种不确定性的边界也使得人类可以无视物理的因果关系，自由地行动。

人类的灵魂和死亡问题

人类的灵魂由如风一般细微而轻盈、遍布全身的原子构成。这解释了感觉的起源——灵魂的原子与来自外物的原子流的碰撞。这些原子流被称作映像，如实地保留了其来源物体的外形（如果它们的路径没有受到干扰）。

灵魂的原子构成在涉及死亡的问题时同样具有重要意义：由于灵魂是由原子构成的，因此是会朽坏的，换言之，注定瓦解。一旦解体，灵魂就再也不能体验丝毫，也无法感受到死亡。因此，当自知拥有会朽坏的灵魂时，人们就能够摆脱对死亡的恐惧：当我们存在时，死亡尚未降临；当死亡降临时，我们已经不复存在。为什么要惧怕死亡呢？

神明：有福而遥远

实在的原子论解释排除了神明对世间事物所进行的任何主动干预。伊壁鸠鲁承认神明的存在——神明是大众普遍信仰的对象，具有普遍共识的观点不应受到怀疑。但是，神明与其他存在物形成的方式截然不同。

不朽的神明享有至福极乐（不受任何不安、痛苦、忧虑的烦扰），这导致他们对世间发生的一切皆漠不关心，毫无兴趣。对神明来说，对凡尘俗世上心意味着放弃自己的至福极乐。

恶与痛苦的存在恰恰证实了神明对世间万事的袖手旁观。为什么神明无动于衷，不出手消灭它们呢？是因为他们力有不逮，还是压根儿兴味索然？

若爱莫能助，那么神明就是虚弱无力的；若隔岸观火，那么神明就是善妒而邪恶的。然而，孱弱和妒忌如何能用来形容神明？这意味着神明对世事和人事无动于衷，所以我们应当摆脱对神明的恐惧，认清他们并非奖惩的支配者。

哲学的疗愈作用

对自然知识的了解使我们知道，对死亡和神明的恐惧是毫无根据的。但是，另外两种灵魂的病症——对疼痛和对无法获得幸福的畏惧——仍然折磨着人类。哲学思考，尤其是伦理学的反思，是应对这些情况的药方。于是，哲学成为灵魂名副其实的"四味药"，能够治愈四大主要原因导致的不幸福感。哲学的治疗作用表现在以下四个方面：

- 无须惧怕神明；
- 无须惧怕死亡；
- 人类能够承受痛苦；
- 人类能够获得幸福。

伊壁鸠鲁主义与其他希腊化时代的哲学潮流的共同趋势由此形成，并赋予纯理论研究以实际的目的。哲学作为智慧的典范，将知识与生活的选择（以道德为第一要务）联系在一起。

◆ 2.3 伦理学

快乐的伦理学

对痛苦和幸福的思考是伊壁鸠鲁伦理学的研究对象。

幸福在于快乐，可以被理解为"痛苦的缺位"。它是：

• 唯一真正的善；

• 人类凭天性所追逐的目标；

• 行为选择的准则：人们选择能为自己带来快乐的行为，逃避会带来痛苦的行为。

随后，伊壁鸠鲁就下列问题做出了区分：

• 虚假的快乐，即所谓的运动中的快乐或动态快乐，倾向于不断满足新的欲望；

• 真正的快乐，即休息的快乐或静态快乐，没有痛苦折磨。

痛苦产生于某种事物的缺乏与需要（例如，饥饿所产生的不安感来自食物的缺乏），终止于被唤起的需求得到满足之时。我们应当满足哪些需要？

根据伊壁鸠鲁的观点，只有自然而必要的需求（例如饮食和休息）才应当得到满足，因为这些是容易达成的要求。

自然却不必要的需求（例如对精致食物或珍贵衣饰的渴望）与非自然且不必要的需求（例如对荣誉和权力的欲望）则不然，它们永远无法得到充分的满足，总是让人贪得无厌，因此由此产生的痛苦之火事实上永远无法熄灭。

智慧蕴含于对快乐的计算之中

如果快乐会带来痛苦，我们就要学会放弃；如果痛苦能开启通往快乐的道路，我们就要学会接受。

只有审慎计算，衡量一个人满足某些快乐所需付出的努力，遏制不必要的需求，人才能获得幸福。这个计算中存在着真正的人类智慧，能够让痛苦消失。

如果智者能够摆脱肉体痛苦引发的恐惧，那它也是可以承受的：因为痛苦若强烈，持续时间就短暂；若持续时间很长，就会越来越微弱。因此，智者在忍受之中也能获得幸福。这是伊壁鸠鲁面对长期困扰他的肉体痛苦通过实践总结出来的论点。

泰然自若的理想状态

从灵魂的角度而言，没有痛苦意味着没有折磨，达到了泰然自若（无动于衷）或灵魂安宁的状态 —— 与神明的福祉类似，智者在其中寻找到幸福。幸福的生活存在于由摆脱恐惧和痛苦的推理所启发出来的行为之中。追求泰然自若，就要放弃政治生活，退回至私人领域，尊重城邦、公正和法律，从而保障秩序，阻止人类相互伤害。

箴言"秘密地生活"表现了伊壁鸠鲁伦理学的个人主义特征。

然而，伊壁鸠鲁同样强调友谊的价值，认为友谊是联结志同道合之人的纽带，提高了个人快乐的可能性，而不会打乱它，就像在哲学学派的狭隘圈子中发生的那样。

于是，一个哲学家的新形象出现了：他是专注于个人幸福的智者，通过从对世界的激情和关怀中解放出来而获得幸福。

卢克莱修和伊壁鸠鲁的智慧

《物性论》

伊壁鸠鲁的哲学学说在提图斯·卢克莱修的《物性论》中得到了诗化的表达。这首诗歌在前两章中描述了宇宙的结构和原子运动的原则 —— 从原子的运动中，事物形成和分解。

旁观者眼中的船难

第二章的开端是一幅暗示性的画面，描绘了伊壁鸠鲁学派智者在不断运动的自然面前的形象。海风激荡、潮水汹涌时从岸上远眺海难是一种美：这并不是幸灾乐祸，而是因自己远离这样悲惨的命运而庆幸。

对于站在坚实的陆地上从远处观望的旁观者来说，这一场景指的是自然肆虐所造成的船难。他欣赏着眼前的画面（"海风激荡、潮水汹涌时从岸上远眺海难是一种美"），却并不是从别人的不幸之中获得满足，而是对逃过了大海的狂暴而感到欣慰。他的乐趣来自自己所处的安全状态与他人所遭受的危险的对比。

这一旁观者的角色比喻的正是伊壁鸠鲁学派学者，他冷静地观察着原子的急速运动，实体无休无止的聚合与分裂，以及在时间流逝中不断相互交织的事件。陆地——他观看这场可怕表演的场所——暗指伊壁鸠鲁的哲学。这一哲学帮助人们从错误的信仰中解脱出来，教会他们真理。风暴中的大海是自然整体，是元素无休止对抗的场所，人类社会也是其中的一部分。

伊壁鸠鲁的哲学

准则学	一目了然的准则
	一般概念的养成或预设
	逻辑推理的论据
物理学	原子，虚空，克里纳门
	宇宙的永恒性
	宇宙的无限性
	神明对世界的无动于衷
伦理学	哲学是治疗的药剂
	快乐的伦理学
	智慧是对快乐和泰然自若的计算
	幸福 = 智者的极乐

3. 斯多葛学派和智者的理想

斯多葛学派的各个阶段

与伊壁鸠鲁的花园学园同期,在季蒂昂的芝诺的倡议下诞生了另一所学园 —— 画廊。这一学园得名于彩绘的拱廊（希腊语为 Stoá Poikíle），是雅典古希腊主广场周围的一个公共区域,学园的老师们就在这里授课。

哲学史学者将斯多葛学派漫长而多变的历程分为三个时期:

- 早期斯多葛学派（前 3—前 2 世纪）;
- 中期斯多葛学派（前 1 世纪）;
- 晚期斯多葛学派（1—2 世纪）,主要在罗马得到了发展。

◆ 3.1 早期斯多葛学派

早期主要人物及其作品

约公元前 336 年,学园的创始人芝诺诞生在塞浦路斯的季蒂昂,在公元前 264 年左右自戕于雅典。他对哲学的兴趣有部分原因是受到色诺芬的作品及其对苏格拉底的记载的影响。因此,他来到雅典（前 311）,数年后,约公元前 300 年,他在画廊创立了学园。他关于物理学、形而上学、逻辑学和科学的诸多著作如今只余下少许残篇。

他的继任者、学园的领导人是他的学生克利安西。此人公元前 304 年左右生于亚索,公元前 233 年左右去世,创作了大量文章,其中《宙斯赞》被全篇保留下来。

在克利安西之后接任的是克利西波斯。他著作等身,却只有少许残篇留存。克利西波斯被认为是斯多葛学派的第二奠基者,最终整理并确立了学园的学说。

哲学的一分为三

对斯多葛学派来说,对幸福的追求同样是哲学活动的根本目的,因此在将哲学细分为逻辑学、物理学和伦理学三部分的情况下,伦理学占有首要的地位。

其他两项同样值得作大量的思考，根据斯多葛学派的观点，要获得幸福的生活就必须成为智者，因此有必要拓展自己的认知。

哲学的各个部分紧密结合，斯多葛学派对此做出了生动的比喻：哲学是一种有生命的存在，其中逻辑学是骨骼和神经，物理学是肉质部分，而伦理学则是灵魂。

他们强调的内容是：

• 哲学的三个部分相互依存；
• 由此而来的知识、美德和幸福之间的关系，在智慧与幸福的结合体——智者的形象中得以实现。

3.1.1 逻辑学

逻辑和认识的理论

根据斯多葛学派的观点，逻辑学的对象是 lógoi（同时指代"论述"和"论证"的名词），包括：

• 真正的逻辑学（按照亚里士多德对这一名词的定义）或辩证法；
• 关于知识的理论，其目的是建立真理的标准。

斯多葛学派也认为真理的基本准则是感觉，通过感觉在"干净的桌子般的"灵魂中印刻下外界事物的表象（phantasía，幻象）。

记忆保留下幻象，在同一件事物的幻象反复出现后，形成一般概念。以这些概念的特征为基础进行组合或分类——类比、相似性、相反性，能够形成表现非可感事物的概念，如空间的概念。

手和认识的比喻

芝诺将认识的第一阶段形容为张开的手，能够接纳一切，灵魂在其中扮演着被动的角色。

但是，灵魂的角色开始逐渐获得主动：部分合拢的手意味着注意力集中在自己"赞同"或认可的复现表象上。

因此，如抓握某物时攥成拳头的手意味着领悟（katálepsis）或思维"抓住"事物的真理。与事物的联系在他们脑中刻下印记，是所领悟的复现表象可靠性的保障。

然而在这一过程中，错误也有可能蔓延（取决于任何阻碍正确认知的情况，如疲劳或疾病），包括赞同在事物中并无对应一致之处的复现表象。通过手的形象，斯多葛学派也描绘了确定的认识，即真正的科学。让我们想象一只握紧的拳头被另一只手握住：这意味着把握住的事物如此真实确切，没有任何相悖的推论能够驳倒它所肯定之物。

含义的理论

至于辩证法，即真正的逻辑，研究的是什么是语言的含义（即表达的意思）。为此，斯多葛学派学者进行了明确的区分：

- 有形的事物（例如植物）；
- 当发音时，组成"植物"一词的声音的集合，同样具有形体；
- "植物"一词引起的无形的思维表征。

辩证法的对象是存在于思维之中的含义，它们可以是：

- 不完整的，例如动词缺少主语的情况（如"生长"）；
- 完整的（如"植物生长"）。

完整的含义被称为自明之理，即取决于是否与事物的状态相对应的真假命题或判断。

命题的形式

正如亚里士多德所做的那样，斯多葛学派也以命题的逻辑形式作为研究对象，但是他们之间的区别在于后者探寻的是命题之间的联系，而非词项（名词、谓词等）之间的关系。

他们的分析专注于通过"和""或""如果"相互连接的简单命题构成的推理，分别构成联言判断、选言判断和逻辑蕴涵（或条件式）：

1. 联言判断：现在是白天且有阳光。
2. 选言判断：是白天或是夜晚。
3. 逻辑蕴涵：如果是白天，就有阳光。

根据每个命题的组成形式，可以确定它的真值：

• 当两个构成联言判断的命题均为真时，联言判断为真（例如上述示例所言，"现在是白天"和"有阳光"均为真）；

• 当两个构成选言判断的命题之中只有一个为真时，选言判断为真（"是白天"或"是晚上"只能有一个为真）；

• 逻辑蕴涵的情况较为复杂：只有结果为真时，逻辑蕴涵才被视为真；如果前提为真，而结果为假时，逻辑蕴涵为伪。因此，非真的逻辑蕴涵也可以是成立的。例如，前文所述的"如果是白天"可能反映的并非事实（因为现在是夜晚），因此其结果"有阳光"也不符合事物的现状，但是这并不意味着逻辑蕴涵（在白天与阳光之间建立起关联）是不可靠的。

先进于亚里士多德之处：命题逻辑

相互关联的命题构成推理。斯多葛学派的推理模式与亚里士多德基于词项（更确切地来说，基于通过第三项）的三段论法有所不同。从被解读为命题的联系的推理之中，斯多葛学派分析出五种基本命题：每一种都由两个分别被称为"第一"和"第二"的前提和"结论"构成，可以示范如下：

1. 如果第一，那么第二；　　　　如果是白天，那么有阳光；
   第一，　　　　　　　　　　　是白天，
   所以第二。　　　　　　　　　所以有阳光。

2. 如果第一，那么第二；　　　　如果是白天，那么有阳光；
   并非第一，　　　　　　　　　并非是白天，
   所以并非第二。　　　　　　　所以没有阳光。

3. 并非既第一又第二；　　　　　不可能既是白天又是夜晚；
   第一，　　　　　　　　　　　是白天，
   所以并非第二。　　　　　　　所以不是夜晚。

4. 要么第一，要么第二；　　　　要么是白天，要么是夜晚；
   第一，　　　　　　　　　　　是白天，
   所以并非第二。　　　　　　　所以不是夜晚。

5. 要么第一，要么第二；　　　　要么是白天，要么是夜晚；
   非第二，　　　　　　　　　　不是夜晚，
   所以第一。　　　　　　　　　所以是白天。

由于这一逻辑基于相互约束的命题，每个命题都表达一个事实或一个事件，所以斯多葛学派的逻辑被称为命题逻辑。它倾向于将判断真伪的问题置于次要考虑的位置，定义条件成立的有效性，而不论其内容的真假。

3.1.2 物理学

斯多葛学派的物理学和伊壁鸠鲁学派的一样，具有唯物主义的印记。实在是唯一、鲜活而具有灵魂的整体，在其内部共有两大原则，相互之间不可分割：

阿塔罗斯柱廊许愿浮雕，公元前 330 年。
雅典，阿戈拉博物馆。

1. 被动原则，即缺乏质量的实体，惰性物质；
2. 主动原则，即赋予物质以形态的理性（逻各斯），是事物存在的缘由。

物质是具有形体的。因为斯多葛学派认为只有物体存在时才能发起或承受行为。如果主动原则不具有形体，就无法有所行动，为事物赋予理性。

逻各斯是神明

逻各斯是世界的灵魂，是物性且有形体的，与惰性物质相混合；是作用于物质之上，并且塑造物质的力量；是所有存在物产生的原因，是神明。

由于前文所述的两大原则，物质和理性是不可分割的，因此神明存在于所有事物之中，与物质宇宙相一致。神明是事物背后固有而一致的实在。因此，斯多葛学派学说被认为是泛神论①的一种形式。

火与世界的循环

早期斯多葛学派的杰出代表与赫拉克利特哲学再度建立起联系，认为火是主

---

① 泛神论：用于指代以各种形式认同神明即世界秩序的学说。

动原则。他们所说的火和组成四大基本元素之一的可感的火不同，是滋养并支持着所有事物的温热的气息或者元气。在这被认作普遍的逻各斯的火中，包含着构成事物起源的特殊"理性"，即事物产生和发展的"胚芽"。

人类的灵魂也是生之气息的一部分，它来自神圣的火焰，注定要归于火焰。

在火焰的净化和增益生气的作用下，世界的形成和毁灭阶段不断周期性更替。在宇宙之初，一切皆是火。从火中产生其他的元素（气、水、土）和单独的事物，但是在决定了世界的结局的骤燃之后，一切均归于火中。

于是，新的循环开始了。根据相同的永恒循环模式，从火中又生出与之前世界全然一致的世界，一切事物和事件在每一个循环之中都维持不变。

命运 - 天意的法则

宇宙的事件按照理性的顺序发生。因为逻各斯中体现了完美的理性，因而整个宇宙及其内部的单独事物都是逻各斯所希望的那样，无一违逆。根据一个无可避免的法则 —— 命运，所有这一切必然发生。"偶然"只不过是我们称呼那些尚未得知原因的事物的名词。

命运也是天意，是赋予事物秩序与和谐的法则，引导着它们殊途同归。就算是在有限的眼光之中看来是坏事的情况，也能够被证明和表现为对善的一种支持，例如，人类的头颅是脆弱的，这是因为头颅出于其微妙的功能结构的要求，需要由非常细小的骨头构成。

因此，斯多葛学派的神明是自然、命运和天意，而我们所生活的世界是所有可能性中最好的。

3.1.3 伦理学

斯多葛学派在物理学领域发展的理论深刻地影响了他们的伦理学学说，他们的第一个伦理学问题是关于自由的：

• 如果一切都必然发生，那么哪里会有人的自由呢？

• 如果自由不存在，人的行为还分功过吗？

对于自由概念的特殊定义及对个体主观行动所赋予的价值回答了这个问题。

每一个人都诞生并生活在一个特定的环境中，环境的特征并不由他所决定。但是，他能够选择介入事件的方法。

假设有一只狗被拴在跑动的马车上，显然它必须跟随马车前进，但是它是自愿跟着马车的节奏还是被拖着往前走，这取决于狗的意愿。斯多葛学派从这一角度出发，构建关于人类自由的问题：人类的自由是自愿服从事物的自然秩序。

人类无法摆脱命运和它所引发的系列事件，但是能够在认可事物必然秩序的合理性后对其表示赞成。因此，自由坐落于一个纯粹内在的空间。只有智者，认识到宇宙理性秩序之人，才能获得自由，而大部分人类对此事实全无所闻，受到秩序的影响却毫无知觉。

顺应自然生活

斯多葛学派伦理学的基础是顺应自然生活，而由于逻各斯和宇宙是协调一致的，也可以称其为遵循理性生活。

适应自然和其理性法则之中蕴含着唯一的美德，只有当它完全实现后才能获得——不存在不同的美德，因为正义、容忍、勇气都只不过是指代同一种美德的名词而已。甚至，人们的美德水准也无法分出高低：只在于有无德行之分。由于顺应自然的理性是善而有德的（是好的），因此与之相悖的态度就是恶而堕落的（是坏的）。在如此区分的好坏之外，还有人们普遍称作善（健康、财富、快乐、荣耀）或恶（上述名词的反义词：病痛、贫穷、痛苦、耻辱）的事物。

无论好坏，斯多葛学派都漠不关心。因为实际上这些事物无一能够对智者产生决定性的刺激，推动其顺应理性的秩序。

摆脱情感的困扰

顺应理性生活的切实障碍是情感。情感是非理性而负面的，是灵魂真正的病症，在情感的驱使下人们可能对身边事物的善恶产生错误的判断。因此，人们需要摆脱情感的烦扰，实现完美的"镇定自若"状态（apátheia，"漠不关心"，"缺乏任何情感"），以确保安宁祥和的生活条件。从抛弃情感发展到通过自我了断抛弃生命，在斯多葛学派学者看来是正当的，甚至在某些条件下是势在必行的。

人类行为的不同种类

然而，不是所有人都能够自我提升成为严肃而具有严格道德要求的模范。就连智者本身在面对生活的具体环境时，也承认有一些事物与其他事物相比更可取，例如健康比疾病可贵。因此，这些事物值得选择，值得我们在日常家庭生活和政治中不断追寻。

于是，我们对人类的行为框架做出如下定义：

•有一些行为是完美的，正如智者的理想生活那样，以美德为目标，对任何外物都毫不关心；
•有一些行为恰恰相反，是以恶行为目的的邪恶行径；
•有一些行为处于两者之间，倾向于追求可取的事物，避免接触其他的事物，这些行为是大部分人所采用的。

新概念：义务

道德成熟之人明白，伴随着美德而来的善的价值与共同利益的价值之间的区别，即道德价值和非道德价值之间的不同。

在斯多葛学派的概念中，第一次出现了义务的观念（西塞罗从 officium 转化为拉丁语的名词），它在之后的伦理学发展中具有举足轻重的作用。义务是独立于任何个别利益之外，符合所有理性秩序的行为。

斯多葛学派将义务区分为：

•完美义务，即根据美德生活，因此与完美的行为相一致；
•相关义务，对应的是有利的行为，以获得属于可取领域的某物为目的。

与义务的概念有关的是对自杀的辩护。根据斯多葛学派的观点，在某些情况下——当继续苟活意味着无法履行自己的义务时——放弃生命是必要的。在这种情况中，相较任务的完成程度受损，智者更应该放弃生命：这是诸多斯多葛学派大师所践行的指示，在古代世界的道德观中得到不同形式的承认。

逻各斯和自然权利

斯多葛学派物理学认为个体的灵魂是宇宙元气的一部分，这个观点为人际关系的概念打开了新篇章，在古代世界受教育阶层中受到欢迎。统治一切的逻各斯不仅将自己的法则作用于自然秩序，也同样作用于社会。

因此，存在一种自然权利，来源于所有人类都同样分有的理性秩序，而非脱胎于法律或人类风俗。因此，人类都是同样平等而自由的，无关国籍和社会归属。他们都是唯一城邦 —— 世界(四海一家)—— 本身的公民。

因此，从形式上看，奴隶也可能是一个善良而睿智的人。奴隶制作为一种法律形式在自然中毫无根据，而是人类恶意的产物。那些任由情感和恶行摆布的人才是真正的奴隶，而遵从自然理性的法律才能获得真正的自由。

里希波，《呈坐姿的拳击运动员》，公元前 4 世纪。
罗马，罗马国家博物馆。

斯多葛学派哲学

逻辑学分为： ·辩证法 ·认识的理论	真理标准的准则
	含义的理论
	命题逻辑
物理学 = 唯物主义理论	实在的两大原则: 内在的质料和逻各斯
	相同的永恒循环
	命运－天意的法则
	逻各斯的固有性，世界的灵魂
伦理学 = 与发生的一切的必然性的物理概念相联系	自由 = 顺应宇宙的理性秩序
	智慧 = 顺应自然生活
	摆脱情感的困扰
	行为和义务类型的区别
	幸福 = 智者的沉静自若
	天赋权利和世界主义

❧❦ 4. 怀疑主义：对于世界的疑虑 ❦❧

怀疑主义浪潮及其最杰出的代表

公元前 4 世纪至前 3 世纪之间，在希腊世界发展起一种思潮 —— 怀疑主义（来自希腊语 sképsis，"研究""调查"），它：

• 否认认识真实世界的可能性；

• 使研究沦为止步于自身的活动，永远无法对真理做出定义。

这一思潮的发起者是伊利亚的皮浪。他在苏格拉底和德谟克利特学说的影响下完成了自己的哲学学习，是亚历山大大帝近东地区远征队的一员，在印度接触了所谓"天衣派信徒"（字面意思为"裸体的智者""苦行者"）的理论和实践。回到故国之后，他成立了一所学园，但仅仅昙花一现，在他死后便不复存在。皮浪没有作品传世，他的学说通过其学生弗利奥斯的提蒙（前 325—前 235 年间生活在雅典）的作品流传。

柏拉图学园的一些佼佼者，例如皮塔内的阿尔克西拉乌斯（前 315—前 241）和塞利尼的卡涅阿德斯（前 214—前 129）也表达了与皮浪类似的观点。他们同样没有留下作品，前者的学说只能通过间接的来源获知，而后者的学说则可以从其门徒的再加工中得到。

◆ 4.1 伊利亚的皮浪

在事物面前保持缄默

在皮浪关于怀疑主义的教学中，我们发现了一些古希腊传统哲学主题的回响：

• 按照苏格拉底的模式，无休止地探索，拒绝不加批判地接受任何知识的做法；

• 来源于柏拉图的论点，认同意见的不可靠性和无法通过感觉获得有关事物本质的可靠知识；

- 幸福问题的重要性。

也许印度的智慧也对他产生了一定程度的影响。

从这些元素的融合之中，诞生了一种思想导向，认为最高智慧在于放弃一切意见（adoxía），保持缄默（aphasía）。根据皮浪的观点，所有事物都是不确定且难以区分的，我们无法对它们作任何明确的表述。因此，我们的感觉和判断既不真实，也不虚假。

真正的平和

达到泰然自若（ataraxía）的状态是智者唯一能使自己快乐的方式，因此，如果人们想要快乐，就需要认同超然物外、漠不关心的方式。根据皮浪的判断，只有怀疑主义才能确保精神的完全平和。怀疑论学者清楚，我们对于事物的本质无法进行任何确切的表述，因此能够毫无兴趣地看待：

- 世事的变迁；
- 围绕着无法解决的问题而争辩的学者的纠纷。

◆ 4.2 雅典学园的怀疑论者

真理让位于合理与可能

在雅典学园内部，皮塔内的阿尔克西拉乌斯循着柏拉图思想的轨迹，重新探讨了意见和科学的区别，认为意见之中不存在任何真理，科学无法依靠人类的理性企及。

智者应当对于事物"搁置判断"，避免一切认识的行为，以此杜绝错误。

但是，搁置判断或存而不论并不会终结探索，相反，无法掌握真理激励着人们不懈地追寻。

尽管在认识的领域之中判断能够避免，但是涉及日常生活时，判断就难以避免了。在实在中，就算是关于最微末的事物（做这样还是那样），都需要对如何行为做出选择，这就是一种评估。为了摆脱这一困境，阿尔克西拉乌斯建议将远离看上去合理的事物作为实际行动的准则。

塞利尼的卡涅阿德斯同样认为无法阐述我们的复现表象与永恒实在之间的对应关系。这种对应关系只可能或多或少地取决于其说服力。因此，卡涅阿德斯提出了一种可能性准则：接受比其他意见更合理的意见。

语言的衍生

哲学学说与生活方式

犬儒主义、伊壁鸠鲁主义、斯多葛主义和怀疑主义（以及其相应的形容词：玩世不恭的、享乐主义的、坚韧不拔的、怀疑论的）流传至今，在我们的通俗语言之中不再仅仅指代那些以这些名字为内涵的古老哲学流派，也指代生活的态度与方式。

"玩世不恭的"，如今指的是对当前的道德和社会价值展现出卖弄式漠不关心的态度的人。这一词汇被用于指代一种冷漠、轻蔑、不尊重、傲慢、无耻的态度，但并不拒绝物质和生活的舒适，就像古代的犬儒派所践行的那样。的确，"犬儒主义"这个词有时表达了一种为巩固个人利益和特权地位而漠不关心的态度。

"享乐主义的"，在现行语言中指的是追求物质享受，尤其是对限量和精美的物品无法自拔。

"坚韧不拔的"，指的是在面对财富的丧失、痛苦和死亡时展现出一种典范式的坚韧的灵魂。这一词汇集中突出了斯多葛学派学说的一个特殊方面——对于外界事件的镇定自若。因此，它指的是耐力、坚忍和坚韧的勇气。

"怀疑论的"，在当代用法中指的是在项目、价值、原则、行为等事物面前持消极态度、困惑和不信任。

反对伊壁鸠鲁主义

但是，谴责庸俗的快乐、优雅的宴会和肆无忌惮的激情的，不正是伊壁鸠鲁本人吗？这是因为，他同时代的反对者为他塑造的虚假形象影响了术语"伊壁鸠鲁主义"和"伊壁鸠鲁主义的"的命运，将他的学说解读为：

- 面向妇女和奴隶的低等哲学；
- 否认神性，贬低人类的哲学，将人类称为原子的聚合，降至动物的水平，将伦理道德的理想贬低为对快乐和痛苦的计算（屏蔽了伊壁鸠鲁所阐述的对幸福的计算的意义）。

随着拒绝一切唯物主义学说的基督教的传播，伊壁鸠鲁的反对者数量与日俱增。在早期基督教作家表达的判断的影响下，中世纪时期远离教会的教导之人被普遍地称为伊壁鸠鲁主义者（享乐主义者），而伊壁鸠鲁主义一词则演变为"反教会"或"异端"的同义词。

随着时间的推移，"伊壁鸠鲁主义"一词逐渐地被固化成低俗的物质主义和对快乐的过分追求的同义词，于是，伊壁鸠鲁伦理学严格的原则和目标逐渐遭到了歪曲。

❧ 5. 罗马的哲学 ❧

罗马文化的希腊化

公元前156年，一队雅典使节肩负着捍卫雅典理性的任务来到罗马，为被指责抢掠了奥罗帕斯而受到惩罚的雅典辩护。使节团由三名哲学家组成：亚里士多德学园的克里托劳斯、斯多葛学派的第欧根尼以及学院派和怀疑主义者卡涅阿德斯。卡涅阿德斯在罗马发表了两篇讲话（西塞罗在《论共和国》第三卷中有所概述），大获成功，尤其在年轻人中间反响强烈，激发起他们对希腊哲学的兴趣。

希腊半岛在公元前 146 年被并入罗马版图，在半岛上进行的军事活动为罗马人提供了接触和欣赏希腊文化的机会。在军事和政治上被征服的希腊，在文化上成为赢家，从弱者的角度欣赏地观察着希腊科学和艺术的传承者。罗马文化的希腊化首先影响的是当时在罗马尚未有所发展的哲学领域。于是，古希腊文化的主要哲学流派就这样被移植到罗马的土地上。

罗马贵族越来越将哲学认作个人修养的重要组成部分，以那些与简单价值和简朴生活拉开距离的人（和政客）为典范，是古罗马这种农耕文明的典型特征。

流派

与希腊哲学相比，古希腊风格哲学的"罗马式"发展（自公元前 2 世纪至公元 2 世纪）并没有提出原创的论题或者全新的阐述。尽管如此，在罗马世界自由的兴趣和感知力的作用下，罗马哲学在解释这些学说时并不缺乏深入探究和新的发展，主要体现在以下方面：

• 伦理学和政治学主题；
• 法律问题，罗马文化研究的典型领域。

罗马的学者和受过教育之人亲近哲学的方式大多不是坚持特定的哲学学派，而是倾向于倾听不同的声音。于是，特定术语与概念根据折中主义的模式（公元前 2 世纪在希腊流行），从一个哲学流派向另一个哲学流派演化，柏拉图和亚里士多德的学说尤其得到了整合，最终在罗马世界中确立下来。

罗马哲学的主要人物

在罗马，最著名的伊壁鸠鲁主义追随者是诗人提图斯·卢克莱修·卡鲁斯，他在其诗歌《物性论》中用诗行暗示性地阐述了伊壁鸠鲁哲学的基点，赞颂了其与人类恐惧有关的解放性。

马库斯·图留斯·西塞罗与来自雅典学园的阿尔克西拉乌斯立场相似。他是作家、演说家和政治家，在柏拉图和亚里士多德的哲学之外，对斯多葛学派学说也饶有兴趣。在传承大量的希腊化时代哲学信息方面，西塞罗居功至伟，他使我们能够在斯多葛学派代表作失传的情况下，重构其基本特征。

罗马的斯多葛主义发展更为丰富，尤其深化了诸如美德和内在自治的研究与教育的哲学主题。悲情诗人吕齐乌斯·安涅·塞涅卡、爱比克泰德（生于希拉波利斯，在罗马沦为奴隶，之后获得自由）以及皇帝马可·奥勒留（121—180）的作品证明了这一点。

◆ 5.1 晚期或罗马式斯多葛学派

塞涅卡：反对暴君，肯定内心的自由

塞涅卡的哲学思考具有斯多葛学派理念的特征，但同样吸收了其他流派的影响，成为捍卫自身内心自由的武器和抵御一切外在威胁的屏障：命运的捉弄，愚民的粗俗蒙昧，暴君权力的滥用，都体现在皇帝尼禄的身上（塞涅卡曾是其家庭教师，并在其执政早期担任顾问）。

当他们的合作关系终止（62年）时，尼禄越发专横暴虐。塞涅卡回归个人生活，埋首于学术研究。从公共舞台上退下并不意味着无政治倾向，而是集中的思想和写作活动的开端，不仅着眼于现在，也着眼于子孙后代。塞涅卡在以书信体写就的伦理作品集《致卢基利乌斯书》中，对自己和自己的作品进行了阐述。

远离世事后，他开始创作出更为重要的哲学作品，涉及领域包括：

- 自然；
- 天命；
- 哲学活动；
- 灵魂的安宁；
- 友谊。

公元65年，因反抗暴君尼禄的密谋泄露，塞涅卡被控为同谋（我们无法知晓这一控诉是否有真凭实据），被尼禄勒令自杀。

爱比克泰德：前奴隶，自由的大师

原籍弗里吉亚的爱比克泰德一生有两大重要事件：

• 在罗马从奴隶变为自由人的转变过程；

• 皇帝多米提安一纸政令驱逐所有的哲学家，他被迫离开罗马，来到尼科坡里（位于希腊东北部），在那里设立了一所哲学学校。

这位大师的教学内容和对话被收录在一本名为 *Diatribe* 的作品中。此后，从这一作品中又提炼出一篇巨著——《手册》，大受欢迎。

爱比克泰德思想的主旨是：内心的自由，不依赖外界事物，自给自足，这代表着人类最大的福祉。

智者只有在对自己的行为严格自控，摒弃与自给自足原则相悖的生活方式，才能获得真正的自由。为达成这一目的，必须辨别两类不同的事物：是实际上依赖于人，受其控制（感情、欲望、意见）之物；还是并不依赖于人之物（躯体、外在的利益、名声）。只有依赖于人之物才是智者关注的对象，而其他所有事物都不应成为智者在意的内容。于是，我们得到了一个人能够在任何情形下都独立自主的空间，无论哪种社会或法律条件都不能影响。

马可·奥勒留：帝王哲学家

对于马可·奥勒留这样在公元 161 年至 180 年间掌握罗马帝国至高权力的人来说，在任何个体都能够自控的领域（思维、欲望、情感）和不受个体控制的领域（外在发生的事件），他所面对的情况与其他人，例如受权势压迫的塞涅卡或前奴隶爱比克泰德，都尤为不同。尽管如此，对于他来说仍存在比自己更为崇高的事物：宇宙运行的恢宏壮丽，在它面前人类世界如此渺小，人类世界中个体的荣耀与权力如此不值一提。

就算是有权有势的人，受到智慧的启发，也会退回自己的内心寻找安宁，在那里他可以用疏离的眼光看待外界事物，看待人类命运的无常，看待世事如白驹过隙、变化万千。这是在马可·奥勒留《沉思录》中反复出现的主题。

科学发展中的两位重要人物：托勒密和盖仑

亚历山大的作用

在公元 1 至 5 世纪期间，尽管与希腊化时期相比程度有所降低，科学发展仍然获得了巨大的进步。公元 30 年，在被罗马征服后，埃及的亚历山大不再是王国的都城，却凭借图书馆和博物馆仍然保持着伟大文化中心的地位。罗马帝国时代的两位科学家托勒密和盖仑都与这座城市有着或多或少的关系。

托勒密的地心系统说

克罗狄斯·托勒密（生活年代约为 100—170 年），天文学家、数学家和亚历山大的地理学家，他重新梳理并优化了天文学理论，勾勒出宇宙以地球（位于中心位置，静止不动）为中心的概念（地心说）。地球和宇宙都位于恒星构成的天穹之中，呈球形。围绕着地球，按照运行轨道的远近依次排列着月球、水星、金星、太阳、火星、木星、土星以及与这些行星相反的恒星。

托勒密最著名的作品是《数学体系》[注：国内通译为《大成》，阿拉伯人称之为 *Almagesto*，来自阿拉伯语前缀 al 和希腊语 mégistos（最大）的组合]。这一标题符合托勒密对于数学概念的理解 —— 由于其严谨性和精确性，与其他科学相比，数学是具有首要地位的科学。

在编制天文系统的过程中，受到数学性质的需求驱使，他根据匀速圆周运动模型，将行星表面上不规则的运动归纳成有规律的图表。

事实上，他在观察中发现，在某些阶段行星似乎中止了自己的运动，甚至开始逆行；或者在某些时段显得更明亮，就好像逐渐靠近地球一样。这些事实使根据匀速圆周运动模型来解释行星的运动变得困难。之后天文学家引入了一系列修正方案，以使圆周模型与行星运动的多种"不规则性"兼容。

托勒密将前人的成果收集并调整为一条公理，赋予当时人类所具有的天文知识以系统框架，描绘出一幅流传久远的宇宙图景，直至十几个世纪之后才被波兰天文学家尼古拉·哥白尼（16世纪）的日心说（太阳位于宇宙的中心）所取代。

盖仑和医学的系统化

医学家克劳迪亚斯·盖仑与托勒密同属一个时代。公元129年，他出生在帕加马，在当地和亚历山大完成学业后来到罗马，成为皇帝马可·奥勒留的朋友，并被委以宫廷医生的工作。

他于200年逝世，著有《论解剖过程》、《治疗方法》、《最好的医生也是哲学家》以及最著名的《医学手记》。在他的等身著作中，古代医学得到系统整理，并以此形式传播至中世纪。

与当时经验主义的医学倾向不同，盖仑坚持以科学的方法，赋予医学哲学价值。医学应当在分析和提炼的基础上，通过数学模型，以严谨的推理研究疾病的起因。为了在实践层面获得成功，医学不应该简单成为经验的结果，而应该具有坚实的理论基础。在此基础上，盖仑深入地研究了解剖学、生理学和生物学，在骨骼系统、神经系统、大脑和血液循环的研究方面取得显著成果。

❧ 本章小结 ❧

古希腊风格的哲学

亚历山大大帝的去世使希腊世界陷入危机，而之后罗马的入侵则为新的思潮的发展奠定了基础，其特征包括：

◇ 对个人问题的兴趣；

◇ 对涵盖整个世界的社群的归属感（世界主义）。

古希腊文化的学园在公元前3—前1世纪期间得到发展，以个人的理想化美德和自由为目标，以脱离消极方面——没有痛苦，没有烦扰，没有激情，以及对世事的漠不关心为内涵。

伊壁鸠鲁

在包含物理学和伦理学的哲学研究方面，伊壁鸠鲁首先提出了准则学，定义了真理（标准）的尺度，以区分真正的认识、感觉和虚假的认识。人们通过记忆，从感觉中形成预想。

在物理学中，通过从显而易见的事实的推理得出隐藏的原则，伊壁鸠鲁对实在进行了唯物主义的解释：

◇ 所有的事物均由原子构成；

◇ 原子在虚空中运动；

◇ 存在一种能够解释其起源的偏离或趋向（克里纳门）。

原子论概念排除了神明对世间万物的任何主动作为。他们超然于物外，对人类的事件无动于衷。多亏哲学家"四味药"（tetrafarmaco）的疗愈作用，人们可以从限制着人类生活的四大恐惧（对神明、死亡、痛苦和无法获得幸福的恐惧）中得到解脱。

在伦理学方面，伊壁鸠鲁认为唯一的真正福祉是快乐，即摆脱痛苦，并对以下事项进行区别：

◇ 动态快乐，不断满足新的欲望；

◇ 休憩的快乐或静态快乐，是摆脱痛苦的真正快乐。

只有天然且必要的需求才应该得到满足，而不必要的欲望只会带来持续的纷扰不安。

在灵魂方面，没有痛苦的烦扰意味着泰然自若或无动于衷，是智者获得幸福的途径。

斯多葛学派：逻辑学、物理学、伦理学

对于自公元前 3 至公元 2 世纪间以不同阶段进行发展的斯多葛学派来说，对幸福的追求也是其哲学的基本要义，因此伦理学被赋予了首要的地位。

斯多葛学派的逻辑学涉及的是：

◇ 对于含义和实在关系的研究，以及对于含义和应用语言关系的探索。

◇ 命题和推理的形式。命题和推理由以小品词"和"（连词）、"或"（选言判断）、"如果"（牵连蕴涵）所组合的简单命题构成。以组成部分的任一命题的形式为基础，都可以确定真值。

斯多葛学派的物理学具有唯物主义的内涵，根据其观点：

◇ 实在是有灵的整体。

◇ 共有两大原则：一为被动原则，惰性的质料；一为主动原则，理性（逻各斯）。

斯多葛学派认为主动原则是火，是滚热的气息或元气，滋养万物。在火的推动下，世界的形成与毁灭的各阶段在终极大火的骤燃中轮回交替。

斯多葛学派伦理学的基础是顺应自然（或遵循理性）的生活。在适应自然和其理性法则之中蕴含着美德。正如顺应自然的理性是善而有德的，与其相反的态度被认为是坏而邪恶的。在被如此定义的善与恶之外，是斯多葛学派认为无关紧要的万事万物。

斯多葛学派首先提出义务理论，并将自然法则和普世理性（逻各斯）相提并论。

怀疑主义

怀疑主义在公元前 4 至前 3 世纪之间的希腊世界中有所发展，它：

◇ 否认一切认识实在的可能性；

◇ 认为研究是止于自身的活动；

◇ 否认获得真实而确定的成果的可能性。

根据怀疑主义流派的创始人皮浪的观点，至高的智慧在于戒绝一切意见，放弃在世间发表任何观点。这导致了一种对世事无动于衷的疏离态度：为达到泰然自若的境界，走上智者获得幸福的唯一途径，就必须远离凡尘俗事。学院派的阿尔克西拉乌斯和卡涅阿德斯均认为人们无法认识事物，他们分别指出：

◇ 对于判断持保留态度或存而不论，远离合理之物，是实践行动的准则；

◇ 事物的可能性是评估意见的准则。

罗马的哲学

自公元前 2 世纪起，古希腊文化的哲学浪潮在罗马开始广为传播：

◇ 在塞涅卡、爱比克泰德和马可·奥勒留的推动下，斯多葛学派思想和对内在的自主研究得到最为显著的发展；

◇ 从希腊引入了折中主义（以调和不同的立场为目的）。

⎯ 本章术语表 ⎯

伊壁鸠鲁和伊壁鸠鲁学派

无动于衷：没有烦忧，泰然自若，是智者的目标。

准则学：逻辑学或知识的理论，其根本功能在于定义真理的标准（准则），以为人类指明幸福生活的道路。

偏移：原子离开垂直下落路线的运动；微粒的相遇可以解释事物的起源。

静态的快乐：与动态运动的快乐相反，根据伊壁鸠鲁的观点，存在于摆脱痛苦的状态之中。

预想：预知感官经验将要感知到的情况的一般概念。

四味药：具有疗愈功能（灵魂的良药）的哲学，在伊壁鸠鲁的观点中具有治愈人类，使其摆脱四大主要恐惧 —— 对死亡、神明、无法获得幸福和无法承受痛苦的恐惧 —— 的作用。

斯多葛学派

世界的灵魂：具有主动性而有生命的准则，以神息赋予万事万物灵魂，等同于实质上的原则——逻各斯和神明。

骤燃：标志世界轮回结束的突然爆发的火焰的活动。

命运：世界必要的秩序，串联起所有存在和事件。被认为是神性的逻各斯，等同于天意。

无限轮回：斯多葛学派对于时间和宇宙变化循环往复的典型观点，在世界的无垠变迁中不断重复上演。

无动于衷：世事无谓好孬，因此无谓善恶。尽管如此，世事之间总有一些比另一些更可取。

元气：斯多葛学派认为是世界主动原则的滚热呼吸。

种子理性：逻各斯内在的理性，是普遍而主动赋予质料以形式的理性原则，是个体事物产生的种子，也是事物永恒的典范，不因事物最终的消亡而毁灭，总是能使事物在新的宇宙循环中重塑自身。

领悟的复现表象：来自 katalámbanein，"用思维捕获"，"领悟"，是真理的根本准则，也是对真实存在的事物及其在思维上烙下印记的可证表现。

含义：非物质的本质，与其指代的词语和客体均不同——是被谈及或解释之物。因此，含义存在于名词之中，通过语音，即在听到某一词语的发音时对与其对应的事物产生联想。

怀疑主义者

存而不论：来自动词 epécho，按下不表，因事物对我们而言模糊晦涩，任何论点都可能与具有同样含义的论点相互矛盾，于是对赞成与否举而不定。概括来说，存而不论意味着既不肯定，也不否认。

古希腊哲学和罗马哲学的基本问题

本体论	伊壁鸠鲁学派：原子是实在的本原
	斯多葛学派：实在有两大本原，包含种子理性的惰性物质和逻各斯
伦理学 / 幸福	伊壁鸠鲁学派： • 快乐论 • 泰然自若的智慧 • 哲学是对抗人类恐惧的四味药
	斯多葛学派： • 美德是对理性秩序的归附和对自身的奖赏 • 斯多葛学派智者的镇定自若 • 在行为的种类中有所区分 • 义务的理论
哲学 / 宗教	伊壁鸠鲁学派：神明是有福的，对世间万事毫不关心
	斯多葛学派：灵魂是世界所固有的神性，也是万物的起因
认识	伊壁鸠鲁学派：不可见实在的实证和推理的标准
	斯多葛学派：综合理解是真正的认识
	怀疑主义者：无法获得确定的认识
	学院派怀疑主义者：认识之中具有搁置判断和概率
逻辑学	斯多葛学派：含义的理论
	斯多葛学派：命题的逻辑学（小品词、真理的价值、基本辞格）
哲学 / 知识	伊壁鸠鲁学派：灵魂是物质性的，在物身死亡时消解
	伊壁鸠鲁学派：宇宙的无垠和永恒
	斯多葛学派：灵魂是物质性的，是普遍的逻各斯的一部分
	斯多葛学派：宇宙循环理论
自由 / 权力	古希腊哲学对政治缺乏兴趣
	斯多葛学派：天赋权利的概念
	罗马哲学对政治和法律主题产生兴趣

◌◦ 文献选读 ◦◌

一、伊壁鸠鲁：从对死亡的恐惧中解脱出来

（选自《致希罗多德的信》,《致美诺西斯的信》）

【导读】

对死亡的思考

身体消亡，灵魂何往？是否同亡？或依然存在？

这些问题的答案与我们看待万物与灵魂的方式有关。正如柏拉图所言，若存在一个灵魂可独立于身体而参与的超越感性的世界，灵魂便会超越肉身而不灭。若存在一个灵魂也参与的感性物质世界，灵魂便会随着肉身消亡而消失。这就是伊壁鸠鲁的观点，伊壁鸠鲁认为灵魂与肉身同灭，这是一种解除义务。如果我们认识到肉身死亡后什么都不会存在，那人类就不会再恐惧亡灵世界。

著作

伊壁鸠鲁在致希罗多德的信中讨论灵魂是否会灭的问题，提出了原子论学说的基本观点。

伊壁鸠鲁在致美诺西斯的信中探讨了将人类从死亡恐惧中解脱出来的方式，阐述了智者行为规范的基本概念，以及获得快乐与幸福的方式。

思考

伊壁鸠鲁的主要论点为：

◇ 灵魂与身体具有不可再分的单位，均由原子构成。

◇ 灵魂与身体合二为一，人类才具有对万物的感觉。

◇ 若有机体随着死亡会分解，那么感觉也会停止，灵魂是感觉的主动本原。

◇ 认识到灵魂会灭，这会让人类不再恐惧死亡。

灵魂与身体

第一段节选自《致希罗多德的信》，探讨了灵魂的本质及灵魂与身体的关系，即灵魂与身体密不可分。

需将灵魂看成一个散布在整个有机体中的细微机体，灵魂可比作一缕气息，本身带有热量，那么这缕气息朝这方时，是一个模样；朝另一方时，又是另一个模样。灵魂中有一部分，又更加细微，与上述这些元素又有不同，因此与有机体其余部分具有某种特殊的联系。

【文献原文】

这就是灵魂的能力、变化、运动与思维以及所有人类赖以生存的能力产生的原因。必须肯定地认为感觉产生的原因在灵魂中；那么倘若灵魂不存在于复合体中，复合体就无法拥有感觉。复合体是灵魂可以行使其动力的条件，而复合体的其余部分也参与了灵魂的偶然性，即使偶然属性并不全属于灵魂。因此，一旦灵魂与身体分离，那么身体将失去感觉的能力。身体本身并不拥有此项能力，而是由另一个与身体共同诞生的元素赋予其此项能力，而这项元素，由于运动而产生的力量，在其自身产生了感觉，随后在接触及对应中，它将感觉传递给了身体。因此，只要灵魂仍在身体内，灵魂就不会失去感觉的能力，即使有机体的某些部分分离出来，不管灵魂所在容器之内的任何整体或部分因分解而被毁灭，只要这个元素依然存在，那么就还会有感觉的能力。相反，有机体的其他部分，不管是全部或部分存在，只要给定数量（构成灵魂本质的最低数量）的原子与有机体分离开，就将不再拥有感觉的能力。但倘若整个身体分解，灵魂也将分散，其能力也将消失，亦无法再运动，因此也将失去感觉的能力。如果不是在这个由身体（拥有特定运动）与灵魂的复合体中进行考虑，那么灵魂就不能被视为感觉主体：倘若容纳与环绕灵魂的身体无法再允许灵魂拥有其现在所拥有的运动，那么灵魂就非感觉主体。

死亡并不等于无

第二段节选自《致美诺西斯的信》，探讨了如何才能从对死亡的恐惧中解脱出来。

死亡就等于无，这种想法十分常见，因为任何善与恶都是在感觉中进行分辨，而死亡即没有感觉。但正确的认识应是：死亡并不是无，而会让我们在凡间的生活更加喜悦。这并非指无限延长时间，而是压抑那渴望永恒的愿望。如果真的认为死亡并没有什么可怕的，那在此生中就将不再恐惧任何事物。因此，恐惧死亡者是无知之人，不是因为旦夕祸福会突然而至，而是因为知道旦夕祸福终究会至。突然发生时并不会感到折磨，而等待时才会感到痛苦。最恐怖的恶，即死亡，对我们来说并不是无。因为只要我们还活着，那么死亡就不在；而当死亡突然来临时，我们已经不在了。因此死亡既不关乎生者，也不关乎逝者，因为生者并未亡，而死者也不再生。但大多数人都恐惧死亡，将其当作最恐怖的恶，或是将死亡视为生活之恶的终结。而智者则相反，他不求生，也不惧不生，他并不反对生，但也并不认为死是恶。

（伊壁鸠鲁《全集》，玛格丽塔·伊思纳尔迪·帕伦特主编，尤太特出版社，都灵，1983 年，162—163 页，198—199 页）

二、面对宇宙的智者

（西塞罗、普鲁塔克、第欧根尼·拉尔修与塞克斯都斯·恩披里可斯的观点）

【导读】

幸存的碎片

斯多葛学派创始人基提翁的芝诺与其他古代斯多葛主义者并没有留下完整的著作，仅流传下来一些散乱的碎片，但我们能从后世思想家的记载中间接了解他们的思想。

思想家 – 见证者

不少后世思想家的著作中都引用了芝诺的观点，其中包括：

◇ 西塞罗（公元前 1 世纪）。

◇ 普鲁塔克（公元 1—2 世纪），古希腊思想家与传记家，涉猎广泛，讨论了哲学、科学、历史学与文学问题。

◇ 第欧根尼·拉尔修（公元 3 世纪），古希腊历史学家，但其哲学理念至今未可确知。他曾撰写一部著作，阐释了古希腊哲学思想，介绍古希腊哲学流派，此书是珍贵的史料来源。

◇ 塞克斯都斯·恩披里可斯（160—210），古希腊医生、哲学家，是怀疑论的代表人物。

【文献原文】

宇宙世界

（斯多葛主义者）认为万物存在两个本原：主动本原与被动本原。被动本原是形式的实体，即质料；主动本原是神性所在的理性。神性是永恒的，用灵巧创造出万物。基提翁的芝诺在《论实体》一书中阐释了此观点。

神圣实体仅有一个，我们可将其唤为知性、命运、宙斯或任何名词。起初，这个神圣实体单独存在。它让世界从气体变为液体，就好似蕴含着胚胎的种子，这个神圣实体也是宇宙的种子理性。它在已经成为液体的湿润元素中继续运作，让它成为质料，又进而可以产生次级事物。最先产生四种元素：火、气、水与土。芝诺在《论宇宙》一书中曾阐述此观点。这种事物本身蕴含了理性本质，这些本质必须也是理性的，因为整体绝不会低于它的部分。

认识

（芝诺）认为与智慧及美德相反的是轻率而错误的思维方式、观点和纯粹猜想，简言之，即那些不坚实或不可持续的判断。

综合表现来自那些真的可以自行继续存在的事物，它的模型是那自行存在事物的形式，就像图章一样，综合表现以这个模型进行印画。如果它来自某个事实上并不自行存在的事物，那就不会是这样了。（芝诺）认为观点是一种弱的、错误的赞同……科学则是一种坚实的、确定的、无法辩驳的理解。

伦理学

芝诺最早指出目的"应符合自然"，即人应践行美德，因为自然引领我们走向美德。芝诺认为善是指某些仅蕴含理性而被渴望的事物，幸福的生活即践行美德的生活。芝诺认可柏拉图的观点，即存在多种美德，如智慧、忍耐、正义与勇敢等。

芝诺认为这些美德密不可分，但各不相同。可逐个定义这些美德，如勇敢是具有
忍耐的智慧，忍耐是具有选择的智慧，而智慧即指具有行动的智慧，正义则是具
有分配的智慧。可见，其实只有一种美德，但根据不同的对象及实现的秩序，这
种单一美德会以多个形象呈现。芝诺的至理名言为："实现幸福生活的美德可完全
自足存在。"

《斯多葛学派，著作与见证》，玛格丽塔·伊思纳尔迪·帕伦特主编，尤太特出版社，都灵，
1989 年，卷 1，131、132、135、146、148、153、170、189、195 页）

三、第欧根尼·拉尔修：怀疑论者与判断的搁置

（节选自《名哲言行录》，第 9 卷，第 11 章，102、107 页）

【导读】

第欧根尼·拉尔修的记录

皮浪并没有著作传世，因此我们只能通过间接资料来了解其思想。第欧根尼·拉
尔修（3 世纪）在《名哲言行录》的第 9 卷中曾阐释了皮浪的怀疑论。

怀疑论者与他们的反对者

第欧根尼·拉尔修在阐述怀疑论时，主要强调：无法对事物形成任何判断，即
拒绝谈论任何事。

怀疑论的质疑者们认为判断的搁置是基于一种立场，而这种立场本身就是一
种判断的形式，尽管它们并未表达判断。

怀疑论者的反驳强调，表达判断搁置所使用的语言与独断论者丰富的语言之
间存在区别。

怀疑即指不确定事物的表象与内在是否一致。

【文献原文】

判断的搁置

怀疑主义者们致力于推翻各个学派的所有独断主张，自己则从不独断地展示
任何东西。他们只揭露他人的学说，从不直接正面地表达任何看法，甚至对这一

点本身也不正面加以肯定。这样一来，他们就不断言任何东西，他们甚至不说"我们不断言任何东西"这句话，因为这句话本身已经是在进行某种断言。他们说："我们揭示各种观点，只是为了指出不可轻率妄言；如果我们同意这些观点，那表明的就是我们做了同样轻率的事情。"因此，"我们不断言任何东西"这句话表明的是一种沉稳的心境。

怀疑论者与独断论者的争论

他们的全部论证方式都可以从其流传下来的论著中找到。皮浪本人没有留下任何著作，但他的朋友，如提蒙、埃涅希德谟斯、努谟尼俄斯、瑙西芬尼，以及其他一些人都有著作传世。独断论者们反驳说，这些怀疑论者自身也在进行理解、把握和论断。

因为就在他们认为自己是在进行反驳的地方，他们也在进行理解和把握，同样也就在那里，他们也在进行正面的肯定和论断。当他们说"不确定任何东西"和"每一个命题都有一个反命题"的时候，他们也就对它们进行了确定和论断。

怀疑论者回答这些人说：就我们作为人所遭受的一切而言，我们同意你们所说的。因为我们很清楚现在是白天，我们活着，以及生活中的其他许许多多的事情。然而，对于这些事情，独断论者用判断正面地加以肯定，说它们是可以被理解和把握的，而我们却将之作为不确定的东西加以搁置，我们知道的仅仅是当下的感受。我们承认我们在看，我们也知道我们在思考，但我们并不知道我们是如何在看，如何在思考。我们只是以陈述的方式说某个东西显得是白的，但我们并不肯定它就是那个样子。至于"我不确定任何东西"这句话以及其他类似的句子，我们并非独断地在说，这与说"世界是圆的"这种话并不相同。因为后者乃是不确定的事情，而另外一些话表达的也仅仅是赞同而已。因此，当我们说"不确定任何东西"这句话时，我们也没有肯定这句话本身。此外，独断论者说怀疑论者摒弃了生活，因为他们抛弃了生活赖以依存的素有东西。但怀疑论者说那些人是在胡说八道，因为怀疑论者并不否认他们在看，他们只是在说他们不知道如何在看。他们说：我们承认那显现出来的现象，但不承认它就是那个样子；我们也感知到火在燃烧，但它是否有着燃烧的本性，我们却加以搁置。

（翻译引自第欧根尼·拉尔修《名哲言行录》，徐开来、溥林译，广西师范出版社，2010年，471、482页）

四、塞涅卡：智者与友谊
（节选自《致卢基利乌斯书》）

【导读】

作品简介

塞涅卡在《致卢基利乌斯书》中阐释了斯多葛主义关于智者的重要理论，如智者是自足的，智者不受外部条件限制，智者内心深处具有幸福生活的动力等。

核心观点

塞涅卡认为智者是自足的，探讨了智者与朋友的关系：

◇ 智者是幸福的，他的内心自足，但在很多的日常琐事中并不自足，因此他需要他人才能生存，他渴望拥有朋友。

◇ 渴望友谊是一种自然倾向，因为人渴望社会生活。

◇ 但对于智者来说，只有自足才能获得完全幸福。

【文献原文】

智者天生就寻找友谊

"智者是自足的"，我的卢基利乌斯，大多数人都理解错了这句话：要么就是以为智者远离世界，要么就是以为智者躲进自己的小天地里。需要澄清这句话的含义与范畴：智者仅凭自己就可以实现幸福生活，但不可以实现生存。实际上，他需要不少东西才能生存。但他只需要一颗正直、冷静与不畏惧命运的心，就能获得幸福……因此，即使他是自足的，也渴望拥有朋友；他希望朋友越多越好，但他如此渴望并非是为了幸福生活，因为没有朋友，他也可以获得幸福。至上的善无须外部工具来实现自己，智者独居于家便可升华自身。倘若他在外部世界中寻找自身，那就会成为命运的奴仆。

"但智者的生活方式究竟怎样？是深陷囹圄，或迷失在人群中？或长途跋涉，停留在一个荒芜的沙滩？或是没有朋友？"应是宙斯的生活方式：宇宙瓦解之时，众神合而为一，世间万物并无运动。宙斯休养生息，陷入沉思中。智者的生活方式与其类似：他回归内心，与自己独处。

但他可随意行事，他自足，但他娶妻；他自足，但他养子；他自足，但他与人同住。他向往友谊，但并非出于个人兴趣，而是出于一种自然倾向，因为人类天生就会因别的事物而感到快乐，也会因友谊而快乐。人天生厌恶孤独，渴望社会生活，彼此共情，也同样会渴望并追寻友谊。

唯有自足才是幸福之保障

然而，即使智者甚爱其友人，为友人殚精竭虑，将其看得比自身更重，但他所有的财富仍在内心中，他将会说出斯底尔波之名言……斯底尔波的家乡被侵占，妻子身亡。德米特里一世（绰号"救星"）纵火烧城，他问斯底尔波可曾丢东西。而从火海中逃生出来的他却满脸幸福地答道：

"我的财富都在身上。"这才是强大的勇士！

"我什么都没丢"，这句话将迫使敌人怀疑自己的胜利。

"我的财富都在身上"，正义、美德与智慧，这些都是旁人无法夺走的财富。我们当然欣赏那些穿越火海而安然无恙的动物，但我们更欣赏那些遭受劫掠、毁灭与烈火而毫发无伤的人！你看，打赢一个民族，比打赢一个人要容易得多！

斯底尔波的观点与斯多葛主义者相同：在火海中，他的财富同样毫未受损。因为他自己便已足够，其幸福取决于内心。可不要认为只有我们卖弄雅词，伊壁鸠鲁本人就曾责备斯底尔波。即使今天的信，我已经结束了，但他所说的这句话，我恳求你一定要欣赏。"如果一个人，"他说，"不认为自己拥有很多，那么即使他成了世界的主人，也是不幸的。"或者，这种说法你听起来更舒服点（但其实不必在意辞藻，内涵更重要）："不认为自己十分幸福的人，即使他成了世界的主人，他也是不幸的。"……你不必担心，一个不值得的人不会碰上这样的好事：只有智者才能享受其所拥有的，无知者则只会因对自己无知的嫌恶而备受折磨。祝好。

（塞涅卡《全集》，乔万尼·雷奥雷主编，莫妮卡·娜塔莉译，蓬皮安尼出版社，米兰，2000 年，706—707 页）

第二章
如何获得善和幸福

斐莱布认为对所有生者而言，善即享受、快乐与乐趣和其他一切类似的事物。但我们却表示反对，因为不是这些事物，而是知性活动、思考、记忆以及一切其他类似的事物，只有这些才能被视为更好的。

（柏拉图:《斐莱布篇》）

幸福的问题

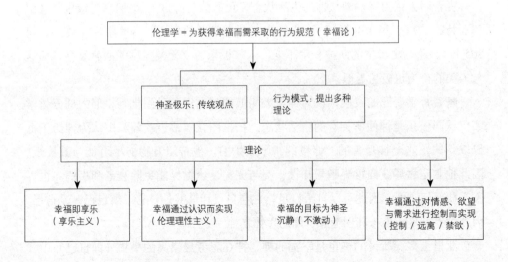

1. 伦理学与幸福

所有人都渴望幸福，都渴望达到那最完美的状态，即幸福。幸福问题是古希腊哲学思考的重要问题，主要分为几个部分：幸福是什么？人怎样才可以获得幸福？为了获得幸福，必须具有哪些行为规范？智者是幸福的吗？

这就是伦理学要回答的问题。伦理学是哲学的一个分支，研究人类行为及判断个体行为和选择的标准。古典伦理学，即古希腊与古罗马伦理学，将善与幸福联系，为善者即幸福者，因此古典伦理学也称幸福学。幸福的概念最初指好运，由一个住在人心中的神灵所带来。随着哲学学说的发展，此概念逐渐脱离了原意，演变为一种主观条件，取决于个体本身及其行为和选择，幸福的终极目标是自我的完全实现。

2. 众神的极乐：幸福模范

古希腊人认为幸福即众神的生活状态，正如荷马所言，"他们享受极乐"（《伊利亚特》，卷6，第138行），无忧无虑，"过着简单的生活"（《奥德赛》，卷4，第805行）。荷马史诗中的众神长生不老，永享极乐，享受着无尽的酒席宴会，而这与人类的行为也极为类似。

随着哲学研究的发展，认为神与人相似的观点逐渐受到批判，但大部分哲学家仍认同极乐是神仙所拥有的生活状态。柏拉图在《蒂迈欧篇》中认为神给予世界以形式，这个神是善的、慷慨的、不嫉妒的，他希望万物能尽可能与其接近。因此他制定秩序，向世界赠予知性、美与完美，让世界能免除衰老和疾病。世界不需要任何东西，因此可以自给自足，它与自己和谐共处，它了解自己，爱自己。因此世界就是一个与其创造者一样的幸福之神。

亚里士多德所说的神也是幸福的神，神在思考最崇高的事物（即自己）中找

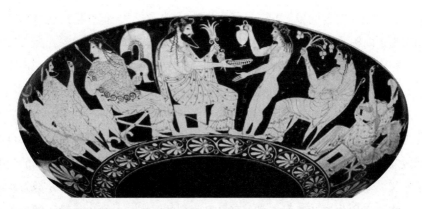

奥尔托,《众神之会》,红色图案的酒杯,公元前6世纪末。
塔尔奎尼亚,考古博物馆。

到快乐。因此上帝沉思自己,而沉思也就是最崇高也最自由的活动。

伊壁鸠鲁理念中的神也是美的、完美的,生活在和平与宁静之中。亚里士多德认为神是纯观念,但伊壁鸠鲁认为神具有气状身体。《蒂迈欧篇》中指出神是世界的创造者,但伊壁鸠鲁认为众神与这个世界及人间事件毫无瓜葛。神在自己的完美中获得绝对的幸福,他们的极乐是源于对智慧与美德的践行,他们永恒享乐,无忧无虑。

普罗提诺也将神性存在与幸福理念相联系。神是无限美的,具有无限的知性与永恒的智慧,生活在极乐与无忧无虑的状态中。

❧ 3. 苏格拉底提出神灵的概念 ❧

古希腊哲学家认为神的生活即最完美的幸福,但人类是否也可以参与这种状态? 神圣极乐的模范是否符合人类状态? 古希腊人认为人类可以分享众神的喜悦,这也是古希腊宗教节日的出发点:节日是神与人接触的时刻。

但只有哲学研究才真正讨论了人类幸福的问题。苏格拉底是最早探讨此问题的哲学家,他认为人类可以参与众神的幸福,因为人类灵魂中具有某个神圣性质,即神灵，体现为对善的爱。“dáimon”一词旧指“好运”，但苏格拉底将其理解为指引人类走向善的内在声音。

柏拉图在其对话录中记载，苏格拉底批判了那些认为幸福取决于外部因素（如财富、成就与名声）的观点，他认为幸福即践行美德。柏拉图在《高尔吉亚篇》中描述了苏格拉底与诡辩哲学家波罗进行的一场辩论，波罗赞赏雄辩家与独裁者，认为他们的生活状态应该是最幸福的，因为雄辩家与独裁者能统治城邦，可做任何想做之事。但苏格拉底却认为真正幸福的人是智者，因为智者与自我和平相处，公平正义，其行动的动机是行善。幸福的人便是那个可以了解善，并努力实现善的人。作恶者因为不知善而作恶。善具有强烈的吸引力，所以一旦了解了善，人就会具有为善的动机，并认为善是最佳的选择。

苏格拉底开启了对幸福的讨论，随后柏拉图与亚里士多德也认为道德生活是受内心神灵的指引走向善的生活，同时也是实践美德与沉思的生活。

4. 柏拉图与亚里士多德：真正的幸福源于沉思

柏拉图在《蒂迈欧篇》中指出，沉迷于情感，仅陶冶自身的凡世部分，耽溺于感官世界的人，是无法获得幸福的。只有那些陶冶自身的神圣部分与不灭部分的人才能获得幸福。幸福者会沉思永恒的不灭之物，会尊重居住于心的神灵。《蒂迈欧篇》中的观点与柏拉图对人类及灵魂构成的理论相一致，柏拉图认为人类行为的指引者为知识，而非情感、欲望或感觉快乐。但柏拉图阐释了灵魂的复杂本质，认为灵魂除了理性部分之外还具有欲望与情绪冲动部分。这也能解释为何人会倾向于生理快乐，这种本能不应被无视，但必须受到理性部分的规范。

柏拉图由灵魂的三分法进而指出正义是基本美德：正义即指灵魂各个部分的和谐，也即指城邦内部不同社会团体的和谐。幸福之人即能践行正义者。

亚里士多德也认为人能在自身中找到幸福，在自身更高与更神圣的部分中找到幸福，即在精神生活中找到幸福。亚里士多德在《尼各马可伦理学》中推理如下：

• 我们承认众神是最快乐也最幸福者；

• 因为众神的活动是纯粹的沉思，越接近纯粹沉思的人类活动，就是越能带来幸福的活动；

• 因此，人类越发展自己的沉思能力，就越能获得幸福。

这就引出了一个问题。沉思活动（即精神的活动）不可占据人类生活的全部时间，因为人类必须处理日常生活琐事，照顾自己的身体，那么人类如何才能永远幸福呢？那些不沉思的普通人如何才能获得幸福呢？

亚里士多德认为人类只能在极少的时刻（即沉思时）获得最大的幸福。而上帝是纯粹的精神，因此他可以永远活在幸福中。但除沉思时刻外，人类也有可能根据伦理美德，依靠理性行动来获得幸福。

明智（phronesis）对实践生活尤为重要，这是一种理性的态度，即根据具体情境判断好坏。智慧与明智，这两种推理美德也是幸福生活的两种模范，智慧是人人可得的，但明智却只是哲人所具有的。

但亚里士多德从更实际的角度出发，他认为只要拥有满足生存所需的最小条件，任何健康之人都能获得幸福。也就是说，无须拥有很多伟大的事物便能获得幸福。

5. 伊壁鸠鲁：幸福即快乐

柏拉图与亚里士多德认为最高的幸福源于沉思，即哲学思考。但哲学的作用在古希腊全盛时期却发生了变化：哲学不再是目标，而是一种手段，可为实现幸福人生创造条件。

这种观点在伊壁鸠鲁的思想中体现得尤为明显。人类恐惧本不应该被害怕的事物，渴望他们不可及的事物，人类的生活就这样消耗在毫无根据的恐惧与无法被满足的欲望中，这就是人类的不幸，而伊壁鸠鲁认为哲学的任务便是治愈人类的不幸。

伊壁鸠鲁的物理学理论试图将人类从毫无根据的恐惧中解放出来，伊壁鸠鲁告诉人类不应害怕神，因为神不干涉人间，神生活在完美的极乐中，他们远离人间，对人类之事漠不关心。伊壁鸠鲁认为死亡并不是生命的一部分，因为死亡便意味着身体与灵魂的消解。

为了从那些未被满足或无法被满足的欲望中解脱出来，首先需要学会区分它们，然后仅满足那些自然的、必要的欲望，限制那些自然的、非必要的欲望，最后完全放弃那些非自然（也非必要）的欲望。

如此，人类便可获得宁静，以上帝做模本，也可获得灵魂的完美纯粹，享受生活的单纯快乐。幸福即快乐；即"静止"的快乐；即痛苦的终结或缺乏；即身体不受物理意义的疼痛，灵魂不受干扰，没有不安、焦虑与担忧。因此，伊壁鸠鲁的伦理学具有享乐主义（源自古希腊语 hedoné，即"快乐"）的倾向。

伊壁鸠鲁的享乐主义并不指性的快乐、娱乐或外部幸福，而是精确计算实现某个欲望所带来的利益与损失、快乐与痛苦。幸福即摆脱需要，因此幸福即是自足。

◄ 6. 斯多葛主义者认为幸福是自足 ►

在面对外在的善时，幸福能自给自足，这种理念也体现在斯多葛学派中。斯多葛伦理学提倡人根据理性（或根据自然）生活，让自己的行为与普遍的理性相符合。美德即指个体行为与普遍秩序相吻合。

只有在美德中才能获得幸福和快乐，道德之善以其自身为回报。必须行善，而其余一切都应毫不关心：生活、幸福、苦难、脆弱、贫穷、碌碌无为、出身贫贱等，这些都是既不好也不坏的事物，因此既不会带来幸福，也不会带来不幸。

只有道德之善才值得追求，应超越那些偏离正道的激情，让意愿引领自身走向善。因此斯多葛智者是完全自由的，不受任何限制。

⟫⟫ 7. 普罗提诺：神秘经验中的幸福 ⟫⟫

古希腊最后一位伟大的哲学家普罗提诺继承了苏格拉底的观点。普罗提诺也认为人类幸福产生的原因为心灵内部具有神性，可引导人走向真正的善（与特殊的善相区别）。但只有在灵魂超越自己的身体性时才会获得，灵魂须摒弃身体，因为身体让灵魂远离神性。因此，神性与对真正之善的爱是紧密相连的。幸福即参与人类灵魂之中的精神生活，这是灵魂仅能在某些极为幸运的时刻才能体会到的经验。但灵魂渴望某个更高的事物，即善本身，这是一种无法言说的事物，存在于幸福范畴之外，只有当浸润在一种充满爱的狂喜中时，当沉醉在一种快乐的满足中时，才可获得。

灵魂的至高幸福因此只能在一种神秘经验中获得，这是一种无止境的喜悦。

古典伦理学中的幸福观

荷马	• 神圣幸福 = 长生不老、快乐 • 个体的好运
苏格拉底	• 人类具有神性（神灵） • 认识 = 以善为前提 = 幸福 • 恶 = 不知善
柏拉图	• 《蒂迈欧篇》：善意的神，世界的善 • 灵魂的幸福 = 控制快乐，依循理性 • 正义 = 实现个人与集体幸福的基本美德
亚里士多德	• 幸福神性即沉思自身 • 认识 = 幸福之路 • 最大的幸福 = 沉思的生活 • 两种幸福生活的模范 = 大多数人的智慧与少数人的明智
伊壁鸠鲁	• 快乐的神，对人间漠不关心 • 幸福 = 从恐惧中摆脱出来 • 不受干扰；对快乐的计算，对快乐的选择
斯多葛学派	• 幸福之路 = 认识 • 智慧 = 漠不关心与心灵自由 • 美德的自足 = 智者因有德而幸福
普罗提诺	• 完美与神的幸福 • 灵魂在不同体验中，以不同步骤参与神的幸福 • 狂喜 = 最大的幸福

罗马帝国和古典时代晚期

哲学分期表

历史分期	时间	流派与哲学家
公元 1—2 世纪 哲学与犹太教及基督教文化的首次碰撞。 出现了早期基督教领袖著作：基督教教义规定了信仰准则，开始哲学讨论。古希腊传统哲学学派依然是古典哲学领域的主要思想：柏拉图主义、亚里士多德主义、毕达哥拉斯主义与怀疑论等。	5/10—67	塔瑟斯的圣保罗
	1 世纪	新约撰写
	100—162/168	殉道者查士丁
	121—180	马可·奥勒留：斯多葛流派哲学家
	160—约 220	德尔图良
	160—210	塞克斯都斯·恩披里可斯：希腊怀疑派哲学家
	175—242	阿摩尼阿斯·萨卡斯：新柏拉图主义缔造者，普罗提诺的老师
公元 3—5 世纪 早期基督教领袖著作进入第二阶段：基督教思想逐渐系统化，理性与信仰和谐统一。古典时代晚期不同哲学流派之间的分歧依然存在，诞生了古典哲学最后一个重要学派，即新柏拉图主义。	204—270	普罗提诺
	233/234—305	推罗人波菲利
	4—5 世纪	马蒂纳斯·卡佩拉
	339/340—397	奥勒留·安布罗修斯，米兰大主教
	354—430	奥勒留·奥古斯丁
	约 480—524	塞维林·波爱修
公元 6—8 世纪 早期基督教领袖著作进入第三阶段：基督教开始系统梳理此前所有教义。学院派哲学日渐式微，529 年雅典学院正式关闭，古典哲学时期结束。	480—547	努尔西亚人本笃：本笃教义缔造者
	5—6 世纪	伪－狄奥尼修斯

历史大事年表

历史分期	时间	人物与事件
公元1—2世纪 古罗马帝国迅速扩张。	33	耶稣在耶路撒冷被钉上十字架。
	48	第一届基督教大会在耶路撒冷召开。
	96—193	养子继承制度：古罗马帝国版图达到巅峰，帝国内部和平发展，经济繁荣。
	135	耶路撒冷被毁，犹太人被迫离散。
公元3世纪 帝国出现危机，古典时代晚期开始。	212	卡拉卡拉皇帝允许帝国居民成为罗马市民。
	238—284	帝国混乱时期，经历了21个皇帝。
	284—305	戴克里先统治与帝国改革：养子继承制度结束，皇帝权力被分割。
公元3—5世纪 古代时期晚期：戴克里先皇帝实行改革；帝国逐渐分裂为东西两部分，西罗马帝国最终灭亡。	312—337	君士坦丁大帝统治：313年，君士坦丁大帝颁布《米兰敕令》，基督教首次得到官方承认。皇帝权力再度统一。
	375—455	野蛮人的入侵。
	476	西罗马帝国的灭亡。日耳曼将领奥多埃塞成为意大利首位蛮族国王。
	482—511	克洛维一世建立法兰克王国，498年皈依基督教，由此得到教会支持。
公元5—7世纪 中世纪早期：西方出现罗马－蛮族国家；东方的拜占庭王国逐渐兴起；阿拉伯－穆斯林文化于7世纪诞生。	494—554	东哥特人在意大利建立王国。
	526—565	希腊－哥特之战：查士丁尼重新夺回西方。
	535—554	拜占庭王朝短暂占领意大利。
	568	伦巴第人入侵意大利。
	622	穆罕默德迁至麦地那：标志着伊斯兰纪元开始。

哲学与基督教思想的主要影响地域

城市	描述
塔瑟斯	保罗诞生地。
耶路撒冷	拿撒勒人耶稣在这里布道、被审判、最终逝世。
埃及的亚历山大	新柏拉图主义在此诞生,这是古典哲学最后一个哲学流派,对基督教思想也产生了重要影响。亚历山大图书馆曾数次遭受重创,最终于 642 年被阿拉伯人摧毁。
希波	奥古斯丁在此被任命为主教,逝世于此。
特里尔	安布罗修斯的诞生地。
米兰	安布罗修斯的主教管辖区,其逝世地。奥古斯丁曾前往米兰执教,得以会见安布罗修斯并与主教的哲学友人们结交。奥古斯丁最终在此皈依和受洗。
罗马	在尼禄迫害时期,圣彼得与圣保罗在罗马被处死。
雅典	在拜占庭皇帝查士丁尼一世关闭最后一个古典学院前,雅典一直是古典哲学的中心。

西方与东方的主要城市与首都

城市	描述
罗马	在戴克里先改革前为帝国首都。
米兰	曾为古意大利城市、高卢城市,随后于公元前 222 年归属罗马帝国。戴克里先改革后,成为西罗马帝国的首都之一(至 402 年止)。
特里尔	古罗马人于公元 1 世纪创建此城,从 293 年至 395 年间为西罗马帝国首都之一。
斯雷姆	今塞尔维亚共和国城市。最初为凯尔特城市,从 293 年起,曾为东罗马帝国首都之一。
尼科米底亚	古希腊在小亚细亚的殖民地,从 293 年至 330 年间,为西罗马帝国首都之一。
拜占庭 / 君士坦丁堡	古希腊城市。330 年,君士坦丁将此作为帝国新首都,并改名为君士坦丁堡。
拉韦纳	最初为古意大利城市,随后为罗马城市,为西罗马帝国最后一座首都(402—476)。在奥多埃塞与东哥特狄奥多里克大帝入侵后,成为意大利王国首都。
巴黎	曾为凯尔特城市,随后为古罗马城市。克洛维一世选此为法兰克王国首都。
帕维亚	曾为高卢城市,随后为古罗马城市,从 572 年起成为伦巴第王国首都。

知识

衰落中的世界

公元 1 至 2 世纪，罗马帝国疆域迅速扩张，古希腊文化与罗马文化也开始融合。此时的帝国政治稳定统一，经济空前繁荣。但古罗马帝国于古典时代晚期陷入危机，逐渐土崩瓦解，最终导致西罗马帝国灭亡。此外，影响公元 1 至 7 世纪西方文化发展进程的其他事件还有：基督教与阿拉伯伊斯兰教的出现；日耳曼部落与亚洲游牧民族迁移至欧洲；阿拉伯人迁移至地中海与东方世界。

地方语言与拉丁语、文学语言

拉丁语逐渐成为罗马帝国的通用语言，殖民活动、帝国行政统一管理、贸易往来与哲学知识传播是促进其发展的重要因素。

而地方口语具有区域特色，方言吸收了外来语言（如不纯正的蛮族语言）的词汇，也受到基督教徒们所说拉丁语的影响，因此读音与句法都出现了不同程度的简化。

文学语言与大众地方语言之间的区别开始逐渐明显。

古罗马帝国灭亡后，新的罗马 - 蛮族国家迫切需要建立统一的行政管理机构（但与古帝国相比，这些国家的管理机构规模较小）。国家领导者要求原罗马帝国的文人与管理者们为他们提供过去的知识与管理经验。长此以往，随后就连日耳曼人也开始逐渐接受了古罗马帝国的文化，因此拉丁语也最终成了新罗马 - 蛮族

以弗所的塞尔苏斯图书馆，2 世纪，为纪念罗马行政官朱利奥斯·塞尔苏斯·伯乐曼努斯而建。

国家的官方语言，主要用于官方文件与政府法令中。

教会内部甚至也出现了东西两派，东方派系使用希腊语，而西方派系则使用拉丁语。

从拉丁文化至基督教文化

罗马帝国早期，拉丁文化影响巨大，产生了大量优秀的经典著作，这些著作所使用的语言也杂糅了丰富的地方特色。

拉丁语最重要的几位思想家都是来自古罗马帝国的意大利以外区域，如哲学家、戏剧家塞涅卡（前 4—65）是努米底亚地方人；《金驴记》的作者卢修斯·阿普列乌斯（125—约 170）则出生在非洲的马多拉。

此时期也出现了用大众通俗语言（即俗语）创作的作品，如佩特洛尼乌斯（27—66）撰写的《萨蒂利孔》。

随后几十年中，拉丁文化不断繁荣：

• 西班牙人马希尔（40—约104）：拉丁语短诗的重要诗人；
• 尤维纳利斯（50/65—约140）：创作讽刺诗，讽刺当时的上流生活与恶习；
• 西班牙人昆体良（约35—95）：修辞学教授，在其教学生涯末期撰写了修辞手册《论演讲者的塑成》（90—95）。

希腊文化在公元2世纪十分流行，许多作家都使用双语，例如马可·奥勒留的《沉思录》就是用希腊语写成的。

公元3世纪后，出现了两个重要现象：

• 希腊语在西罗马帝国逐渐衰落，这是最终将古典世界一分为二的重要影响因素。
• 基督教拉丁文化开始传播，基督教引进了新思想与新主张，开始进行信仰的辩护、讨论异教徒的争议等问题。

基督教开创了新的文学流派，如宗教仪式颂歌、宗教文本阐释、注疏学、诗歌、基督教教义辩护文等。

此时期两个最重要的思想家为奥勒留·奥古斯丁与索弗诺尼·优西比乌·哲罗姆（圣哲罗姆，347—约420）。圣哲罗姆曾将整部圣经译为拉丁语（382—413）。

《圣奥古斯丁布道福音书》，彩图，6世纪。
剑桥，基督教圣体学院。

帝国历史学家、基督教教义辩护学与蛮族国家的编年史学

公元 1 至 7 世纪期间的拉丁语历史学可划分为三个主要部分：

1. 古希腊或古罗马历史书，重要的历史学家有：

提图斯·李维（前 59—17）：公元前 9 年，撰写了古罗马历史巨著，讲述了罗马诞生之初至公元前 9 年的伟大历史。

喀罗尼亚城人普鲁塔克（46 / 48—125 / 127）：用古希腊语撰写了《希腊罗马名人传》，记录了古希腊与古罗马时期重要名人的生平，此书共分为 23 对名人传及 4 个单独的传记。

普布里乌斯·克奈里乌斯·塔西佗（55—125）：重要的拉丁语历史学家，创作了《罗马编年史》与《罗马史》，记录了从 14 年至 96 年的历史。他曾撰写《日耳曼尼亚志》，描述了多瑙河畔民族的民俗风貌与民族特色，书中还记载了日耳曼尼亚人的重要历史事件。

苏埃托尼乌斯（70—126）：重要的传记作家，其著名传记有《名人传》与《十二恺撒传》。

2. 基督教的重要历史著作：

传统的历史著作，如圣哲罗姆的《编年史》，记录了从亚当至 379 年的宇宙历史。

一些看似是历史，但实际上是为基督教教义辩护的著作，如保罗斯·奥罗修斯（375—约 420）撰写的《驳异教历史》。此书讲述了整个人类历史，但实际阐释了奥古斯丁理论，宣扬上帝是世界历史的掌管者。

3. 记录新日耳曼或凯尔特部落迁移至西方过程的史书：

卡西奥多罗斯·弗拉维·奥勒留（485—580）：撰写了蛮族部落的第一部国家史，即《哥特人的历史》。但此书后来失轶，仅有一

《古罗马禁军》，浮雕，2 世纪。
巴黎，卢浮宫。

篇名为"哥特人"的简介流传于世，由拜占庭历史学家乔尔达诺（6世纪）撰写。

格里高利一世（538—594）：撰写了《法兰西史》，此书不仅记录了法兰西帝国的主要事件，也描绘了法兰西部落的民俗特征。

罗马法的发展过程与几部重要法典

古罗马法是奴隶制社会最发达的法律，在罗马诞生了最早的司法体系，这是古罗马文明的重要贡献之一。法律是一种思考权利的知识：

- 一门基于主要原则与特定准则进行分析的学科；
- 规定这些准则如何运用的一系列规则；
- 一种结合过去的司法案例，制定刑罚适用原则的研究。

公元1至7世纪，西方法律诞生，出现了几部重要的大法典，分别为：

- 乌尔皮安（170—228）制定了古罗马帝国的行政法与民法。
- 438年，狄奥多西二世（401—450）颁布《狄奥多西法典》，这是帝国重要的法典。
- 534年，查士丁尼大帝一世（482—565）颁布《查士丁尼法典》，其中增添了乌尔皮安的主要理论。此法典被称为《敕法汇集》或《学说汇纂》，至今仍是法律系学生的教科书。
- 此时期法律领域另一个重要里程碑为《罗泰里谕令》的颁布（643年），这是意大利伦巴第地区的第一部法典，结合了日耳曼法典与古罗马法律。

从古罗马艺术到古基督教艺术

帝国时期的古罗马艺术（主要为雕塑艺术）不断地在古希腊传统与地方特色之间进行阶段性循环往复。

公元1至2世纪的罗马艺术作品主要采用古希腊雕塑方式，如和平祭坛（前9

年）、提图斯凯旋门的浮雕（约90年）、图拉真柱（113年）等雕塑都可见古希腊的影响。

古希腊艺术强调现实主义，在帝王、贵族与思想家等名人的肖像雕塑中，这种现实主义尤为突出，此类雕塑通常精雕细琢，甚至对人物的细微表情都进行了逼真的描绘。

3世纪后，古希腊雕塑艺术的影响日渐消退。政治力量的衰弱同时也影响了艺术选择，在意大利以外的帝国区域中，开始出现蛮族文明及东方文明的影响。

我们可以从大量遗址了解古罗马绘画，比较著名的遗址有：奥古斯都皇帝（位于帕拉蒂诺山，1961年发掘）、庞培与埃尔科雷诺等帝王的府邸遗址，尼禄在64年的火灾后重新建立的大宅院即"黄金宫"等重要建筑。

此时，一种特殊的地方绘画形式也逐渐兴起，即法尤姆（埃及）肖像画，这种绘画形式的特点是强调现实主义。

起源于意大利以外帝国区域的马赛克艺术也得到了充分发展，较著名的马赛克建筑有非洲的大莱波蒂斯、古典时代晚期在意大利阿奎莱亚地区出现的马赛克建筑群等。

此时期出现了早期基督教艺术，主要采用古罗马与古希腊艺术的技巧与表现手法来表现新信仰。代表性的建筑为：

• 大教堂与教堂。尽管这些建筑通常在后世会不断被重建或改建，但仍有不少惊人的遗址保存至今，如位于罗马的圣萨宾娜教堂，位于拉维纳的克拉塞的圣亚坡理纳圣殿。

• 马赛克画或壁画：通常描绘圣经故事或是耶稣形象。

• 石棺、雕塑及浮雕：通常描述创世记或新约故事。

中世纪早期教会：古典文明的守护者

公元6至7世纪，新建立的罗马－蛮族国家尚未对哲学等文化思想加以干预。

而此时，教会出于理论建设与内部管理等需求，开始安排一批有学识的文人组建教育与培训机构，由此逐渐垄断了整个文化。

"神职人员"一词不仅指祭司,还特指知识渊博的人士,它也是学者的代名词。

在大主教管辖的城市(即大教堂所在地)中兴起了一批宗教学院。此类学院不仅可以培养宗教神职人员,也可以培养教区或世俗管理机构的办公人员。

由努尔西亚人本笃(480—约547)创建的本笃修道院在西欧农村地区不断发展,在西方教育与文化中发挥了重要作用。

在522年至526年间,圣本笃制定了修道院准则,这些准则随后成了整个西方修道院的准绳。本笃修会的教义认为懒惰是灵魂最大的敌人,其核心思想为劳动与祈祷,本笃认为这两项工作是修士们日常必修的功课。

当欧洲备受战火侵蚀,城市繁荣不再,居民逐渐迁移至更加安全的农村地区,商业也开始衰落时,本笃修道院在整个欧洲的影响力却不断增强:

• 依靠修士们的辛勤劳动,成了自给自足的经济中心;
• 是宗教精神中心;
• 是保存与传递古典知识的地方;
• 修道院中开设了抄写机构,修士们在这里手抄经典,保存灿烂的古典文明。修道院创办了图书馆用于保存经典手稿。

艺术

耶稣的面容

基督教早期并不主张直接描绘耶稣的形象，或许是出于避免遭受迫害的考虑，信徒们通常会采用一些常人难以理解的象征符号来代表耶稣。

4 世纪出现了描绘耶稣的作品，但耶稣的外貌并不固定，他时而是一个没有胡须的年轻人，时而是一个有胡须的成年人，时而是福音书中描述的"善良的牧羊人"，时而是凯旋的胜利者耶稣。胜利者耶稣的描绘，通常会表现米尔维安大桥战役之前胜利的预兆出现在君士坦丁大帝的梦中，预示着他将于 313 年赐予基督徒信仰自由。

《耶稣进入耶路撒冷》，朱尼厄斯·巴苏斯的石棺，4 世纪后半叶，细节图。梵蒂冈，圣彼得博物馆。

罗马官员朱尼厄斯·巴苏斯的石棺雕塑中描绘了耶稣的故事，画面中耶稣骑在马上，脸上光滑无胡须，是年轻人的模样。他于棕树节进入耶路撒冷，此为他整个传道事业成功的巅峰时刻。

《耶稣上半身像》，4世纪中叶。罗马，地下坟墓。

这是耶稣最古老的肖像之一，此肖像中的特点随后成为普遍标准。一名古罗马官员曾记载过耶稣的外貌特征："耶稣头发颜色为成熟核桃的颜色，头发垂至耳旁。耳朵上方的头发是略蓬乱的鬈发……耳朵下方的头发同样闪亮，披散至肩头。他满脸胡须，胡须与头发同色；胡须较短，在下巴上分叉。"这幅画中耶稣的面庞上也有胡须，或许是根据此记载而描绘。

《荣耀中的耶稣》，马赛克，6世纪中叶。拉维纳，圣维塔莱大教堂。

耶稣在无限荣耀中凯旋，他坐在象征地球的圆球上，两侧是两个天使，每个天使旁都有一名圣人：画面左侧是圣维塔莱，耶稣将皇冠递给他；右侧是圣艾克来修。他们脚下是天堂开满鲜花的草地。

《善良的牧羊人》，约300年。梵蒂冈，比奥基督教博物馆。

　　这座耶稣雕像中的耶稣为牧羊人打扮，脸庞无须，应是青年形象。耶稣衣着朴素，肩头扛着一只羊。而在随后的基督教传统形象中，牧羊人耶稣将逐渐被凯旋的耶稣所取代。

第三章
哲学新思想：基督教哲学与新柏拉图主义

我们无法通过科学或哲学而认识"太一"。"太一"是一种无法被理解的、超越于思想的直接存在。"太一"是无法形容也无法描述的，但我们可以通过与"他"的对话，来谈论和描述"太一"，我们可以实现从语言到思维的转换。

（普罗提诺:《九章集》，卷6，第9章，第4节）

1. 上帝的本质是什么？存在一个唯一的上帝吗？是否存在多个神？
2. 上帝是否与人类有过对话？如何才能确定上帝的言论是否真实？
3. 宗教与信仰的上帝是否与哲学中的上帝有共同点？
4. 世界与质料是一直存在的，还是由上帝创造的？
5. 外部世界是否有一个唯一的来源？如果是唯一起源，为何世界的质料是多元的？
6. 是否存在一些用语言无法表达的思想、直觉或灵魂状态？

哲学家年表

时间	人物
1 世纪	《新约》问世
162 / 168	查士丁殉难，他向马可·奥勒留皇帝递交了两份基督教教义辩解书
244	普罗提诺在罗马创建哲学学院
300 / 305	波菲利出版《九章集》
5 世纪	马蒂纳斯·卡佩拉撰写了《墨丘利与语文学的联姻》
520 / 524	波爱修翻译了几部亚里士多德的逻辑著作

历史大事年表

时间	事件
前 27	古罗马帝国建立，屋大维获得"奥古斯都"的封号
14—37	提比略成为罗马皇帝
54—68	尼禄统治时期
70	耶路撒冷神庙被毁，犹太人开始离散
161—180	马可·奥勒留统治时期
293	戴克里先进行帝制改革
476	最后一位西罗马帝国皇帝被迫退位，西罗马帝国灭亡
489	东哥特皇帝狄奥多西入侵意大利

❧ 1. 古希腊哲学与基督教信仰 ❧

◆ 1.1 圣经中的宗教

罗马世界中的圣经宗教

公元 1 世纪后，罗马逐渐形成了如今的地形地貌，这是一片由地中海包围的沿海地域,依靠天然的交流优势,哲学与犹太教及基督教思想得以在这里相互碰撞。圣经宗教拥有一个共同的神圣文本，即圣经，但犹太人仅承认《旧约》。

圣经分为两部，每部又具体分为多部著作。

《旧约》:《旧约》是一部历史、教育、预言性质的著作，由犹太人在一千年的时间内创作而成（从公元前 11 至前 1 世纪），是犹太人与基督徒共同信奉的经典。

《新约》：公元 1 世纪创作，仅被基督徒信奉；讲述了上帝之子耶稣的布道、死亡与复活，描述了早期基督徒的生活，指出了人类最后的命运走向。

古希腊哲学与犹太教

古希腊哲学与犹太教的接触始于公元前 20 世纪，两种文化最初在地中海东部沿海地区相遇，随后在埃及的亚历山大得到进一步发展。从公元前 3 世纪起，大量犹太部落在亚历山大定居。亚历山大图书馆藏有最早的《圣经》古希腊语译本。此外，几位博学的犹太人在接受了古希腊哲学思想后，开始将圣经中的上帝与哲学中的上帝进行区分。

基督教的传播

此时期古希腊哲学与圣经宗教中最重要的现象为基督教在罗马帝国内部广泛传播。从公元 1 世纪后半叶开始，基督教群体在古希腊地区开始大量形成。世界各地的文化与风俗习惯具有较大差别，福音在传播过程中会出现理解差异，而基督教内部也兴起了针对信仰是否为真理等问题的讨论，因此确立基督教教义的基本准则迫在眉睫。

基督教思想

罗马帝国开始对基督徒们进行迫害与责难。为了更好地维护宗教信仰，也为了明确基督教教义，基督教需要将圣经内容阐释为唯一真理，即事实与哲学的唯一真理。

随后，基督教辩护学和神学迅速兴起，基督教哲学家们根据理性哲学的方法重新规定并系统整理了信仰真理。一些基督教哲学家，如奥勒留·奥古斯丁（4—5世纪）等，开始撰写重要的基督教哲学著作。

《基督徒们跟随主教》，壁画，3世纪。格罗塔费拉托镇拉丁路的地下墓穴。

◆ 1.2 古希腊哲学的改变和保留

罗马时期的哲学发展

公元前1世纪至公元2世纪间，古罗马帝国文化的主要表现有：

• 一些以柏拉图主义、亚里士多德主义及毕达哥拉斯主义为核心的哲学思想逐渐发展。

• 古希腊哲学思想依然具有影响力。

• 怀疑论哲学开始兴起，塞克斯都斯·恩披里可斯是该流派的代表人物，他主要借鉴和吸收了皮浪的思想。

除怀疑论外，新兴起的哲学思想普遍对宗教问题高度关注，受到了犹太教与基督教的影响。

公元3世纪，新柏拉图主义诞生，这是古希腊哲学的最后一个重要流派。新

基督教思想与新柏拉图主义思想的主要传播区域

城市	描述
耶路撒冷	公元前 63 年：并入古罗马帝国。 33 年：拿撒勒人耶稣在这里被审判，最终被处死。
塔瑟斯	5 / 10 年：基督教重要使徒保罗诞生。
推罗	233 / 234 年：普罗提诺的传记家与追随者波菲利诞生。
那不勒斯	100 年：查士丁诞生。
埃及利科普特里	204 年：普罗提诺诞生。
罗马	67 年：使徒彼得与保罗被处死。 162 / 168 年：查士丁逝世。 244 年：普罗提诺创建哲学学院。 305 年：波菲利在出版《九章集》后逝世于此。 约 480 年：塞维林·波爱修诞生。
埃及的亚历山大	2—3 世纪：阿摩尼阿斯·萨卡斯最早提出新柏拉图主义思想。 3 世纪：圣经首次被译成古希腊语。
迦太基	4—5 世纪：马蒂纳斯·卡佩拉诞生。

柏拉图主义的代表人物为普罗提诺，他将柏拉图主义、亚里士多德主义及斯多葛主义与宗教思想（主要是犹太教思想）进行了融合。

◆ **1.3 犹太教与基督教的主要思想**

圣经中的上帝

圣经中上帝的形象与希腊哲学中神的形象类似：是柏拉图思想中的善，也是亚里士多德思想中的纯行为。它是一个先验存在，是善的、完美的。它没有质料形态，具有可能性。

圣经中的上帝是：

• 人——上帝，具有理性与意志，是全能的，也是全知的。
• 创造者——上帝，他用自由意志创造了世界与万物，因此也可以让世界与万物消失。

神的最重要创造便是人类：亚当。与其他万物不同，上帝依照自身形象与外貌创造了亚当。他用泥土捏出亚当的身体，赋予其思想，随后上帝创造了亚当的同伴——夏娃。

上帝向人类展示了他的力量，要求人类将其当成唯一的神，允诺将帮助人类，并赐予人类幸福。

上帝与选民之间的合约

亚当是万物之巅，是世界之王，由此他可以支配一切被创造的事物。但他违背了上帝的旨意，偷吃了禁果，因而失去了上帝的帮助，失去了地球的支配权，也失去了幸福（即人间乐园）。

由于犯下原罪，亚当与夏娃的子嗣们必须辛勤劳作，承受痛苦。但亚当的后裔犹太族人却始终信奉上帝为唯一的神，因此获得了上帝的保护，与上帝订立了合约。所以犹太人是被上帝选中的选民。

上帝将犹太人从埃及法老的奴役中解放出来，并将自己的法典赠予犹太人（即摩西在西奈山上与上帝签订的十诫）。只要犹太人遵守法典，便能获得上帝的恩典。上帝将应许之地迦南（即巴勒斯坦）赠予犹太人，但选民并未遵守神圣合约，最终失去了应许之地。

但上帝向犹太人允诺了弥赛亚（即献身者）的降临，他将成为救世主，人类将被带领至"上帝之国"。

耶稣作为救世主弥赛亚出现

拿撒勒人耶稣诞生于奥古斯都统治时期的巴勒斯坦（古罗马帝国管辖区）。

耶稣成年后开始以救世主及上帝之子的身份进行布道。耶稣宣称自己可以拯救人类，将上帝的福音传递给所有人。耶稣的理念与犹太教传统极为不同，因为犹太人认为上帝只能救赎选民。耶稣宣称那些相信并追随自己的人将获得永生，他认为自己是圣经中预言的救世主，宣称自己将创建上帝之国。耶稣将在世界末日时重新回归人间，而此时上帝之国也将最终建成。

耶稣的"上帝之国"并不是一个政治机构，而是一种内心信仰：信奉上帝之国便意味着抛弃人间尘世。

上帝的新形象，一种新道德

在耶稣的布道中，上帝不再是旧约中的神，不再是那个对人类行为毫无怜悯的审判官，而成了全人类的"父亲"，是爱的永恒来源。

犹太旧法规定了一系列严格的道德与行为准则，强调报应的相互性（即以眼还眼，以牙还牙）。然而耶稣提出了一种全新的道德观，他将爱置于人类生活的中心，提倡：

《圣母玛利亚与耶稣》，壁画，4 世纪。
罗马，大公墓。

• 人应最爱上帝，要像爱自己一样爱邻人。所有人都是上帝之子，应将全人类视为自己的兄弟姐妹。

• 不报复，而是要爱自己的敌人。

• 将上帝之子的信仰传递给全人类，因为所有人都可以获得永恒救赎。

提比略皇帝统治期间，33 岁的耶稣被耶路撒冷最高的政治、宗教与司法机构，即犹太教最高评议会，判决为骗子与反叛者，并被处以死刑。

耶稣用自己的牺牲在上帝与信徒之间缔结了新的盟约（即新约）。他是真正的人，牺牲了自己弥补了全人类的罪过；他也是真正的上帝，将在三日后复活。

◆ 1.4 基督教的传播

保罗的皈依与耶稣的信仰

在塔瑟斯人圣保罗（5 / 10—67）的宣传下，耶稣的布道传遍了古希腊城邦。保罗是犹太裔的罗马城邦人，他曾迫害过早期的基督教徒，但随后改信基督教。在布道中，耶稣常被唤为"基督"，本意为"受圣油者"，指通过圣油加冕为国王

《彼得与保罗》，金箔玻璃画，4 世纪。
梵蒂冈，梵蒂冈使徒图书馆。

或祭司这一传统。

保罗有过一次超乎寻常的经历：他曾亲眼见过救世主。此后保罗改信基督教，接触了耶稣的嫡传弟子，即使徒们。使徒们在耶路撒冷创建了最早的基督教堂，保罗则在叙利亚、希腊与小亚细亚等地创建了基督教堂。保罗曾有信件流传于世，信上记载了他为基督教传播所做的贡献。

公元 67 年，在尼禄皇帝的命令下，保罗与彼得一起在罗马被处死。彼得是耶稣最著名的使徒，也是罗马基督教会的真正领袖。

犹太人、非基督徒与基督徒

耶稣的早期使徒们对犹太人和非基督徒们都进行布道。不管是出生在弥赛亚地区的人，还是那些并非上帝选民的人，都可以接受基督的讲道。如非基督徒保罗就是犹太世界之外福音书布道的最重要信奉者。

"非基督徒"一词在晚期专指与圣经传统不相符的人，基督教思想家随后将此词等同于"异教徒"，指所有反对基督教、继续遵守旧宗教传统的人。并非所有的犹太人都承认耶稣是旧约中预示的救世主，有的犹太人继续信奉犹太旧传统，而有的犹太人则开始接受新思想。

福音书的创作

耶稣的布道最初主要通过口头进行传播。保罗被处死后，耶稣的使徒马太及使徒的两名弟子马可与路加分别撰写了福音书。这三部福音书被称为对观福音书，因为书中的叙述紧密联系，组成一个整体，共同描述了耶稣的生平和布道。

随后，最年轻的使徒约翰也撰写了一部福音书，主要讲述了耶稣的神圣思想。这部福音书充满了哲学思辨，约翰认为耶稣即为"逻各斯"，他是"圣道"的化身，他来到人间拯救全人类。

约翰描述了耶稣死后回归天堂时对全人类的允诺。耶稣允诺一个"被召唤的"抚慰者，即圣灵，将降临到人间。圣灵是圣父与圣子之外的第三种神圣存在，具有相同的神圣本质。圣灵将永随人类至世界末日，直至圣子的重新回归。

除了这四部福音书外，还有其他福音书，但正统教会并不承认它们是在上帝的授意下完成，因此这些福音书被称作伪福音书。

《十二使徒》，壁画，3 世纪。
罗马，依波吉欧德里奥雷。

《新约》内容

《新约》是基督教信仰的法典，主要包括以下内容：

• 四部福音书；

• 保罗与其他使徒的信件；

• 使徒行为记录，作者有可能是路加，主要记载了早期基督徒的生平与事件；

• 《启示录》，这是一部预言作品，由约翰在 1 世纪末期撰写，讲述基督教战胜邪恶，取得最终的胜利。

❖ 2. 信仰与哲学思想 ❖

◆ 2.1 信仰真理与哲学：矛盾点

公元 1 世纪起，基督教思想走出了巴勒斯坦与小亚细亚等地域，开始在那些深受古希腊思想影响的地方广泛传播。

基督教对"创造"与"时间"的理解

新宗教并非一种系统的哲学，但它的思想仍具有哲学价值。基督教与古希腊哲学在几个关键点上都有所区别，提供了一种看待人类与客观世界的新角度。

关于"创造"的概念。基督教认为，"创造"解释了世界的起源。根据圣经文本，"创造"指从无到有的过程。而这与一个贯穿整个古希腊哲学的重要思想，即"无不能生有"相矛盾。

柏拉图与亚里士多德认为存在一个最初的质料空间。柏拉图在《蒂迈欧篇》中指出"创造世界者"（demiurgo）创造了质料，而亚里士多德则认为最初的质料是完全没有形态的。柏拉图与亚里士多德都认为质料不可能从"无"中诞生，物质世界是一个与先验世界（即理念的世界，纯行为）同时共存的永恒世界。

古希腊哲学认为质料与世界是永恒的，时间也是永恒的。而基督教则认为时间有始有终，是上帝创造了时间。在古希腊哲学中，时间是循环的。而基督教则认为时间是线性发展的，有开始，有发展，有终结。圣经本身便是线性时间的证明，圣经的第一部与最后一部——《创世记》与《启示录》——分别描述了世界及时间的起源与终结（与上帝的永恒性相对）。

信仰是科学还是主观臆断？

从理性角度来看，信仰的三个前提既无法证真也无法证伪。

· 基督耶稣的本质：既是人，又是神。

• 三位一体学说（圣父、圣子即耶稣与圣灵），即三人统一为上帝，但同时又有三个位格。

• 基督对信徒承诺的永恒救赎。

从基督教来看，上述三个观点是确凿无疑的真理，经得起任何检验，甚至比科学更确定。但是，无法用理性验证其真实性的观点（dóxa），与具有确定性的科学（epistéme）产生了矛盾。

信仰：凌驾于理性之上的绝对真理

宗教信仰是一种凌驾于理性之上的绝对真理，是一种用人类工具无法获得的真理。使徒圣保罗定义了信仰，清晰地表明："信仰是希望之物的本质（或根基），也是感知（或检验）不可见事物的方式。"（引自《写给犹太人的信》，第 11 章，第 1 节）信仰是最大的希望，却无法通过理性表明自己的存在。

基督教思想家将知识按照等级区分，至上的真理不再是理性科学，而变成了信仰。

56 年或 57 年，圣保罗在一封写给哥林多基督徒的信件中，指出神圣知识与世俗知识是完全不同的两种知识。哲学家认为，用一些无法被理性论证的前提来推导出绝对真理，这是愚蠢的；而对于像圣保罗这样的信徒来说，仅仅因为信仰超出了人类的理解范畴，便拒绝信仰的真理特性，这反而是愚蠢的。

《旧约故事》，大理石石棺，4 世纪。
巴黎，卢浮宫。

圣彼得质问但丁：何为信仰？

圣保罗对信仰的定义

信仰是希望之物；

信仰是感知看不见之物的方式；

这便是信仰的本质。

《天堂》第 24 曲中（第 64—66 行），但丁·阿利基耶里用诗歌的形式重新演绎了使徒保罗关于信仰的定义。但丁在贝雅特丽齐的指引下，最终来到了群星闪烁的天堂。他在此见证了基督的胜利，基督如同一轮耀眼的太阳，他被无限的天使荣光所围绕，圣母玛利亚也头顶圣光。贝雅特丽齐随即要求圣彼得询问但丁对信仰的理解。

圣彼得首先询问但丁何为信仰。但丁引用了圣保罗的名句来回答此问题，但丁还指出，圣保罗与圣彼得正是带领信徒走上正确信仰之路的重要人物。

信仰能让人类感知到不可见之物

圣彼得要求但丁详细阐释为何圣保罗认为信仰既是"本质"，又是"方法"，但丁在下列诗句中（即第 70—78 行）对圣保罗的定义进行了更加详细的阐释。

但丁说道：我现在所见的天堂景象，是凡胎肉眼所无法感知的，因为只有通过信仰，才能真正感知到天堂。最终能感知到天堂仁慈的希望正是建立在信仰之上。因此，信仰是人世间希望之物的根基。

《圣彼得询问但丁对信仰的理解》，彩图，14 世纪。威尼斯，马尔恰纳图书馆。

信仰能让人类思考人世间的不可见真理，信仰是感知或检验人类肉眼不可见事物（如宗教奇迹）的方式。

但丁诗歌的核心思想为：

- 信仰是基督徒的核心美德；
- 圣保罗思想（在这里由但丁传授）在基督教教义与基督教文化中的重要性。

◆ 2.2 信仰真理与哲学：相通点

理性的价值

哲学知识与基督教信仰其实并不矛盾，因为早期基督教思想家在古希腊哲学中寻找到了一些可用理性证明的前提，认为这些前提与信仰并无冲突，这些前提为：

- 存在一个先验世界，超越了感性的世界，可解释"变化"；
- 灵魂是不灭的；
- 对善的追求。

尽管这些都是不完整的知识，因为人类仅凭理性无法获得至上真理（至上真理只能由上帝给予），但这些理论前提与信仰并不矛盾。

那么，对理性的追求反而可以成为一种有用的工具，信徒们可以依靠理性来解决信仰真理的问题，并逐渐接近真理，进而理解真理的本质。

从这个角度来看，古希腊晚期的哲学思想其实充满了宗教精神，这些学说可让人类逐渐靠近上帝的旨意。基督教哲学家因此认为哲学的理性真理其实是上帝赐予的一种知识，因为是上帝让人类具有运用理性的能力。

改造异教思想

从这个角度来看，"异教"思想反而成了基督教理论的重要来源。查士丁曾言："所有一切真理都属于基督徒。"基督徒的任务在于重新获得这些古老教义，将它们从异教的外壳中剥离出来，利用这些思想来重新阐释并深化宗教文本，从而思考事物的本质，并逐渐接近上帝。

因此诞生了基督教哲学：

· 它强调超自然事物所揭示的真理具有绝对重要性；

· 它用理性自然工具理解世界，最终目的在于让人类理解最深层的神圣真理。

拒绝哲学

部分基督教思想家主张将基督教与哲学相融合，但也有部分思想家持相反立场，他们拒绝哲学真理，将哲学视为异教与错误的来源。

德尔图良（160—约220）是此学说的重要代表人物，他反对任何形式的理性追求，高度颂扬"盲目"信仰，即一种完全不需要使用理性的信仰。他的名言为："我信仰，正是因为信仰在常人看来是荒谬的。"

基督教哲学思想的早期阶段

公元1至8世纪末期的基督教思想家被称为"教会领袖"，而这也是"基督教领袖著作"一词的由来。基督教领袖著作发展的早期阶段（1—2世纪）主要开展了下列工作：

· 定义了信仰的基本概念；

· 对圣经文本进行阐释，即对文本进行细致的解读和分析，阐明其含义；

· 强调信仰真理与正统教的合理性。基督教思想面临内外两种敌人，外部敌人即异教徒与犹太人，而内部敌人则是那些持异教观点的基督徒。

基督教领袖著作发展第二阶段（3世纪至5世纪中叶）的哲学目标在于不断系统化基督教教义，并将信仰与理性相结合。第三阶段一直持续至8世纪，主要内容为进一步将此前的理论深化和系统化。

正统与异教：上帝的真正本质与真正的基督徒

圣经文本的阐释问题

早期基督教思想家曾开展过激烈的哲学讨论，这些讨论有助于：

• 阐释圣经文本（圣经文本例证颇多，有大量图片和隐喻，需要专门阐释）；

• 厘清基督教教义；

• 比较基督教思想的某些重要概念与哲学思想。

世界圣公会议与教义的定义

基督教召开了一系列主教会议与全宗教大会，对主要的争议问题进行讨论，重新界定了信仰真理的概念，并制定了基督教日常生活的准则。

接着教会提出了教条（即不容反驳的真理）这一概念，指出教条才是对上帝言论的真正解读。

而反对教条的思想即被称为异教，即那些不被基督教教义承认为正确（正统）的思想。

与异教相关的另一种思想为分裂主义，分裂主义主张将一部分持不同意见的人逐出教会。

4 至 5 世纪，基督教举办了重要的世界圣公会议，对基督教教义进行了系统阐释，明确规定了哪些是正确的思想，哪些是错误的思想。阐释教义的著作中也包含了教会反对及压迫异教徒的相关论述。

基督教世界中的异教

最早的异教始于 1 世纪末期，但直到 3 至 5 世纪才得到充分发展。

早期异教思想主要反对圣三位一体学说，即质疑三种位格（圣父、圣子与圣灵）是否可存在于一个统一的上帝中，讨论三者的相互关系。继而出现了基督学异教，即对耶稣基督的人性本质与神圣本质的研究。

异教的讨论也受到了哲学思想的影响，因为基督教在谈及信仰问题时，其实使用的是古希腊哲学中的原有定义，如"个体""属性""本质"等词语。根据时间顺序，最重要的异教思想依次为：

• 多纳图主义：由非洲大主教多纳图（4世纪）创建。多纳图认为教会只能属于完美的人，而那些罪人，如想洗清自己的罪孽，必须经历再度洗礼；"叛徒"，即那些出于对迫害的恐惧而否定自己信仰的人，则应被逐出教会。

• 阿里乌斯教：由阿里乌斯（256—336）创建。阿里乌斯援引最严格的一神教学说，否定了三位一体理论。阿里乌斯教的支持者们认为圣子是圣父所生，因此他不可能也被认为是上帝；圣子不可能获得永恒，因为他本身是圣父的创造物（是从无到有创造出来的）；而圣灵则是圣子的创造物。

• 伯拉纠主义：由不列颠修士伯拉纠（约360—422）创建。伯拉纠颂扬人类战胜邪恶与罪孽的固有力量，因此否定了原罪这一概念。他认为将亚当与夏娃所犯下的原罪加诸在所有人类后裔上，反而会破坏人类本质。因此伯拉纠主义者并不认为耶稣是拯救者，他们也不承认洗礼的神圣意义，反而强调每个人都具有通过行善来获得自我救赎的能力。

• 聂思脱里教：由君士坦丁主教（5世纪）聂思脱里创建。聂思脱里认为上帝只有两种存在，人与神。因此耶稣的母亲拿撒勒人玛利亚并不能被称为上帝的母亲，因为她只创造了耶稣基督一个人。

• 耶稣单性说：是指"单一的本质"，反对基督具有人的本质，仅承认基督作为神的存在。

❖⊰ 3. 普罗提诺:"太一"与发散 ⊱❖

发展柏拉图主义

随着基督教在古罗马帝国的传播,新柏拉图主义也开始逐步发展。这是古希腊哲学的最后一个重要流派,普罗提诺是该流派的重要代表人物。新柏拉图主义的很多理论与宗教相关,普罗提诺主要致力于解决新崇拜与新宗教信仰面临的存在本质等问题。

204年,普罗提诺出生在埃及的利科普特里。他曾在亚历山大师从阿摩尼阿斯·萨卡斯,萨卡斯被视为新柏拉图主义的缔造者,他主张将古希腊哲学的重要理论(尤其是柏拉图思想)与基督教教义相结合。

244年,普罗提诺加入了戈尔迪安三世攻打波斯帝国的远征军,从而了解到了波斯思想与印度思想。同年,他迁至罗马,在这里创办了一所学院,招收了大量学生。

根据柏拉图在《理想国》中的描述,哲学家之城应耸立在坎帕尼亚。尽管普罗提诺并没有实现"柏拉图之城"的宏图,但普罗提诺正是在坎帕尼亚度过了人生的最后一段时光。晚年他居住在一个弟子兼好友的庄园中,最后于270年辞世。

波菲利的理论

普罗提诺的生平与哲学思想主要由其弟子推罗人波菲利进行记录与整理。普罗提诺共撰写了54部作品,波菲利根据主题将这54部作品分为六大类,每类九部书,因此将全集命名为《九章集》(来自古希腊词语ennéa,即"九")。

根据波菲利的记载,普罗提诺是在一个相对短的时间内,即十年左右,坚持不懈地完成了所有的著作。

◆ 3.1 客观世界的结构

存在事物的统一性

普罗提诺认为自己的思想只不过是一种柏拉图主义理论,但实际上他提出了一种全新的哲学主张。他深入探讨了古希腊哲学中的存在理论,即"太一"与"多"

的关系。普罗提诺哲学的基本思想为，事物之所以能成为事物，是因为构成了一个整体，如果没有"多样性"，就不会有"统一性"这个整体。普罗提诺使用了大量图像与例子来解释这一点：如果没有"多"个士兵，就不会有"一"支军队；一支军队之所以能成为一支军队，正是因为它是士兵的"整体统一"。一个家或一艘船都是一个整体，因为家不是墙壁、房间等的简单组合，船也不是石头、树木、帆布等的简单组合。

特定存在的统一性程度，便是该存在的价值指标：一个事物的结构越结实，它在事物等级中的位置便越高；一个事物的"多样性"越多，则它在本体等级中的位置越低。

普罗提诺认为客观世界的最顶端为最初的"太一"，本质的"太一"，即绝对统一性，它代表了最高的存在，从这里发散出事物的多样性。最初的"太一"是：

• 绝对先验的存在，凌驾于所有的"多"与所有的界限之上，因为一旦它有限制，或是任何一种属性，便会让它成为"多"。

• 超越存在：因为绝不能说"'太一'是"，如果说了"'太一'是"，便意味着一种二元关系，即"太一"与"是"。

• 无法描述：无法对此进行任何描述。

• 绝对简单，因为"太一"没有任何"多"的形式，即使是最"小"的存在也没有。

• 只能通过否定的形式来描述：它不是"多"，因此无法被限定，并不是一种特殊的质料，既不存在于时间中，也不存在于空间中。普罗提诺由此开始了"否定神学"的进程。

采用类比方法进行定义："太一"等同于"善"

普罗提诺深受柏拉图学派的影响，指出仅能给出一个"太一"的类比定义，即认为它与"善"类似。此定义不仅解释了"太一"是内在本质（因为它无法被人类所理解），也是世界看待自身的方式。"太一"与所有经由它发散出来的事物都完全不同。

与那些特定的限定事物相反，"太一"具有一种无限的可能性，它是无限的：因为它是无限的，因此它也没有任何形式和图像。它不具有任何属性，因为属性是限定事物的特征。

但普罗提诺哲学却因此而陷入了矛盾中：如果"太一"是绝对先验的，与所有的存在事物都完全不同，那么"太一"与世界的关系是什么？世界是如何从"太一"衍生出来的？

"太一"与"多"的关系：发散

为了解决事物是如何从"太一"衍生出来的难题，普罗提诺采用了一种图像式语言，他使用大量图像来进行阐释，如光发散，河流从源头涌出，液体从瓶子中流出，香味从源头飘散出来等。

我们来做一个比喻：世界通过一种与光类似的扩散或发散过程，从"太一"衍生出来。光源（如太阳等）发散光线后，其本身的强度并不会降低。发散出来的光线越远离光源，其强度便会越弱。"太一"可以通过发散衍生出多种事物：

• 与发散源越接近，事物的存在便越丰富（更结实，更统一）。

• 与发散源越远离，事物的存在便越不完美。如与光源越接近时，光线越强烈。

通过发散，客观世界有了层次，包含了从亮光到黑暗，从绝对的简单到复杂多样，从纯粹精神到物质世界的各种客观形态。

"太一"是大量的存在，它可以衍生与发散出整个世界。因为"太一"是大量的，是无法枯竭的，正如太阳的光线与热量一样，因此发散的过程是无尽的、永恒的。

柏拉图及亚里士多德提出了二元论，指出第一质料与一个先验世界同时存在；斯多葛学派提出内在论，认为逻各斯存在于世界内部；犹太教与基督教提出创世记概念，认为上帝自由地从无中创造了世界。而普罗提诺关于发散的理论与此前的古希腊哲学思想有很大的区别。

"太一"是本质

发散过程中，越远离"太一"这个发散源，事物的存在便越不完美。最靠近光源的发散等级是"本质"。

第一个本质便是"太一"本身，因为"太一"在最初便存在。

第二与第三个本质：知性与灵魂

从"太一"这第一个本质发散出第二个本质，即知性。"太一"具有绝对简单性，但知性则指代二元性，包含了思维与思维的对象。但这种二元性也是一个整体，因为思维会将自身视为存在进行思考，此时思维与思维的对象便合二为一了。

普罗提诺关于知性的阐释同样可见柏拉图与亚里士多德的影响。普罗提诺的知性与亚里士多德的神（即"思想的思想"）类似，知性可以思考所有可以被思想的思想。普罗提诺的思想即柏拉图所说的理念，即感性事物的永恒原型。因此知性中的理念即存在的所有形式。

知性与其发散源"太一"一样，也是无限的，也具有创造力，可衍生出灵魂。

灵魂是生命与行为的本原，它根据知性的理想模型，赋予复杂事物以形式。

因此我们可以梳理出从"太一"到"多"的渐进过程：

• "太一"是绝对简单的统一体；

• 知性本身便是观念的集合；

• 灵魂内部具有"多"的所有形式。

质料

为了解释"多"的起源，普罗提诺借鉴了柏拉图与亚里士多德对无形与无限的第一质料的定义，引进了质料的概念。普罗提诺认为质料是：

• 神圣发散的最后限制，因为它处于"太一"的极端对立面；

• 是黑暗，是光消失的地方；

• 是"太一"发散能量枯竭与消亡的否定之处；

• 是纯粹可能性与无限性，因为它并非一种本身便存在的事物（本质）；

• 不存在便是"没有存在"；

• 恶并不是指一种与好相对的坏的世界，而是一种"缺乏"的状态，即没有秩序与限制，没有善的存在。

让我们假设，在"太一"的发散流中出现了中断，最终被破坏。"太一"的发散流一旦缺乏延续性，便会出现限制与尽头，而这正是"多"的属性。

◆ 3.2 可知世界与可感世界的灵魂

灵魂的构成

灵魂内部存在"多"，这是由灵魂本身的构造所决定的，因为在灵魂中具有高低两个部分：

• 高级灵魂或世界的灵魂。这是知性所在地，灵魂通过知性认识事物的图像。

灵魂从衍生出自己的知性处重新获得了认识能力，但灵魂低于知性，因为灵魂并不具备思维及其思维对象的整体性，因此灵魂内部发生的很多过程都不可被感知。

灵魂通过知性与"太一"联结，因此高级灵魂是普遍的，但灵魂同时与"太一"具有距离，因此被推向了"多"。高级灵魂本身具有"多"，是多个个别灵魂的组合。高级灵魂是丰富大量的，但不是连续的，因为不同的灵魂都能自主地度过不同的人生，也能各自自由行动。

• 低级灵魂，包括感觉与自然，产生了身体的多样性，通常都是以无意识的状态进行活动。因为自然本身便隐含了连续的行为与行动，因此时间便会出现。自然同时也暗含了空间的出现，因为事物在空间中是有距离的。

灵魂的永恒矛盾

灵魂处在可知世界与可感世界的交界处，是两个世界的过渡地带。一方面灵魂处在可知世界中（与"太一"及知性具有联系）；另一方面，灵魂的低级部分本身便包含了感性的身体世界。

因此灵魂处在这两极的对立矛盾中，它向两个方向运动：朝高处，观照知性，从知性处获得理念；朝低处，观照质料，通过理念为感官世界赋予形式。感官世界具有空间与时间，具有先后连续顺序。

相反，"太一"的发散并不是一个连续的过程，而是一个理想过程。正如同光一样：光从光源处发散开，是朝四周发散，并不存在一个时间上比光源"更后"的过程。存在并非是连续产生，而是同时产生、永恒产生的。

灵魂与身体具有"多"的属性，灵魂可以进入质料内，让质料具有生命，但灵魂本身是统一的。

这种统一性是世界秩序的根本，万物相互联系，是同一个生命有机体的多个部分。

与斯多葛学派类似，普罗提诺指出，需要将世界看成一个整体才可以认识世界的秩序与美。应在世界内部找到万物合适的位置，即使那些看似不完美或恶的事物也应如此。

灵魂在感性与知性之间

人是由身体与灵魂组成的，人也同样处在感性与知性之间。

人的灵魂是宇宙灵魂的反映或图像，同时也是认识活动与生理活动的主体。一方面，灵魂会观照感知事物，尤其是需要关心身体；另一方面，灵魂又会受到其来源"太一"的召唤。

人类的任务

真实世界的结构受到从"太一"到"多"这个发散过程的影响，因此人会感受到来自上方的召唤。为了完全实现自身，人的灵魂必须远离质料，接近发散过程的反面一极，从而最终寻找到"太一"。

人因此是宇宙循环中两极阶段的结合点，即从"太一"到"多"，从"多"到"太一"这两极过程。

为了回归至"太一"，人需要逐渐远离感知事物，不断提高知识，加强内在分析，关照自身，认识自己的意识。

第一步需要实践世俗美德（智慧、才能、节制与正义），并需要纯净情感，脱离对自身身体的依附。

灵魂回归至"太一"：狂喜

完成第一步后，灵魂通过美学思考、爱与哲学等途径转向"太一"，这时它才会真正开始脱离可感世界。普罗提诺在此方面的理论同样可见柏拉图的影响,柏拉图提出,美与爱会刺激灵魂,从而引领灵魂不断走向高处。

在爱的推动下,灵魂会先思考身体美,随后迈向非身体美的思考。普罗提诺因此指出,哲学(或辩证法)会引导灵魂走向其来源,先走向美,最终走向"太一"。

但还需要另一个过程。灵魂需要通过"狂喜"到达"太一"。"狂喜"即人类灵魂与那些不可言说的事物的直接接触,是一种脱离自身的体验,人类脱离自身限制,走入无限之中。

因此,"太一"与它发散的光并不是一种寻找的最后终点,而是一种体验的终点。这是一种突然的体验,就好比眼睛安静地等待太阳的升起一般,灵魂也可在安静之中获得这种体验。然后灵魂就能与"太一"神秘地结合在一起,人类只有当彻底否定了自己的个体性,放弃了任何个体性时,才能最终与"太一"结合。

4. 新文化理念的形成

◆ 4.1 古典文明的终结

自由艺术的定义

5 世纪,古罗马帝国面临巨大的危机,最终走向了瓦解。此时的文化重心也开始转向古典的复兴与经典学说的重新弘扬。

在日耳曼部落频繁入侵的时代,诞生了一部伟大的著作,即《墨丘利与语文学的联姻》。这部著作可被视为古典哲学与其价值的真正弘扬,由非洲人马蒂纳斯·卡佩拉(4—5 世纪)为非洲人用拉丁语创作而成。卡佩拉提出了七种自由艺术,即自由人出于纯粹知识的获得,而非实际兴趣所需,必须研习的七种艺术。

卡佩拉提出的七种艺术随后成为西方教育体系的基本纲领,主要分为下列两大类:

《自由艺术》，马赛克，12 世纪。
伊芙蕾雅，大教堂神学院。

1. 三学科，即语法、修辞与逻辑学。

2. 四学科，即算术、几何、天文与音乐。

自由艺术是走向终点的一种途径，是达到目的的一种工具，而它们的最终目的为神学，即获得对上帝的知识。这七种艺术最终成为经院哲学与文化的根基。

◆ 4.2 新柏拉图主义的影响

5 至 6 世纪，异教文化逐渐衰落，新柏拉图主义的思想在东西罗马帝国中成为主流。塞维林·波爱修与一位无名氏作家都曾在书中描述过新柏拉图主义的影响。该无名氏在中世纪被错认为狄奥尼修斯（狄奥尼修斯是雅典人，曾接受使徒圣保罗的布道，从而改信基督教，使徒传中对此曾有所提及），因此后来也被称为"伪－狄奥尼修斯"。

波爱修与"人"的概念

波爱修是罗马哲学家、思想家，出身名门，家族地位显赫，曾任东哥特狄奥多西国王的大臣。波爱修的重要贡献为翻译并阐释了古典哲学著作，其中包括亚里士多德的逻辑学论述。

他用拉丁语重新阐释了古希腊哲学的基本概念，鉴于中世纪思想家对古希腊语较为生疏，因此波爱修的著作成了一部详细的哲学术语参考书。

在波爱修用拉丁语重新阐释的哲学概念中，"人"这一概念尤为重要，波爱修结合基督教思想对此概念进行了解释。在古希腊与拉丁文化之前的文明中，"人"指面具，专指戏剧表演中的人物。

随着基督教对上帝与基督本质的讨论，"人"这个概念开始具有了新的内涵：指具有神圣本质的个体。其应用范围也逐渐扩展至具有人类本质的对象。

波爱修将"人"定义为"具有知性本质的单独实体"，这是一种采用亚里士多德分类法的定义：

•"单独实体"对应的是亚里士多德的第一实体。

•"知性本质"对应的是将人定义为具有知性的动物。

波爱修重新阐释了"人"这一概念，既可指神圣人，也可指尘世之人。在日常用语中，"人"也开始泛指人类。

《波爱修与哲学》，彩图，9世纪。

伪－狄奥尼修斯与神学理论

伪－狄奥尼修斯的著作深入讨论了神学概念，他区分出三种形式的神学：

1. 肯定神学。根据人类的属性定义上帝（如上帝是"最善的"，是"完美的"，是"全能的"等），因此并不是完整阐释神圣本质的适宜方式。

2. 否定神学。只能采用否定的方式描述上帝的至高性与无限性，即只能说上帝"不是"，如不是有限的，不受时间限制，不是欺骗者等。

3. 神秘神学。强调上帝的知性。就好比那一道耀眼的光芒，因此上帝的完整性也只能被语言之外的方式所感知，即在沉默中感知。人可通过个体经验，在神秘力量的引导下感知上帝。

✎ 本章小结 ✎

古希腊哲学与圣经宗教文化的相互碰撞

哲学与犹太教及基督教在罗马帝国的地中海世界中进行了碰撞。这两种圣经宗教的理论具有重要的哲学意义，部分观点可与希腊古典哲学相容，如：

◇ 上帝具有人与神两种本质，是纯粹精神的、永恒的、先验的存在；

◇ 灵魂是不灭的；

◇ 对善的追求。

但基督教的某些理论，如从无中进行创造，某些教条的矛盾，信仰的前提是真理等观点与哲学主张迥异，甚至是相互对立的。

在基督教思想内部，也开始分化成两大派：

◇ 部分哲学家尝试将理性与信仰相结合，在神学思考中使用理性；

◇ 部分哲学家试图将宗教思想与任何哲学思考相隔绝，认为人只能依靠信仰。

基督教领袖著作时期与新柏拉图主义

基督教思想的早期发展阶段，即1至8世纪，通常被称为"基督教领袖著作时期"。宗教哲学的讨论重点为圣经文本的阐释与信仰（教条）内容的界定。

公元前1世纪到公元2世纪，某些哲学思想也受到了宗教影响，同时吸收了伟大的古典哲学学说，如柏拉图主义、亚里士多德主义与毕达哥拉斯主义等。

在亚历山大诞生了最后一个伟大的古典哲学学派，即新柏拉图主义。

普罗提诺："太一"是世界的最高点

新柏拉图主义最重要的哲学家为普罗提诺，他重新阐释了柏拉图思想，创建了一种全新的哲学主义，他的理论中包含了：

◇ 哲学思想（柏拉图主义、亚里士多德主义与斯多葛主义）；

◇ 宗教思想，主要来自犹太教与基督教传统。

普罗提诺认为世界的最高点为"太一"，"太一"是无限的、绝对先验的，凌驾在所有"多"之上，是不可限制的，是无法描述的，因此只能通过否定的方式进行描述（即它不是"多"，不是"特殊"，不受时间与空间的限制等）。

从"太一"的发散

通过发散过程，"太一"衍生出了"多"，衍生出一系列具有完美等级区分的事物。普罗提诺因此解释了：

◇ "多"是如何从"太一"这个绝对简单的存在中衍生出来的；

◇ 事物之间的区别（包括精神存在，如灵魂与质料存在等），发散过程的最初等级便是两个存在，它们与"太一"同时出现；

◇ 知性，知性蕴含了所有事物的形式；

◇ 灵魂，分为高级灵魂与低级灵魂两个部分。

灵魂与回归至"太一"的过程

人是由身体与灵魂共同组成的，因此灵魂位于感性与知性的世界之间。人类灵魂一方面是认识的主体，另一方面又是身体生理活动的协调者，因此它一方面有回归至"太一"的需求，一方面又与可感世界进行接触。灵魂如同流放者一般生活在尘世之间，它无限怀念"太一"，渴望回归至"太一"，想要脱离质料，回到发散过程的最初级别。回归至"太一"的过程中最关键的时刻便是"狂喜"，即人类灵魂与上帝的直接接触。

古典文化的终结

5世纪，西罗马帝国崩塌，古希腊－古罗马文化也随之终结。在此阶段，有学者提出了自由艺术的定义与特征，而"七艺"也随之成为后世文化与教育的根基。

新柏拉图主义的两位重要思想家为：

◇ 波爱修，他重新定义了"人"这个概念，对宗教与哲学领域都产生了深远影响，也改变了日常用语中该术语的内涵。波爱修曾翻译亚里士多德的部分逻辑学著作。

◇ 伪－狄奥尼修斯，他区分出了三种神学，分别为肯定神学、否定神学与神秘神学。

❧ 本章术语表 ❧

灵魂：指普罗提诺理论中的第三个本质，由知性发散而成，是生命与运动的根源。灵魂内部蕴含依据知性理念而形成的"多"。灵魂分为高级灵魂与低级灵魂。高级灵魂或世界灵魂观照知性与理念，具有无意识的认识。低级灵魂具有感知力与自然，是"多"个身体的无意识运动之源，低级灵魂衍生了时间与空间。

自由艺术：中世纪教学体系的基本学科，取自古典传统。"自由"一词指这七项艺术，是自由人值得学习的艺术。分为三项艺术（语法、修辞与逻辑学）与四项艺术（算术、几何、音乐与天文学）。

发散：指普罗提诺理论提出的从"太一"衍生到"多"的永恒过程，是原初的神圣来源。通过一系列发散过程，产生了完美等级不同的事物。越远离发散源，事物存在越不完美。发散并不是一种有意识的行为，而是出于"太一"的丰富、大量（而这也是发散与创造的区别）而自发进行的过程。

阐释学：来自古希腊语 eksegeomai，意为"解释"。指一系列用于理解和阐释圣经文本，界定神圣旨意的真正内涵的知识（包括语言的、历史的等）、规则及方法。

狂喜：来自古希腊语 ék-stásis，即"出离"。普罗提诺认为，狂喜是灵魂回归至"太一"过程的最高阶段。灵魂出离身体，超越了可感世界与可知世界的范畴，从而构建了一个与神合二为一的存在。

知性：普罗提诺提出的发散过程的第二个本质，是"太一"的第一个发散存在，由它产生了思维与存在的二元区分。该理论可见柏拉图与亚里士多德的影响：普罗提诺认为知性是思考自身的思维，知性思考的对象（即思想）是理念，是万物的永恒模型。

本质：来自古希腊语 hypóstasis，即 hypó（下）与 stásis（存在），意为"本质"。普罗提诺用这个术语指代三个本质："太一"、知性与灵魂，而这三者构成了可知世界。每个本质都从此前的一个本质发散而来，它们的本体等级依次递减。

质料：普罗提诺认为，质料不是一种自主存在，而是一种限制发散过程最末端的不定与不限的存在。是知性之光结束的黑暗地方，是与"太一"对立的纯粹否定。因此质料是"不内在"，因为质料没有存在，所以是"恶"的，因为没有"善"。

神秘学：人类灵魂上升过程最后所经历的神圣经验，指抛弃任何感知及知性知识,最终到达狂喜阶段。伪-狄奥尼修斯由此区分出另一种神学(即对上帝的知识):因为上帝是不可言说的,所以信仰只能通过沉默与沉思来表达。

基督教领袖著作阶段:指基督教思想的早期阶段(1—8世纪)。对该时期的时间界定仍存在争议,但大部分学者认为此阶段应开始于使徒著作之后,结束于经院哲学诞生前(8—9世纪)。此术语由宗教改革(新教)神学家在17世纪提出,源自从4世纪开始使用的"教会领袖"(Padri)一词。教会领袖最初用来指在东西方罗马帝国中传播基督教的神学家、为教义辩护的思想家、阐释学家、主教、教皇、修士或布道者。根据他们所使用的语言,通常可区分古希腊与拉丁两种基督教领袖。

"太一":普罗提诺认为"太一"是"多"(即万物)的来源。"太一"是不定的,无形态,无图像,是绝对先验的(超越存在、本质与任何限制)。"太一"是无法言说的(不能被定义,也不能被描述)。

基督教思想与普罗提诺哲学的主要概念

本体论	犹太教与基督教思想:存在两个世界:上帝是先验的、永恒的;而世界是被创造的,是有限的
	普罗提诺:世界是统一整体的,质料是缺乏的,有限的
伦理学/幸福	犹太教思想:法与救赎只能由选民获得
	基督教思想:道德观的核心是对上帝与邻人的爱;耶稣基督的牺牲正是为了拯救人类
	普罗提诺:世俗美德是人类获得自由的第一步
哲学/宗教	基督教思想:研究古希腊哲学与宗教的共同点,探讨理性与信仰的关系;讨论是否可使用哲学与其相关概念
	普罗提诺:结合宗教与哲学思想;提出否定神学
	伪-狄奥尼修斯:区分不同的神学形式
认识	基督教思想:信仰命题的真理问题;部分学者承认理性思考具有价值
	普罗提诺:理性与灵魂的认识具有等级区别
哲学/知识	犹太教与基督教:客观世界是上帝的创造物
	普罗提诺:低级灵魂是感觉与自然的来源;客观世界是纯粹可能性,是不存在的
	马蒂纳斯·卡佩拉:提出自由艺术这一概念
	波爱修:重新阐释了"人"的定义
美学	普罗提诺:思考美本身
自由/权力	基督教思想:上帝是法与权力的创造者(十诫等)

一、普罗提诺:"太一"的发生能力

(选自《九章集》,卷5,2,1)

【导读】

"太一"与"多"的关系

《九章集》第 5 卷中,普罗提诺在一篇名为《论第一存在之后的事物的发生与秩序》的短文中提出了发散理论,解释了原初"太一"衍生出"多"的过程,提出世界是由"多样性"组成的。

【文献原文】

本质的过程

从"太一"到"多"的过程是一系列渐进过程,事物存在的完美程度会逐渐递减。发散过程分为下列几个阶段:

从大量的"太一"中溢出了本质,即知性,这是第二本质。

因为"太一"是丰富而大量的,因此从第二本质会发生出第三本质,即灵魂。灵魂处在高低两种矛盾中:它会朝上运动,因为需要回归至知性;它也会朝下运动,因为需要产生感觉。

"太一"产生"存在"

"太一"是万物之源,但并不是万物,即"太一"不是万物的集合(如果"太一"是全部,就会具有"多")。"太一"也不存在于万物之中。"太一"是绝对先验的。

"太一"是万物,但又不是万物:"太一"是万物之源,但不是"万物"。"太一"是万物,因为万物会回归至"太一",因此尽管万物现在并不存在于"太一"中,但总有一天会存在于"太一"中。为什么简单的"太一"本身不具备任何"多"与"不同",但又能衍生万物?因为存在存在于"太一"中,所以"太一"可以衍生出万物。只要存在存在,"太一"就不是存在,它只是存在的发生者,我将此称为第一发生者。"太一"是完美的,因为"太一"不寻找任何事物,不具有任何事物,也不需要任何事物。因此，它是大量而丰富的，从"太一"中会发生出别的事物。

但如果被发生出来的存在观照，"太一"就会马上被填满。因此存在刚被发生出来，就观照自身，而这就是知性。被发生出来的存在如果观照"太一"，就会发生出存在；如果它观照自身，就会发生出知性。知性要想观照自身，首先需要存在于自身，因此它就成了知性与存在的二元。于是，与"太一"类似，存在也发生出自己的同类，它也同样具有强大的可能性，但这只是"太一"的一个印象。

知性发生灵魂

灵魂是会变化的，是运动的；因此灵魂与具有运动的生命有联系，灵魂发生于运动中。灵魂是可感世界与可知世界的媒介。

从存在发生出的力量便是灵魂。灵魂是变化的，而知性是静止的，因为知性诞生时，在它之前的"太一"的固有属性是静止。

但灵魂在发生的过程中不是静止的，相反，一旦灵魂开始运动，它就会发生出自己的印象。灵魂观照其来源的上方时，就会充满知性；但当灵魂观照相反方向时，就会发生出感觉、它本身的印象与植物中的力量。没有任何事物能从其之前的事物中脱离出来，因此，即使植物中也会有高级灵魂的某些部分，植物中的力量也属于灵魂。当然灵魂不可能全在植物之中，只有当灵魂朝下方运动时，才会存于植物中，此时灵魂会在低级灵魂意愿的推动下，在这个过程中发生出另一个存在。然而，高级灵魂停留在知性中，会让知性保持静止。

（普罗提诺《九章集》，朱塞佩·法金主编，蓬皮安尼出版社，米兰，2000 年，815 页）

二、普罗提诺：逃离世界，回归美本身
（选自《九章集》，卷 1，6，7—8）

【导读】

作品与主题

柏拉图对普罗提诺的影响在美学篇中体现得尤其明显。波菲利将普罗提诺的论美学著作归在《九章集》第一卷中，他认为这属于普罗提诺第一批著作（共 21 部）。普罗提诺的美学篇受到柏拉图《会饮篇》的影响，他认为美是从肉体美提升

至美本身这一上升过程中的动力。

分析的关键点

普罗提诺主要探讨了以下几点：

◇ 美本身是所有美的事物的起源，因此观照美本身的人不再需要其他的美，即不需要处于特殊事物之中的美。

◇ 人的灵魂处在两极中：一方面受到身体世界的诱惑和吸引；一方面又强烈地想念它的故乡，即发生它的世界。

◇ 世界中万物的生命其实是一种流放，因为灵魂远离了自己的故乡；灵魂会感受到回归故土的渴望，会希望从流放状态中逃离。

◇ 当灵魂远离外部事物时，便开始回归故土。灵魂需要观照自身，让自己脱离欲望与恶。

◇ 完美本身是灵魂上升至高级世界、回归故土与获得幸福的必要条件。

【文献原文】

对美的观照

如果人能观照那让万物拥有美的美本身，本身不接受任何事物，则会快乐地享受这种观照，因此他根本就不需要其他的美。美本身就是真正的美，它能让所有爱它的人都变成美和可爱的。因此，灵魂需要进行一场最大和最终极的斗争，它殚精竭虑，为的就是不让自己脱离那最美的景象（即美本身）。一旦达到并观照那最美的景象，灵魂就能获得真正的幸福，而无法观照到那最美景象的人，则是真正不幸的人。……那么，达到那最美景象的途径是什么？方法是什么？如何才能看到这无可比拟的美？美，如何才能一直停留在这神圣之地，如何才能不流向外界，如何才能不让世俗之人看见它？可以看到这最美景象的人，便会追随它的本质，抛弃肉眼的经验，不再如前一般耽溺在肉体美之中。只能看见肉体美的人应停止继续观照肉体美，要清楚地知道，肉体美只不过是一堆印象、残留的痕迹和影子。人需要追逐美本身，因为肉体美都只不过是美本身的印象。如果将这些印象本身当成了客观真理，那这就如同试图抓住水中倒影一般。正如一个神话故事所阐释的，如果太过靠近水面，影子就会消失。而那些只观照肉体美的人，他们的灵魂（而非肉体）则会堕入那无尽的恐怖深渊，从而会消失在"亚德"（即死者的王国）中，成为黑暗永远的伴侣。因此我们要逃往那美丽的国度，这就是最好的忠告。

灵魂内心的游历

那么这种逃亡的旅程是什么？我们不需要用双脚来完成这旅程，因为双脚只会让我们在尘世中移动，我们当然也不需要准备干粮和船只。但我们需要脱离这些外在事物，我们不能再观照肉体之美。我们要重新唤醒那久远的能力，这种能力每个人都拥有，但只有少数人懂得运用。

那么这内在的生命究竟能看到什么？一旦被重新唤醒，这内在生命便不会再认为那闪亮的事物是美的。灵魂要转而去观照那些美的工作、美的行为，不要观照寻常的技艺，而要观照有德之人，因为有德之人的灵魂则会完成美的行为。

可怎样才能观照到有德之人灵魂的美？需要回到你自身，进行内在观照。如果你依然无法观照自身，那么就向雕塑家学习。雕塑家会对大理石进行敲打、抛光、打磨、清洁，直到那美丽景象出现。如雕塑家一般，你也需要抛掉一切多余之物，让那歪斜的重新回正，让那模糊的重新闪亮。不要停止雕塑这座自己的肖像，直到让自己重新焕发出那美德的神圣光芒，直到让你拥有那端坐在神圣宝座上的美德。

如果你真的完成了，如果你完全看到了这些，那么你的内心将变得至纯至净……如果你完全成了一道真正的光芒……那你就可以信任自己。虽然你的肉身仍在这尘世，但你的灵魂已经上升，你不再需要指引，你只需要坚定目光，一直看着：这双眼睛是能看到伟大美丽的眼睛……因此，需要靠近"对象"，观照对象，让眼睛与对象相同或相似。如果眼睛不是与太阳类似，那么眼睛就绝对看不见太阳。同样的，如果灵魂不是与美类似，那么灵魂也看不见美。

（普罗提诺《九章集》，朱塞佩·法金主编，蓬皮安尼出版社，米兰，2000 年，139—141 页）

第四章
奥古斯丁：真理存在于我们心中

有谚语云："如果你不相信，你就不会理解。"（引自《以赛亚书》，6：9）这当然不是说信仰与理解二者没有区别。我理解的，我也会相信。但并不是我相信的所有事情，我都能理解。我理解的事情，我都知道。但并非所有我相信的事情，我都知道。

（奥古斯丁：《论教师》）

1. 人是否会找到真理？寻找真理的方式是信仰还是理性？

2. 是否存在造物主上帝？世界之源是什么？

3. 时间是什么？内心世界的时间与外界世界的时间是否有区别？

4. 恶是什么？恶从哪里来？恶有什么形式？

5. 如果上帝是全能的，是善的，那为何世界上会有恶？

6. 如果上帝规定了人应该如何生活，那人怎样才能实现自由？

7. 是否可以对人类历史给出一个统一概念？

奥古斯丁年表

时间	事件
354	奥勒留·奥古斯丁出生于非洲北部的塔迦斯特
374	在迦太基定居，教授修辞学
384	在米兰学习修辞学，与主教安布罗修斯的文化圈开始接触
386	奥古斯丁信奉基督教
389—391	奥古斯丁重新回到塔迦斯特，居于修道院中，成了修士
396	奥古斯丁被任命为希波主教，随后撰写了著作《忏悔录》
430	希波被汪达尔人入侵，奥古斯丁逝世

历史大事年表

时间	事件
355—363	弗拉维乌斯·克劳狄乌斯·尤利安努斯成为皇帝
374	安布罗修斯被任命为米兰主教
378	西哥特人入侵巴尔干半岛
380	帖撒罗尼迦令：基督教被罗马皇帝狄奥多西一世正式承认为合法宗教
395	在狄奥多西去世后，帝国被他的两个儿子阿卡迪乌斯和霍诺里乌斯分裂
402	西哥特人入侵意大利
429	盖萨里克率领汪达尔人入侵非洲

✦ 1. 丰富多彩但又饱受折磨的一生 ✦

青年时期的学习生涯，信奉摩尼教

354 年，奥勒留·奥古斯丁出生于塔迦斯特（努米底亚，今阿尔及利亚）。幼年时期，他从母亲莫妮卡那里接受了基督教思想，这对他的一生产生了重要影响。青年时期，他在马多拉与迦太基学习了语法和修辞学。奥古斯丁后来回忆这段时光时，认为此时期的学习十分混乱，毫无章法。19 岁时，一名女子为他生下一个儿子，奥古斯丁与这名女子同居多年。

373 年，在阅读了西塞罗的著作后，奥古斯丁开始学习哲学。

奥古斯丁最初信奉摩尼教，这是一种从东方流传进非洲的宗教－哲学思想，公元 3 世纪时由波斯人摩尼提出。

374 年，奥古斯丁重回塔迦斯特，但很快离开，并最终定居在了迦太基，在那里开始教授修辞学。在此期间，奥古斯丁继续研究哲学，开始对摩尼教产生怀疑，并转而接触怀疑论。

从罗马到米兰：接触新柏拉图主义

383 年，奥古斯丁迁至罗马，在那儿教授修辞学。一年后，他前往当时西罗马帝国的首都米兰教学，也因此接触主教安布罗修斯的布道。安布罗修斯是当时重要的基督教首领，他借鉴了新柏拉图主义的思想，对圣经文本进行了新的阐释。奥古斯丁开始进入安布罗修斯主教的文化圈中，也得以了解新柏拉图主义，最终他选择完全放弃摩尼教的唯物主义思想。在新柏拉图主义的影响下，奥古斯丁重新阐释了：

• 上帝的精神概念；

• 对恶的界定，认为恶是"不存在"；

• 借鉴了新柏拉图主义中"太一"的概念，将神性的理性理念与圣经文本中的理念相融合。

《圣安布罗修斯》，马赛克，4 世纪。
米兰，圣安布罗修斯大教堂。

基督教的蒙召，哲学研究

奥古斯丁逐渐靠近教会，他一直在思考是否要接受洗礼并加入基督教会。385年，奥古斯丁的母亲来到米兰，支持他加入基督教的决定。

386 年，奥古斯丁与同居的女士分开，放弃了教学工作，与几位亲朋好友隐居在米兰的卡萨戈布里亚恩扎。最终他决定完全信奉基督教，次年，他与儿子奥德奥达托共同接受了洗礼。

在此期间，奥古斯丁完成了他的第一批哲学著作，其中包括《学术争议》、《论幸福》、《论秩序》与《独语录》，他也由此开启了一种全新的写作模式，即内心对话。

重回非洲：宗教活动与研究

接受洗礼后，奥古斯丁决定回国。归国途中，母亲莫妮卡在奥斯提亚逝世，因此奥古斯丁决定在罗马停留一年。最后，他终于重新回到非洲的塔迦斯特，但奥古斯丁又遭受儿子过世的重创。此后，奥古斯丁与一小帮朋友在修道院中生活达两年之久。391 年，奥古斯丁被任命为主教。在担任主教的过程中，奥古斯丁继续研究哲学。他不仅需要为反对异教思想而为基督教教义辩护，同时也需要继续深化基督教教义。奥古斯丁在罗马期间撰写了《论灵魂的伟大》，探讨了灵魂的本质、灵魂的不灭性及灵魂与身体的关系。在 387 年至 396 年间，奥古斯丁撰写了一系列质疑摩尼教的著作，此外他还创作了几部重要的哲学著作，如《自由意志》和《论教师》等。

奥古斯丁：希波主教

396 年，奥古斯丁被任命为希波主教，尽管教会事务繁忙，他依然撰写了几部重要的哲学 – 神学著作。

• 《忏悔录》：一部带有自传色彩的著作，内心对话的文学形式更加成熟。此书中采用了内心对话的最高形式，即灵魂与上帝的对话。

• 《论三位一体》：深入了解基督教信仰真理的最重要著作之一。

• 《创世记字解》：最著名的阐释学著作。

奥古斯丁不仅质疑摩尼教，也反对多纳图主义，因为多纳图学派认为教会只能属于上帝的选民。

晚年

410 年，罗马城遭西哥特国王亚拉里克一世洗劫。不少人控诉基督徒是帝国灭亡的导火索，面对这种压力，修士伯拉纠逃亡至非洲。伯拉纠质疑原罪的概念，因此也认为耶稣的救赎行为并不重要，伯拉纠的思想在非洲迅速传播。

412 年至 426 年间，奥古斯丁为了驳斥这两种反对基督教的异教学说，撰写了《上帝之城》，以一种十分宏大的视角阐释了人类历史。同时奥古斯丁还撰写了一系列文章反对伯拉纠的学说。

427 年，奥古斯丁撰写了他最后一部作品《修正》，对他浩繁的著作进行了系统梳理。此外，奥古斯丁还撰写了《布道集》与《书信集》，这两部作品记载了他繁忙的主教生涯。

汪达尔人在洗劫西班牙后，于430年入侵了古罗马帝国在非洲的管辖地区，奥古斯丁逝世于被围困的希波。

➤❧ 2. 寻找真理 ❧➤

寻找真理，摩尼教的方式

阅读西塞罗的著作后，年轻的奥古斯丁对哲学产生了兴趣，踏上了寻找真理之路。但奥古斯丁在《忏悔录》中却谈及，西塞罗的著作让他内心出现了矛盾：因为西塞罗的作品中并没有信仰，这与他从母亲那里接受的基督教思想完全不同。

为了寻找答案，奥古斯丁开始阅读圣经文本。但读后却感到十分失望，因为圣经的语言简单粗俗，而西塞罗的语言则优雅雄辩。因此，奥古斯丁转而信奉摩尼教，他以为摩尼教能解答这个痛苦的疑惑：为什么人会作恶？或者说为什么世界上会有恶？

从摩尼教到怀疑论

但在深入了解摩尼教后，奥古斯丁却意识到摩尼教只是接触到了问题的表面，并没有触及核心，摩尼教实际上并不能提供真理的答案。奥古斯丁内心开始怀疑人类理性的能力，因此他又转向了怀疑论。

与此同时，新柏拉图主义在米兰的宗教与文化圈中逐渐传播开来，奥古斯丁也开始重新研究圣经文本，他采用了一种隐喻的阅读方法来理解圣经中的精神含义。圣经中记录的事件和图像又具有了新的含义，因此奥古斯丁对圣经文本的态度也发生了转变。

从怀疑到确定：上帝是信仰的来源

对怀疑论的思考是奥古斯丁思想发展的重要转折点，奥古斯丁对怀疑论的质疑主要有：

- 数学与逻辑在任何情况下都为真，即使在梦中或是在疯子的胡言乱语中，这两种知识都是真理；
- 感觉有限制，但感觉是真实的。

奥古斯丁对怀疑论的决定性论证为：

1. 怀疑的人能意识到自己在怀疑，因此这种意识是绝对确定的。"如果我错了，如果我搞错了，我就是。"奥古斯丁如是说。换言之，即使我在怀疑，我也能确定地意识到自己能作为一个正在怀疑的主体而存在。

2. 因此在我们的意识中，有一种真理来源，可以战胜怀疑。

3. 但我们不可能是真理的来源，因为我们本身充满了不确定与错误。我们或我们那正在寻找的灵魂，是一种变化与不安定的事物，而真理是不变的。

4. 因此真理的来源必须是一种实体，在人类与人类变化之外的实体，这便是上帝。真理就是上帝的思想与上帝的旨意，因此真理本身是永恒的。

5. 承认真理是永恒的，因此就能承认灵魂是永恒的。与苏格拉底和柏拉图一样，奥古斯丁也认为，如果真理是永恒的，那么拥有真理的灵魂也必须是永恒的。

《摩西在沙漠中让岩石流出水来》，壁画，2—3 世纪。
罗马，圣卡里斯托地下墓穴。

⊰⊱ 3. 理性与信仰 ⊰⊱

寻找真理与信仰

通过对怀疑论的质疑，奥古斯丁不仅超越了怀疑，还找到了真理的来源，即上帝本身。因此哲学思考与宗教发生了联系，因为寻找真理就是寻找上帝。

奥古斯丁认为，寻找真理与寻找上帝都是对真理与上帝的爱。因此，这种寻找不能只在理性层面上进行，还需要情感的参与。

因此奥古斯丁讨论了信仰（即相信某事的一种态度）。奥古斯丁认为，相信即意味着接受，是出于一种对自己想要相信的事物的信任，是在意愿的作用下赞同某事。但信仰则具有超理性内涵，是意愿的认同。信仰上帝即意味着相信上帝，爱上帝。

信仰与哲学的关系：相信与理解

理性与信仰之间是一种"合作"关系：

• 信仰引发了哲学的问题与疑惑；
• 哲学支持信仰，用理性思维为信仰提供基础。

新柏拉图主义则认为上帝是无质料形态的实体，是纯粹和最完美的存在，与圣经中的上帝相一致。

奥古斯丁用一句名言总结了信仰和认识的关系："我理解是为了相信，我相信是为了理解。"

• "我理解是为了相信"即指：我们不能相信那些我们用理性无法理解的事物。信仰即意味着相信（相信某人，相信某事），但想象必须建立在好的动机上，理性正是为了检验这种动机。

• "我相信是为了理解"即指：我所相信的上帝旨意是正确思考与寻找真理的必要条件。信仰是一束光，可以照亮正确的道路。信仰的任务是引导理性，照亮寻找理性的道路。理性的任务则是帮助我们理解信仰的含义。

哲学与神学

提出一种与信仰相容，而且支持信仰的理性认识，这就是哲学与神学的区别。

• 哲学研究的对象是能用纯粹理性认识的事物。例如，古希腊哲学家曾试图用理性来证明上帝的存在，证明上帝是万物之源。

• 而神学的任务则是解释那些已经被揭示的内容。这些内容本身是不可以用理性来证明的，只能通过信仰来接受，如圣经中指出上帝既是"一"又是"三"。但神学可以帮助人类了解并阐释这些内容的含义，神学并不排除理性与哲学方法。

灵魂的三分法与上帝在我们心中的形象

关于三位一体学说的讨论可以很好地体现出理性其实可以支持对信仰的理解。灵魂是自主形成的，可以观照自己的内心，因此灵魂也可以分解成三个基本部分。灵魂的构成部分是：

• 记忆，即思维的延续，思维有自己的记忆，这就是思维的存在方式。
• 理性，对自己的认识，意识到自己是有理性的。
• 意愿，即对自己的爱，爱的能力。

这种将灵魂分为记忆、理性与意愿的三分法对应着存在、认识与爱这三种形态，它们需要一个实在的统一体。灵魂的整体便是存在、认识与爱的联结。因为在我们心中揭示了神圣真理，这种三位联结同时也映照了上帝既是"一"又是"三"的这个形象。上帝是存在（圣父），是自己的思维（词汇、语言、逻各斯、理性，即圣子），也是对自己的爱（圣灵）。

但将人类灵魂与神圣三位一体相类比，是片面的。因为在一个人中不存在三个人，只有三种功能；而在上帝中只存在一种实体，但有三种位格。尽管这种类比并不完善，但仍能帮助人不断理解信仰的本质。

4. "发现"心灵

意识是真理之所

奥古斯丁质疑了怀疑论，探讨了理性与信仰之间的关系，他开始思考哲学中的意识这一概念，而意识则指引了一条通过内心来寻找到真理的道路。不需要脱离自身，即使在怀疑的焦虑中，我们也可以找到真理：灵魂的内在便是支点，可以让思想开始接近原初真理，即上帝。

奥古斯丁探讨了意识的内在维度：真理并非来自事物，而是来自寻找真理的灵魂。这是奥古斯丁整个哲学体系中十分重要的一个概念，他在《论真正的宗教》中用一句话进行了总结："不要脱离自身，要回到自身，真理就住在人的内心中。"

◆ 4.1 奥古斯丁对认识的理解

感觉、理性与理解

奥古斯丁对认识的解释：

1. 认识的第一步是感觉，当我们的感官受到一个外部世界的刺激时，会产生感觉。这是一个被动的状态，但注意力可以让灵魂看到身体的感觉，这种内在感觉可以区分并比较各种外在感觉。

2. 在感觉之外，理性可以理解知性的客观世界与理念，并形成判断，这些判断可为真，也可为假。

3. 理性的判断可为真，也可能会错，所以理性本身并不具备真理标准。这就意味着必须存在一种高于理性的能力，可以区分真伪。这种更高的能力就是知性，知性所具有的真理标准正是来自真理本身，即上帝。

逻各斯 / 神圣知性可以启发人类，让人类具有知性，让其具有真理标准，奥古斯丁将这种启发过程称为启蒙，所有人类都可以从上帝那里获得一种内在光芒，指引灵魂获得真正的知识。

启蒙理论

奥古斯丁认为，启蒙并不是一种像启示一样的超自然经验。启示指上帝向人类展示更高级的真理。相反，启蒙是一种自然经验，是由人思维本身所决定的，因为人的思维是由上帝所创造，真理标准的来源正是上帝。通过启蒙，上帝向人类知性传递了永恒的、普遍的和必要的规则，可以指引人类找到真正的知识。唯一的、永恒的、不变的真理既不是来自感觉，也不是由人类创造，否则真理便会是变化的、易逝的。真理存在于灵魂之中，它在灵魂中散发着自己神圣的光芒。

奥古斯丁重新阐释了这个最初由苏格拉底提出的观点，即如果不通过自己寻找的努力，不经过心灵的思考，便无法学习和理解。

任何教育，即知识的传授，都只能作为寻找真理的一种外部刺激。

真理在我们心中：奥古斯丁与柏拉图

奥古斯丁的启蒙理论受到柏拉图的影响，柏拉图认为灵魂会回忆理念。认识活动是人类持续进行的一种努力，其目的在于揭示出本就存在于灵魂中的真理。

但奥古斯丁与柏拉图的思想存在几点分歧：

• 柏拉图认为，灵魂观照存在于超世界的永恒不变的理念，灵魂中保留了理念的印记，即理念的印象和一些既定概念，我们可以通过认识重新唤醒这些印象。

• 奥古斯丁则认为，灵魂拥有的不是理念，而是法则。存在于经验之前，固有形式之中的是指引认识过程的真理标准。因为此标准在所有人中都一样，所以人类可获得一个共同的真理。

◆ 4.2 与上帝的心灵对话

上帝，灵魂的安宁

灵魂在自身找到了理性之光，理性来源于上帝，上帝是一切真理之源。但上帝也是人类认识真理的终点。灵魂是不安的，所以它才会持续地寻找真理，只有在上帝那里才能找到安宁。

奥古斯丁在《忏悔录》中对上帝说道："我的心是躁动的，直到我在你这儿找到安宁。"

奥古斯丁的哲学思想其实是灵魂与上帝的心灵对话，在他的著作中哲学写作与祈祷常常相互交织。

这就是《忏悔录》的写作模式，圣经文本向那个寻找真理、询问上帝的灵魂完整地揭示了上帝的真理。

《忏悔录》

此书第一部分中，奥古斯丁采用了一种自传式的写作方式来进行与上帝的对话。奥古斯丁用神学的方式描述了作者本人的主观体验，讲述了自己从幼年到信奉基督教这段时间的个人经验。

这是一部灵魂的史书，讲述了灵魂如何在神圣恩典的帮助下洗清了原罪，脱离了恶。但为了获得上帝救赎的旨意，还需要信仰。洗清我们恶的方式并不是哲学思考，而是神圣旨意，这才是让我们获得永生的途径。真正的精神医生是上帝，而不是世俗思想中的哲学家。

在《忏悔录》的第二部分，这段灵魂与上帝的对话集中探讨了一些哲学问题。首先是时间的问题，奥古斯丁采用一种与过去哲学家不同的新方法：他从讲述圣经的创世记故事开始阐释。

奥古斯丁的追随者彼特拉克：心灵寻找

一种全新的写作与思考方法

奥古斯丁的《忏悔录》探讨了心灵、记忆与自传等问题，对心灵的内省进行了全面而细致的描述，这对整个思想史产生了重要影响。

在奥古斯丁的时代，谈论与写作自己并不是一件新鲜事，但大部分都采用传统方式撰写，即通过记录自己的旅行、学习或政治军事功绩的方式来谈论自己，这些都是外在生活的记录。在《忏悔录》之前，主要在古典时代晚期，也曾出现过一些采用思考及内在对话的形式撰写的作品，如马可·奥勒留皇帝的《沉思录》等。

但对心灵世界的全面挖掘，描述心灵的激情、疑惑、感觉、心灵状态等，是奥古斯丁作品的独特之处。奥古斯丁开创了一种全新的内省分析方法，对接下来的文化产生了巨大影响。

彼特拉克受到了奥古斯丁《忏悔录》的"启蒙"

弗朗西斯·彼特拉克（1304—1374）的例子极具代表性，他的作品都是出于自传冲动与个人思考的需求创作而成。

在《秘密》中，彼特拉克对自己的内在心灵进行了深刻的分析。整部书是一场与奥古斯丁的对话，真理则安静地在一旁观察着二人的对话。奥古斯丁责骂了彼特拉克，要求他清晰地思考自身，思考自己的局限。受到奥古斯丁的影响，彼特拉克的作品也具有浓厚的自传色彩。父亲狄奥尼修斯·迪·博尔格·圣赛波尔克曾赠予彼特拉克一本《忏悔录》，在一封写给父亲的信中，诗人谈到自己在经历心灵危机时，曾在这本书中获得了启发。

彼特拉克说的这段故事发生在一次爬山的经历中。1336年4月25日，诗人与兄弟杰拉尔多登上了法国南部的一座名为文梭索的山峰。他正在欣赏风景，彼特拉克写到，这时他突然想打开《忏悔录》看看，随即他被书中的一段话震惊了：

人类只顾着欣赏山顶的登高望远，大海的波涛汹涌，河流的宽敞湍急，海洋的浩瀚广阔，星辰的熠熠生辉，但却忽略了自身。

这是一种呼唤，呼吁人类不能只关注外部世界，还要转向内在灵魂。

◆ 4.3 通过灵魂理解时间

时间是什么？是过去与未来之间的现在

《忏悔录》第二部分主要讨论了时间问题。

那么，时间是什么？通常我们用过去、现在与未来的概念来谈论时间。

但仔细思考后就会发现，只有现在才存在，即"此时与此地"才是现在。而另外两个时间维度并不存在：过去是"不再存在"，将来是"还未存在"。只有现在才存在，现在快速地消失在过去中，也快速地通向那还未到来的将来。

可以这样理解这三种时间维度：

- 那不再的：过去；
- 那在"不再"与"未到"之间的：现在；
- 那"未到"的：未来。

如此看来，时间似乎是不存在的，但我们却能感觉到时间的流逝，我们能度量时间，不管这时间是长还是短。

时间是我们通过灵魂度量的事物

但奥古斯丁指出，简单的感觉或外在的度量都无法定义时间。只有通过灵魂的内在才能了解到时间的真正含义，才能理解什么是记忆（过去）、注意（现在）与期望（未来）。

1. 记忆：记忆关注的是过去的事物，或是过去的事物当它们发生时，存留在我们心灵中的印象或印记。但记忆并不是一种过去，而是一种存在于现在的事物。因此，正确的说法是，记忆是"过去的现在"。

2. 注意：注意关注的是当下，即"现在的现在"。

3. 期望：期望关注的是将要来临的，即"未来的现在"。

这三个时间维度，也是我们灵魂内部的三种现在状态，灵魂会采取不同方式来关注过去事物、现在事物或未来事物。但所有的事物都是共存的，因为它们都共存于灵魂之中。

因此时间就是灵魂的心理外延：这种外延会出现在记忆中，会出现在注意力集中时，会出现在期望中，这就给了我们时间的度量。奥古斯丁提出了意识的连续性这一概念，即意识生活在现在，但同时又保留了过去，并面向未来。只有将灵魂、意识的连续性考量进来，这三种时间维度才能成为一个整体，才能让我们感知到时间。奥古斯丁的概念是思想史上的一个重要转折，此前思想家认为时间只是一种外部现象，与天体运动有关，可以根据天体运动来计算时间。

但奥古斯丁却不再认为时间是一种外部物理现象，而是存在于我们的灵魂之中。

✦ 5. 上帝，邪恶的存在，人类的自由 ✦

上帝是创造者: 与古希腊哲学对话

上帝是一切真理之源，也是信仰与人类理性将要到达的终点，它是一切存在的第一来源，是所有存在万物的本体根基。

• 奥古斯丁认为，世界起源于上帝的自由创造运动，上帝从无中创造了世界。从无中创造即意味着世界不再是上帝实体的一种发散（新柏拉图主义思想），世界也不再是上帝用此前便存在的质料创造出来的（柏拉图与亚里士多德思想）。

• 《约翰福音书》中提到世间万物都是通过"道"（Verbo）创造而成，这是圣三位一体的第二个位格。奥古斯丁强调了"道"或逻各斯 / 理性在创造中的协调作用，正是在"道"的作用下，上帝才能在他所创造的质料中，引入理念或种子理性。理念是万物的原初形态，万物会出现，也会随着时间发展（斯多葛学派概念，随后被新柏拉图主义吸收）。

恶的三种形式: 形而上学的、道德的与物理的

此时便会出现一个问题: 如果上帝是至高的善，是万物的唯一创造来源，那么世间的恶又是从何而来? 从他开始研究哲学起，恶的问题便一直折磨着奥古斯丁。他试图用两种方式来解决恶的难题:

- 借鉴新柏拉图主义，将恶理解为不存在，即没有存在；
- 通过阅读塔瑟斯人圣保罗的著作，从道德的角度来理解。

奥古斯丁认为，上帝所创造的万物都是善的。但万物存在不同程度的善，从至高的善到那些仅以肉身状态存在的存在（明显受到了新柏拉图主义的影响）逐渐递减。因此恶本身不再是实体，而是一种"缺乏实体"。

- 恶是"缺乏存在"，奥古斯丁将这种恶称为形而上学之恶，是区分上帝创造物的自然界限。
- 奥古斯丁将真正的恶称为道德之恶，即原罪。原罪指人类错误地使用了上帝给予的自由，违背了上帝制定的法规。

亚当违背了上帝，这种逾越是人类所有邪恶行为的来源，人类开始远离永恒的善，转向暂时的善。因此，世间恶的出现与人类意愿及自由意志有关。

- 世间的物理之恶表现为痛苦、暴力、疾病与死亡，它们是道德之恶的结果，即亚当犯原罪（波及整个人类）所受的惩罚。

人类的自由

借由恶的问题，奥古斯丁转向了对自由的讨论，他认为原罪产生于对自由的错误使用。关于自由问题的讨论不仅贯穿了整个哲学史，也是反对异教思想的核心，尤其是反对伯拉纠主义的关键论点。伯拉纠派认为个体信徒可通过做善事得救，他们并不认同全人类都具有原罪这一观点。

自由或自由意志，即人类拥有的自由选择可能性，本身是一种善。

- 因为自由是神的创造物。
- 因为自由让人类成了高等生物。

《耶稣与使徒》，马赛克，4 世纪。米兰，圣洛伦佐大教堂，圣奥伊利诺小堂。

上帝原本创造了纯净的人类本性，但亚当所犯下的原罪让整个人类都堕落。因此亚当的后裔会承受错误的后果，众生注定要受到惩罚。

奥古斯丁对人类本性持悲观态度，他认为人类的原罪无法消除。因此奥古斯丁（尤其是在晚年）开始反对性欲，他认为性欲是生理欲望的表现，性欲会引发繁殖，从而也会将原罪世世代代传下去。

只有上帝的怜悯才能拯救全人类。上帝会将恩典，即他的仁慈，赠予人类。他将自己的儿子派往人间，让他通过十字架上的牺牲来赎亚当所犯下的罪。

基督之死将人类从原罪、诅咒与永恒之死中拯救出来，但物理死亡仍会以原罪惩罚的形态存在。基督替人类获得的功德正是通过人类对他的信仰来得到。

信仰、上帝恩赐与宿命论

反伯拉纠派的立场让奥古斯丁更进一步推进了他的思想，他继而认为只有基督才能给予得救的功绩，而人类本身却不能自主得救。对救赎的信仰本身也是上帝的恩赐，而非人类意志的结果。因此，他认为是上帝决定了人类的命运，人类只能通过信仰得救，而那些不信者，便会受到诅咒。

对恩典的讨论随即延伸至了宿命论，但奥古斯丁认为这并不代表人类的无所作为，因为无人能知晓自己最终的命运究竟是得救还是永恒的死亡。

历史意识

412 年，奥古斯丁在一种强烈的情感冲击下开始撰写《上帝之城》。410 年，罗马城被西哥特人洗劫。一大批难民从意大利逃亡至非洲，异教徒对基督教的指责愈演愈烈，他们认为基督教这种新信仰触犯了众神的权威，惹怒了帝国的古老守护者们。

奥古斯丁在《上帝之城》中探讨了人类历史的理解问题，他采用了一种与古希腊哲学完全不同的新视角。古希腊哲学认为历史是循环的，但圣经文本却显示人类历史是一种有开始、发展与终结的线性过程。

奥古斯丁因此提出了一种人类历史的整体观，他认为圣经文本中记录了人类历史的几个重要时刻：创世记、原罪、基督下凡、基督牺牲拯救人类与最后的审判。

在这些基本的大事件外，还会出现一些特殊的历史事件，但均出自上帝的安排。

奥古斯丁认为历史是线性发展的，最后会终结于一个超人间的事件中，它会总结人类此前的全部进程。此便为末世学，即一种研究历史意义与历史终点的学科。

地上之城与天上之城

奥古斯丁在人类历史的框架中，提出了两个对立的世界：

1. 首先是地上之城，这是不正直者的居所，这里住着反叛的天使、魔鬼与人类。他们信奉质料价值，摒弃精神价值；宣扬对自己的爱，唾弃上帝。这是一个注定会被毁灭的世界。

2. 其次是天上之城，这是正直者的所在地。他们信奉精神价值，对上帝具有完全的爱，唾弃自己。

这两座城并无外部区分标记，它们从太初至末日会一直混在一起。只有通过灵魂的内在世界，经由对自我的内省，人才能知道自己究竟属于哪个世界。

世界创造之初便出现了两座城之间的斗争（部分天使反抗了上帝）。亚当犯下原罪，最终导致了人类历史内部也出现这两座城的区分。

两座城都向往和平，但它们的观点迥异：天上之城向往永恒和平，而地上之城渴望宁静，渴望公共秩序，希望统治者与被统治者能和平相处。

政治权力的功能

地上之城的政治权力是一种必要的规范工具，可以遏制被原罪腐蚀后人性中存在的暴力冲动。它的功能：

- 一方面是积极的，因为它可以维护地上之城公共生活的秩序。
- 一方面又是消极的，因为它只能限制人类的邪恶，无法推动或激励人类发挥自己的潜能。

世界末日与两个城市的命运

时间结束时，两座城的区分也将终结。此时基督会重新回到人间，所有人都要经受末日审判，以此了解自己在生时的行为：好人将能享受到永恒极乐，而坏人则必须受到永恒折磨。这便是奥古斯丁提出的历史神学，即基于神圣启示的观点来理解历史。

《罗马大庄园》，马赛克，4 世纪。
突尼斯，巴尔多博物馆。

✦ 7. 宗教教育，面对世界 ✦

基督教的教学体系

奥古斯丁提出了天上之城的概念，接着他试图为基督徒们提供坚实的理论基础，让基督徒们能清醒地认识到自己作为上帝子民的身份，了解他们在历史中扮演的角色。

信仰真正上帝的基督徒们生活在一个充满了异教思想的世界中，他们迫切渴望回到自己的永恒之城。奥古斯丁本人也曾在主教工作日记中记录了他所承受的威胁、异教徒对基督教的质疑和反对、寻找真理的路上所遭遇的困难等。因此奥古斯丁认为有必要为信徒们构造一个宗教教育系统，它的根基应是圣经文本的阅读，因为圣经中包含了基督教教义的根本原则。

吸收古典哲学的某些内容

圣经中充满了各种超凡事件、图画和隐喻，其文本本身也包含多层含义，因此必须提供坚实的理论基础和正确的引导，必须合理使用异教文明提供的所有工具，包括语法、辩证法、修辞学、哲学等知识。

正是得益于上帝创造者给予他们的理性，某些异教徒才能获得真理，当然，这些真理是片面和局限的。现在，基督徒们必须对这些异教徒思想去糟存精，他们必须正确地利用异教哲学，以更好地阅读圣经文本。

异教知识与基督教思想的位置现在颠倒过来了：

• 最初，基督教信徒们使用古典哲学作为论辩的理论工具，因为他们认为这些理论工具是客观的、不容置疑的。

• 现在，基督教文化的根本是分辨出古希腊与古罗马思想中哪些成果是有效的，哪些是错误的。

指出这种颠倒后，奥古斯丁接着预言：古典世界将走向没落，基督教文化的新时代即将开启。

奥古斯丁：从怀疑到心灵的确定

奥勒留·奥古斯丁哲学思想的核心为寻找真理，奥古斯丁在对比了不同哲学方法后，最终认为基督教才是找到真理的途径。

怀疑论者怀疑人类理性的能力，对此怀疑的超越正是奥古斯丁思想发展过程中的关键转折。

◇ 怀疑正是确定的标志：如果我犯错，如果我弄错了，我就存在。换言之，正是因为怀疑，我才能意识到自己是存在的。

◇ 意识本身便具备可以超越怀疑的真理原则。

◇ 但怀疑的人类不可能是真理之源，真理必须来自一个永恒不变的存在，即上帝。

因此奥古斯丁认为寻找真理即寻找上帝。

信仰与哲学的结合

在寻找真理与上帝的过程中，我们应思考理性与信仰、理性认识与相信的意愿之间的关系。理性与信仰并非矛盾对立，而是相互合作。

◇ 信仰引发了哲学思考。

◇ 哲学支持信仰，为信仰提供了理性基础。

这是一种基于哲学的神学。新柏拉图主义用理性工具论证了上帝的概念（无质料实体，纯粹存在，至上完美的存在），这种论证又与圣经文本相吻合。

在灵魂内心中度量时间

与上帝进行心灵对话会进而引发对时间问题的思考。

奥古斯丁认为，只有现在才是真正存在的，而其他两个时间维度并不真正存在，因为过去不再，将来未到。现在可转变为过去，也不存在于将来中。因此这三种时间维度可以这样表述：

◇ 不再的（即过去）；

◇ 处在"不再"与"未到"之间的（即现在）；

◇ "未到的"（将来）。

时间仅存在于意识内，出现在记忆（面向过去）、注意（关注现在）与期望（面向未来）中。因此时间是灵魂这三种心理维度的外延。

恶与自由

奥古斯丁认为上帝是世界的创造者，上帝通过"道"引入了种子理性。

奥古斯丁发展了创造的概念，最后讨论了恶。如果万物都来自至善的上帝创造者，那么为何会存在恶？奥古斯丁提出了三种恶：

◇ 形而上学之恶，每个生物的有限性；

◇ 道德之恶，即原罪，人类错误地使用了上帝赠予的自由意志（亚当的原罪）；

◇ 物理之恶，在人间以痛苦、暴力、疾病与死亡的形式存在，是道德之恶，即亚当所犯原罪的结果。

在关于人类自由的思考中，奥古斯丁还讨论了神圣恩典与宿命论，即上帝选择将信仰这个恩赐给予某些人类。

人类历史的理解与两座城

圣经划分出了人类历史的重要阶段（创世记、原罪、耶稣下凡、耶稣牺牲拯救人类、末日审判），奥古斯丁因此提出了历史神学观，他认为存在两个完全对立的世界：

◇ 地上之城，其象征为罗马城（或帝国，人类社会等），宣扬物质价值，摒弃精神价值。

◇ 天上之城，宣扬精神价值和对上帝的爱。

奥古斯丁还提出了末世学。他认为当时间结束时，两座城的划分也会随之结束，耶稣将重返人间。人类将经受末日审判，好人将享受永恒极乐，作恶之人将承受永恒痛苦。奥古斯丁还探讨了基督教教育的内容，提出应合理使用异教文明的思想工具。

❦ 本章术语表 ❦

末世学：源自希腊语 éschaton，意为"最后"，即研究最终事物的理论，主要研究神话、宗教或其他思想是如何阐释人类与世界最后命运的。

恩典：源自拉丁语 gratum，意为"感激的"，指上帝将信仰赠予某些人类。获得信仰这一恩赐的人将有能力行善，可以战胜道德之恶，即原罪。

启蒙：是人类具有认识能力的原因，可以引导人类的认识过程，因为上帝让人类思维具备真理标准（此标准并不来自感觉所提供的可变的信息）。启蒙是所有具备理性的人所具有的能力，但只能提供自然认识，而非信仰真理，因为信仰只能通过神圣恩典获得。

自由意志：奥古斯丁提出的神学概念，指自由选择的可能性，自由行使意愿的能力。基督教中自由意志这一概念引发了另一个思考，即自由意志如何才能与一个无所不能、无所不知，预定人类命运的上帝相容？

恶：形而上学哲学认为，恶即缺乏善的存在。恶并不具备本体实质。人性中的道德之恶与形而上学之恶无法消除，因为人类无法正确使用意愿（即原罪），同时人性之恶也是道德之恶的结果（人类犯下原罪所受的惩罚）。

原罪：指人类自由意愿的一种缺陷，人类崇尚世俗事物，摒弃上帝，无视神圣的等级秩序。

宿命论：一种神学思想。上帝用人不可窥测的方式，在人类出生前即已决定了他将获得永恒救赎，还是获得永恒惩罚。上帝的决定与人类是否主观愿意实践美德无关。因此上帝从太初起便规定了哪些人可以成为选民，获得永恒救赎，获得信仰的恩典。

种子理性：新柏拉图主义哲学概念，源自斯多葛学派。奥古斯丁用此术语指上帝创造物质后，通过圣三位的第二个位格，即道，或逻各斯／神圣理性，在质料中引入的永恒理念。种子理性并不是同时产生的，会随着时间逐渐发展。

时间：指意识的维度，过去、现在与将来本身无法共存，只有在灵魂中才共存。灵魂通过注意感知到现在，通过记忆回忆起过去，通过期望理解未来。

神学：源自希腊语 theós，即"神"；lógos，即"对话"。指一种研究上帝与神圣事物的知识。完全基于哲学思想上的神学被称为"自然神学"或"理性神学"；基于神圣文本启示内容的神学被称为"启示神学"。在基督教中，神学指通过信仰获得的对上帝真正的认识；使用理性工具对启示内容进行的系统与批判性思考。

历史神学： 指基于神圣文本的内容理解人类历史。奥古斯丁在其《上帝之城》中阐释了地上之城与天上之城的斗争，描述了人类历史上的神学预定阶段，即创世记、原罪、基督下凡、基督为拯救人类而牺牲与末日审判。

奥古斯丁的重要观点

本体论	上帝是万物之源，提出种子理性的概念
	恶是不存在的
伦理学 / 幸福	真正的极乐是依靠上帝恩赐的信仰而得救，但这种恩赐只能给予上帝的选民
	基督教宣扬爱，但认为人性本恶
	人类具有自由意志
哲学 / 宗教	上帝的概念：上帝是精神，创造者，真理的保障，全能的，全知的；是历史之主
	三位一体理论
	历史神学与末世学
认识	认识的三个阶段，最高阶段为直觉认识
逻辑学	数学与逻辑学定理永远为真
	反对怀疑论
	存在一个对所有人来说都一样的，由上帝保障的，不变的真理标准
哲学 / 知识	灵魂与灵魂的能力都是上帝在人中的印象
	时间是灵魂的外延
	历史理论：上帝主导历史，根据其救赎计划来规定时间发展；提出两座城的理论
	利用异教文化来理解圣经文本
自由 / 权力	政治权力是地上之城的必要工具

❦ 文献选读 ❦

一、时间是什么?

(节选自《忏悔录》,第11卷,14.17,15.18,20.26,21.27,27.36,28.37)

【导读】

内容简介

《忏悔录》第11卷开篇为一段祷告,奥古斯丁祈祷上帝,请求他指引自己理解圣经这一知识的宝库。

奥古斯丁的疑惑主要来自《创世记》的第一句话:"太初,上帝造天地。"他认为这句话似乎暗示了创造是一种在时间中发生的行为。

但是否可以将时间性与永恒相对呢?在这种疑问下,奥古斯丁从不同的角度探讨了时间的问题,探讨了时间与人类灵魂、与万物及上帝的关系。

思考

奥古斯丁思考的核心问题为:时间是什么?奥古斯丁认为,尽管每个人都能感知时间,但很难给出一个准确的定义。他的主要论点为:

◇ 时间具有现在、过去与未来三个维度。

◇ 时间是不是"不存在"?因为过去是"不再"的存在,而未来又是"未到"的存在。

◇ 时间是如何度量的?

◇ 灵魂的功能:灵魂是时间的三个维度以不同形态存在的"场所",这三种形态分别为:对过去的记忆,对现在的关注,对未来的期望。

◇ 因为灵魂有意识,即具有每个感知的内在经验,因此只能在灵魂中度量时间的三个维度。

【文献原文】

时间不存在

奥古斯丁用一连串问题开启对时间的讨论。

时间究竟是什么？谁能轻易概括地说明它？谁对此有明确的概念，能用言语表达出来？可是在谈话之中，有什么比时间更常见、更熟悉呢？我们谈到时间，当然了解；听别人谈到时间，我们也领会。那么时间究竟是什么？没有人问我，我倒清楚；有人问我，我想说明，便茫然不解了。但我敢自信地说，我知道如果没有过去的事物，即没有过去的时间；没有来到的事物，即没有将来的时间；并且如果什么也不存在，则没有现在的时间。既然过去已经不在，将来尚未来到，则过去和将来这两个时间怎样存在呢？现在如果永久是现在，便没有时间，而是永恒。现在的所以成为时间，由于走向过去，那么我们怎能说现在存在呢？现在所以在的原因是即将不在，因此，除非时间走向不存在，否则我便不能正确地说时间不存在……

[翻译引自（古罗马）奥古斯丁《忏悔录》，周士良译，商务印书馆，1981年，242页]

现在的三种形式

奥古斯丁给出了上述问题的答案：时间是灵魂的构成特点；灵魂具有多种形态，可分为记忆、注意（或视觉）与期望。

有一点已经非常明显，即将来和过去并不存在。说时间分过去、现在和将来三类是不确当的。或许说时间分过去的现在、现在的现在和将来的现在三类比较确当。这三类存在于我们心中，别处找不到；过去事物的现在便是记忆，现在事物的现在便是直接感觉，将来事物的现在便是期望。如果可以这样说，那么我是看到三类时间，我也承认时间分三类。人们依旧可以说时间分过去、现在、将来三类；既然习惯以讹传讹，就这样说吧。这我不管，我也不反对，不排斥，只要认识到所说的将来尚未存在，所说的过去也不存在。我们谈话中，确切的话很少，许多话是不确切的，但人们会理解我们所要说的是什么。

我上面说过，我们能度量经过的时间……如果有人问：你怎样知道的呢？我将回答说：我知道，因为我是在度量时间；不存在的东西，我们不能度量，而过去和将来都不存在。但现在的时间没有体积，我们怎样度量呢？在它经过之时我们进行度量，过去后便不能度量了，因为没有度量的可能性。

我们度量时间时，时间从哪里来，经过哪里，往哪里去呢？从哪里来？来自将来。经过哪里？经过现在。往哪里去？只能走向过去。从尚未存在的将来出现，通过没有体积的现在，进入不再存在的过去。可是度量时间，应在一定的体积中度量？我们说一倍、两倍、相等，或做类似的比例，都是指时间的长度。我们在哪一种空间中度量目前经过的时间呢？是否在它所来自的将来中？但将来尚未存在，无从度量。是否在它经过的现在？现在没有长度，亦无从度量。是否在它所趋向的过去？过去已不存在，也无从度量。……

［翻译引自（古罗马）奥古斯丁《忏悔录》，周士良译，商务印书馆，1981 年，247—248 页］

时间是灵魂的延伸

时间的真正度量在灵魂中进行，它不取决于事物的客观性质（即事物的运动），而是取决于灵魂的延伸。灵魂在过去的记忆、现在的注意与将来的期望这三种状态中运动。

我的心灵啊，我是在你里面度量时间。不要否定我的话，事实就是如此。也不要在印象的波浪之中否定你自己。我再说一次，我是在你里面度量时间。

事物经过时，在你里面留下印象，事物过去而印象留着，我是度量现在的印象，而不是度量促起印象而已经过去的实质；我度量时间的时候，是在度量印象。为此，或印象即是时间，或我所度量的并非时间。

我们还度量静默，说这一段静默的时间相当于那声音的时间，这怎么说呢？是否我们的思想是着重声音的长度，好像声音还在响着，然后才能断定静默历时多久？因为我们不作声，不动唇舌，心中默诵诗歌、文章时，也能确定动作的长短与相互之间的比例，和高声朗诵时一样。一人愿意发出一个比较长的声音，思想中预先决定多长，在静默中推算好多长时间，把计划交给记忆，便开始发出声音，这声音将延续到预先规定的界限。声音响了，将继续响下去：响过的声音，已经过去，而延续未完的声音还将响下去，一直到结束。当前的意志把将来带向过去，将来逐渐减少，过去不断增加，直到将来消耗净尽，全部成为过去。

但将来尚未存在，怎样会减少、消耗呢？过去已经不存在，怎样会增加呢？这是由于人的思想工作有三个阶段，即期望、注意与记忆。所期望的东西，通过注意，进入记忆。谁否定将来尚未存在？但对将来的期望已经存在心中。谁否定过去已不存在？但过去的记忆还存在心中。谁否定现在没有长度，只是疾驰而去的点滴？但注意能持续下去，将来通过注意走向过去。因此，并非将来时间长，将来尚未存在，所谓将来长是对将来的长期等待；并非过去时间长，过去已不存在，所谓过去长是对过去的长期回忆。

［翻译引自（古罗马）奥古斯丁《忏悔录》，周士良译，商务印书馆，1981 年，254—256 页］

二、为什么怀疑论是错误的？
（选自《论三位一体》，第 15 卷，17，21）

【导读】
对怀疑论的哲学思辨

在论述三位一体学说的神学著作中，奥古斯丁更系统地阐释了《学术争议》中的观点，他驳斥怀疑论，指出怀疑论的错误。奥古斯丁认为不仅需要驳斥怀疑论者对真理的怀疑，还要用理性工具论证存在一种确定的知识（即使是小部分的知识）。

【文献原文】
以"活着"的确定性来反驳幻觉

首先来看我们在说我们知道某物时，我们的思想由之得以真正形成的知识，即便是人间最博学多知的，其知识又真能增长到何种地步，种类又能有多少呢？除开从感官进入意识的东西，它们又如此之多地与看起来的样子迥异，以致一个头脑中塞满了它们引人入胜的幻觉的疯子，认为他自己是正常的——这便是为何学园派哲学发展到了怀疑一切的地步，从而它本身也陷入了更扭曲的疯癫中；除开了这些从感官进入意识的东西，还剩下什么是我们可以像"知道自己活着"那样确定地知道的？至少在这件事上我们从不怕为某些错觉所欺骗，因为甚至一个正在受骗的人也正活着，这是十分确定的。……

［翻译引自（古罗马）奥古斯丁《论三位一体》，周伟驰译，上海世纪出版集团，2005 年，420 页］

从第一个知识到其他知识

所以，说知道自己活着的人从不会撒谎或受骗。即便提出一种错觉幻觉来反对说"我知道我活着"的人，他也不会为它们而焦虑，因为即使饱受幻觉之苦的人也活着。但若这是唯一的一种真正属于人类知识的东西，则其例子便极端罕见了——除非任何知识点都可如此地繁殖，以至于其例子可增至无限之多，远非少数可言。说"我知道我活着"的人只说了他知道一件事；但若他说"我知道我知道我活着"，便有两件事；他知道这两件事本身又成了第三个知；若他有时间，他可用这种方法加到第四第五及数不尽的知。但要么因为他不能通过一个一个地相加来掌握一个数不清的数，要么因为不能给它数不清的表达，他所能确实地把握的只是这是真的，以及它是如此数不尽以致他不能掌握或表达无限数目的言辞。

［翻译引自（古罗马）奥古斯丁《论三位一体》，周伟驰译，上海世纪出版集团，2005 年，421 页］

不想犯错的确定性

在意志的确定性里也可看到同样的事。假如有人说"我想要幸福"，你若回答他"也许你受骗了"，这不是太冒失了吗？如果他说"我知道我想要幸福，我知道我知道它"，在这两者之上可加上第三者，即他知道这两者；第四者，即他知道他知道这两者，如此反复以至无穷。如果有人说"我不想出错"，则不管他出错与否，他不想出错却肯定是真的。你若对他说，"也许你受骗了"，不是太冒失了吗？因为显然不管他如何受骗，他在不想受骗上却未受骗。若他说他知道这，他能随他所喜欢的一直把数目加下去，并看到可能的数目是无穷的。

说"我不想受骗，我知道我不想受骗，我知道我知道这"的人可由此出发，显示一无穷数，即便他不能找到它的适当表达。

不能低估感官知识

还有许多别的事例可用来驳倒学园派的"无物可为人所知"的论点。但我们须限制这一讨论，尤其因为这不是我们这本书的任务。我在皈依主时，曾就这个主题写过三本书，任何希望读且有能力读、读时又能理解的人肯定会发现，学园派用来反驳真理的感知的许多证明没一个能打动他。毕竟有两类事物是可知的，一类是意识通过身体感官感知的，一类是意识通过自身感知的。这些哲学家一直在盲目反对身体的感觉，但至于意识借着自身得到的关于真实事物的绝对坚固的觉知，如我提过的"我知道我活着"，他们却一点儿也不能质疑。不管怎样，我们也远不能怀疑我们通过身体感觉得知的事物的真理性。正是借着感官我们得知天、地及其中可知之物，正如创造了它们及我们的主所希望我们知道的那样。

〔翻译引自（古罗马）奥古斯丁《论三位一体》，周伟驰译，上海世纪出版集团，2005年，421—422页〕

三、灵魂与上帝
（节选自《独语录》，第1卷，2，7，6，12）

【导读】
奥古斯丁与理性对话

《独语录》是奥古斯丁与理性的心灵对话，开篇便指出独语的目的在于认识灵魂与上帝，而认识灵魂与上帝需要同时依靠理性与信仰。

【文献原文】
认识上帝

理：你这样被感动，这很好，因为正同你说话的理性决心让上帝为你的心灵所知，恰如太阳现于眼睛。灵魂的感觉恰如心灵自己的眼睛，进一步说，那些在理论知识中最确实的东西就像在太阳照耀下可被看见的事物，比如大地和所有世俗的事物——但是正是上帝自身给了这光照。然而，我（理性）在心灵中的作用正如眼睛看之行动。有眼不就是看，有看不就是看见。因此灵魂需要三个不同的东西，即能恰当使用的眼、看和看见。在心灵除去肉体的每一点玷污的时候，即是说，当涤除掉对世俗事物的渴望的时候，它就像健康的眼睛，而要达到这洁净，首先只能靠"信"。假如心灵不健康，被邪恶玷污，事物便不能向它显现（因为除非是健康的，它不能看见），而它也不会顾虑到自己的健康，除非它相信，否则便不能看见。但是如果它确实这样相信，而且如果能看，它就会看。然而如拒绝了治愈的希望，难道它不会自暴自弃并拒绝医生的命令吗？

奥：肯定会这样，特别是因为生病的人总是不免觉得这些命令太严厉。

理：因此，除了信，还得加上"望"。

奥：我相信是这样。

理：但是假如心灵相信所有这些，也希望能被治愈，然而它不热爱也不渴望那应许的启蒙，而且断定自己应满足于目前的黑暗——长期习惯甚至生长起了快乐——它不也一样会拒绝医生吗？

奥：当然会的。

理：因此，第三必需"爱"。

奥：确实没有任何东西如此必需。

理：这就是说，没有这三者，灵魂不能被治愈，它不能看见，也就是不能知道它的上帝。一旦它有了健康的眼睛，它还需要什么呢？

奥：它得凝视对象。

理：理性是灵魂的凝视，但是既然这并不意味着每个凝视对象的人都看见，我们可以把正确的、完满的，由形象跟随着的凝视称作美德，因为美德是正确的完满的理性。即使有健康的双眼，凝视自身并不能使它们朝向光，具有如此本性，被看见便引起快乐；通过望，它相信只要专心凝视就会看见；通过爱，它渴望看见和享有。说得详细一点，随凝视而至的正是上帝的形象，而上帝正是我们凝视的最终目的，不是因为到此凝视不再存在了，而是因为它顺着努力的方向无可进展了，理性达到它的目的，这是真正完满的美德，随之而来的将是有福的生命。然而，这形象本身就是在灵魂中的理解，它由理解者和被理解者所产生——就像在眼睛中，那叫"视像"的东西，既包括感觉，又包括感觉到的东西，除去任何一个，便什么也没看见。

［翻译引自（古罗马）奥古斯丁《独语录》，成官泯译，上海社会科学院出版社，1997年，15—16页］

四、《两座城》

（选自《上帝之城》，第14卷，28；第15卷，5）

【导读】

《上帝之城》：驳对基督教的指责

410年，西哥特人洗劫了古罗马城，此后奥古斯丁开始撰写《上帝之城》。

这部伟大的著作创作时间跨越十五年，因为奥古斯丁需要处理其他很多更紧急的事务，不仅需要应付繁忙的主教工作，还需批判多纳图主义与伯拉纠主义，驳斥来自异教徒们的攻击等。

　　奥古斯丁还需要处理对基督教的指责。基督教被控诉触犯了众神的权威，惹怒了罗马城古老的守护者。随着罗马城的分崩离析，对基督教的指责也愈演愈烈。

地上之城与天上之城：两种对立的模式

奥古斯丁描绘了两座对立的城池：

　　◇ 地上之城：宣扬对自己的爱，最终会拒绝上帝。

　　◇ 天上之城：宣扬对上帝的爱，这种爱是排他性的、完全的，因此可以让人类摒弃对自己及世界事物的爱。

　　两座城出现区别的原因是兄弟之间的残杀，如圣经上记载的该隐与亚伯残杀，或是罗马传统中的罗慕路斯与雷穆斯杀戮等。该隐杀死亚伯标志着两座城出现了区别，而罗慕路斯杀死雷穆斯则是地上之城内部权力斗争中的典型代表。

【文献原文】

地上之城与天上之城的根基：对自己的爱与对上帝的爱

　　两种爱造就了两座城。爱自己而轻视上帝，造就了地上之城；爱上帝而轻视自己，造就了天上之城。地上之城荣耀自己，天上之城荣耀上帝。地上之城在人当中追求光荣；在天上之城中，最大的光荣是上帝，我们良知的见证。

　　地上之城在自己的光荣中昂头；天上之城则对自己的上帝说，你"是我的荣耀，又是叫我抬起头来的"。在地上之城，君主们追求统治万国，就像自己被统治欲所统治一样；在天上之城，人们相互慈爱，统治者用政令爱，在下者用服从爱。地上之城热爱她的强人中的勇力；天上之城则这样对她的上帝说："耶和华我的力量啊，我爱你。"

　　在地上之城，智慧者按照人的方式生活，保证身体、心灵，或二者兼有的安全，哪怕那些能认识上帝的，"却不当作神荣耀他，也不感谢他。他们的思念变为虚妄，无知的心就昏暗了。自称为聪明（即用高傲统治了自己，用自己的智慧抬高自己），反成了愚拙，将不能朽坏之神的荣耀变为偶像，仿佛必朽坏的人和飞禽走兽、昆虫的样式。（即他们通过服侍偶像，或成为民众的领袖，或成为民众的追随者）……他们将神的真实变为虚妄，去敬拜事奉受造之物，不敬奉那造物的主"。

在天上之城里，没有虔敬就没有人的智慧。人们靠虔敬正确地服侍上帝，希望与圣徒甚至圣天使在一起，得到奖赏，"神在万物之上，为万物之主"。

［翻译引自（古罗马）奥古斯丁《上帝之城：驳异教徒》（中册），吴飞译，上海三联书店，2008 年，225—226 页］

罗慕路斯与该隐兄弟残杀事件的比较

地上之城的第一个建造者是杀弟者，他的弟弟是永恒之城的公民，是这个土地上的过客，哥哥因被嫉妒心征服，就杀了他。在他建造了这个城之后很久，在我们所谈的地上之城的未来的首都（她将统率万国）建造的时候，发生了一件与这最早的例子，也就是希腊人所谓的 archétipos 相呼应的同类的事。

一位诗人谈到那个故事的时候，好像就是在说这件事："兄弟的血湿了最早的墙。"就在罗马建城时，雷穆斯被哥哥罗慕路斯所杀，这在罗马史中有见证。而这两个人都是地上之城的公民。两个人都追求建造罗马共和的光荣，但是两个人不能共享这光荣，只能一个拥有。如果有人和他分享权力，想要霸业的光荣的人的霸业就削弱了。

一个人要想拥有完全的霸业，那就要除掉同伴。于是，在无罪时本来更小，但也更好的，因为罪行就更大，却也更糟了。

该隐和亚伯之间并没有对地上事物的共同欲望。杀人的那一个并不忧心，如果他们共同称霸自己的霸业会削弱。亚伯并没有想在他哥哥建造的城里称霸，而是魔鬼在嫉妒。坏的嫉妒好的，没有别的原因，就是因为一方是好的，一方是坏的。对好的拥有不会因为分享者的到来或永远存在而变小。

对好的拥有，恰恰因为与相爱的同伴相互和谐，共同拥有，而变得更富足。所以，不愿与人分享的人根本不会拥有好，而人越是能爱他的同伴，他就越会发现更丰富的好。雷穆斯和罗慕路斯之间爆发的冲突，表明地上之城内部的分裂会有多大。

而在该隐和亚伯之间的冲突，表明的是两个城之间，即天上之城与地上之城之间的敌对。坏人与坏人之间相互争斗，好人和坏人之间也互相争斗。真正的好人与好人之间，如果是完美的，是不会彼此争斗的。

［翻译引自（古罗马）奥古斯丁《上帝之城：驳异教徒》（中册），吴飞译，上海三联书店，2008 年，232 页］

中世纪

哲学分期表

历史分期	时间	哲学家
8—10 世纪 修道院与大教堂学校开始收集拉丁语著作，复兴了古典哲学。查理大帝在其宫廷中设立了宫廷学院。柏拉图主义、新柏拉图主义与奥古斯丁思想盛行。	约 730—804	约克的阿尔昆
	约 810—约 877	约翰·司各脱·爱留根纳
	801—约 873	阿尔·肯迪
	872—950	阿尔·法拉比
11—12 世纪 10 世纪之后，基督教经院哲学开始复兴源自古典哲学的辩证法研究与哲学论证方法。柏拉图主义、新柏拉图主义与奥古斯丁的思想持续影响西方。12 世纪，亚里士多德逻辑学、形而上学、物理与生物学等著作相继被译成拉丁语，这是西方文化的重要转折。	10—12 世纪	沙特尔教堂学院
	980—1037	伊本·西纳，即阿维森纳
	1033—1109	奥斯塔的安瑟尔谟
	1079—1142	皮埃尔·阿伯拉尔
	约 1110—1180	索尔兹伯里的约翰
	1126—1198	伊本·路西德，即阿威罗伊
	1135—1204	摩西·本·迈蒙尼德，即迈蒙尼提斯
	约 1168—1253	罗伯特·格罗斯泰斯特
13 世纪 通过阿拉伯人译著和保存在拜占庭中的古希腊原文作品，亚里士多德的著作（包括伦理学与政治学作品）全部被译出，这是经院哲学发展的关键阶段。在亚里士多德著作的翻译热潮中，西方也开始翻译亚里士多德在阿拉伯世界与东方拜占庭中的注疏者们的作品。	1206—1280	科隆的阿尔伯特，即大阿尔伯特
	1215—约 1292	罗杰·培根
	1217—1274	白露里治奥古城的圣文德
	1225—1274	托马斯·阿奎那
	约 1265—1308	约翰·邓斯·司各脱
14 世纪 经院哲学的最后一个阶段，亚里士多德主义与阿威罗伊主义被逐渐摒弃。新波拉主义－奥古斯丁思想的再次复兴。	1280 / 1290—1348 / 1349	奥卡姆的威廉

历史大事年表

历史分期	时间	人物与事件
7—10 世纪 中世纪早期：三种文化在欧洲碰撞与交融；罗马帝国与蛮族国家的冲突引发了日耳曼文化与罗马文化（即"基督共和国"）的相互碰撞；8 世纪后，拜占庭与阿拉伯文化相互影响。	733	普瓦提埃战役：查理·马特阻止了阿拉伯人的入侵。
	800	查理大帝加冕，神圣罗马帝国诞生，欧洲重新出现了一个统一的政治组织。
	877	凯尔西敕令：正式认可采邑世袭制。
	911—912	在塞纳河出海口定居的维京人成为法兰西国王的封臣。诺曼底公国诞生，诺曼人的统治时代开始。
11—14 世纪 中世纪晚期：北方与东方的新民族迁移至欧洲。此时期最显著的特点为人口增长与经济繁荣；经历了巨大的文化、社会与政治变革，现代欧洲的序幕由此拉开。	1037	小封臣实行采邑世袭制度。
	1054	东西世界的分裂：东罗马教会与西罗马教会脱离，东西世界完全分裂。
	1075—1122	罗马教皇与罗马帝国之间的授爵之争。
	1095—1099	第一次十字军东征：耶路撒冷被占领，欧洲人试图征服阿拉伯世界。
	1183	康斯坦茨和平协议：腓特烈一世皇帝与意大利市镇冲突结束，意大利市镇得到官方承认。
	1215	英国君主与贵族首次签订限制君主权力的协议《大宪章》。
	1309—1377	罗马教皇迁移至亚维农：教会的世俗权力被削弱。
	1337	百年英法战争开始，英国与法国均采用了国家君主立宪制。
	1348	欧洲爆发大瘟疫，即黑死病。人口锐减，从 10 世纪开始的繁荣走向结束。
	1356	《黄金诏书》：由查理四世颁布，规定国王应从七个选帝侯中推选出来。

经院哲学发展区域

城市	描述
亚琛	查理大帝创建的宫廷学院所在地。
巴黎	一所著名宗教学院曾设立于此，随后在巴黎创立了一所教授神学与七种自由艺术的重要大学，不少经院派著名哲学家都曾在此大学中开授课程。亚里士多德思想复兴后，巴黎曾爆发一场关于亚里士多德主义的激烈冲突。
坎特伯雷	大主教教区，宗教学校所在地，安瑟尔谟曾在此度过晚年。
科隆	科隆教会学校所在地，一群多明我会修士曾在此开设教育中心，大阿尔伯特与阿奎那曾在此学校任教。
牛津	罗伯特·格罗斯泰斯特、罗杰·培根与邓斯·司各脱等著名思想家曾在牛津大学学习并任教。
科尔多瓦	重要的翻译中心，是多语言与多民族的融合之地（阿拉伯语、犹太语与拉丁语）。
克吕尼	在 909 年至 1130 年之间，一所本笃修道院于此创建，该修道院提出了一种全新的本笃教规。 阿伯拉尔在此度过晚年。
沙特尔	著名的沙特尔教堂学院。

中世纪城市与首都

城市	描述
亚琛	查理大帝神圣罗马帝国的首都。
巴黎	卡佩王朝期间成为法兰克王国的首都（987 年）。
罗马	教皇所在地，是教会国的首都。728 年，伦巴第国王柳特普兰德将伦巴第部分土地捐赠给教会，史称苏特里捐赠。
亚维农	在 1309 年至 1377 年间曾是教皇所在地。
帕维亚	伦巴第王国的首都，随后被法兰克人占领。
蒙扎	伦巴第王国的夏都。
巴勒莫	西西里王国的首都（1130—1266），最初被诺曼国占领，随后被瑞典占领。
米兰	意大利王国的首都（888—1024）。
伦敦	从 11 世纪起成为英国首都。
威尼斯	东西方交界的沿海城市。
热那亚	沿海城市，从 1096 年起成为自由市镇。

欧洲文明诞生

中世纪，欧洲文明诞生了。这片曾经被西罗马帝国与罗马－蛮族国家统治的地域出现了一种全新的文明。欧洲人继承了古典文明的遗产，但又在与"蛮族"部落的碰撞中为古典文明注入了新思潮。此外，古希腊与东方世界逐步分裂，教会与基督教思想的影响力日渐上升，也是促进欧洲文明诞生的重要原因。在不断交流和入侵后，欧洲最终分为几大板块：南部为阿拉伯人，北部与东部则为凯尔特人、日耳曼人、斯拉夫人与东方希腊人。

拉丁语的延续与罗曼语言的演变

古罗马帝国时期，拉丁语是贸易与日常交流的通用语言，也是国家行政管理与司法的官方语言。

但早在古典时代晚期，拉丁语就已被划分为：

• 文学拉丁语：学者、上流阶级与官员使用的语言，即古典拉丁语。
• 俗语：大众说的拉丁语，是拉丁语的"通俗"变体。

古罗马帝国崩塌后，语言也随之四分五裂。在拉丁俗语的基础上演变出新的语言，即新拉丁语或罗曼语系（本意为"罗马的"），但欧洲还分布着其他语言：欧洲北部的现代语言源于日耳曼－萨索内语系与芬兰－乌格尔语系，而欧洲东部则为斯拉夫语系与希腊语系。

拉丁语并未在文学作品与官方文件中消失，其原因为：

• 文人们仍继续选择使用古典拉丁语；
• 古典拉丁语是罗马教会的官方语言，是阅读圣经、祈祷与撰写教会文件的语言。

最初，俗语只是一种口头语言，随后才开始慢慢出现在书面官方文件中。

欧洲历史中最早的俗语文献为《斯特拉斯堡誓言》（842 年），这是虔诚者路易的两个儿子用法语与德语签订的一份协议。

最早的意大利俗语文献为维罗纳地区的一条谜语（8—9 世纪）与一份解决土地纠纷的司法文件，即卡普安判决书（960 年）。

中世纪拉丁文学与国家文学

中世纪文学具有双重面貌。

各个国家的上层阶级仍继续使用拉丁语，拉丁语是宫廷文化中心、修道院与大教堂的宗教学校与大学中的通用语言，对欧洲文明的统一起到了重要作用。

但与此同时，新拉丁语的影响力正在逐渐提升。以新拉丁语为创作语言的俗语文学，即浪漫文学，也在悄然兴起。

一部分俗语文学以口头形式传播。口语俗语文学的主要创作者为吟游诗人与抒情行吟诗人。吟游诗人是巡游艺术家，上至皇宫大殿，下至街边广场，吟游诗人都可进行表演（11、12 世纪）；抒情行吟诗人通常以音乐伴奏朗诵，主要使用奥克语（法国卢瓦河以南地区的方言）。

俗语文学最重要的文类为史诗，不同民族都产生了重要的史诗：

•《贝奥武甫》（10 世纪）：盎格鲁－撒克逊民族最古老的诗歌。
•《埃达》（9—13 世纪）：讲述了斯堪的纳维亚民族的传奇与神话。
•《尼伯龙根之歌》（13 世纪）：歌颂了日耳曼民族的历史与神话。

• 《法兰西武功歌》：加洛林王朝史诗，主角为查理大帝与他的侍卫们（11—12世纪）。

• 《熙德之歌》（约成于12世纪中叶）：卡斯蒂利亚语诗歌，歌颂了抗击阿拉伯人的战争。

布列塔尼史诗讲述了凯尔特人传奇与不列颠岛屿的历史，其中最著名的为亚瑟王与骑士们的故事。布列塔尼诗歌采用多种语言创作而成，如拉丁语、法语、盎格鲁－撒克逊语、德语与意大利语等。

最早的意大利语俗语作品出现在13、14世纪，主要体裁为诗歌（西西里诗派、托斯卡纳诗派与温柔新诗体）。14世纪，意大利语言与文学空前繁荣，诞生了但丁·阿利基耶里（1265—1321）、弗朗西斯·彼特拉克（1304—1374）与乔万尼·薄伽丘（1313—1375）三位文学巨匠。

《在抵抗撒拉逊人的战役中，罗兰吹响号角寻求支援》，《罗兰之歌》中的彩图，13世纪。巴黎，国家图书馆。

戏剧与宗教

中世纪的戏剧表演是道德宣传与文化传播的重要方式,这是因为戏剧的核心为宗教。最早的戏剧舞台几乎都是教堂,教士们采用戏剧形式来表现圣经中的历史故事、耶稣与圣人的生平逸事,用来阐释福音书中的内容。

中世纪的宗教戏剧具体分为:

• 神圣剧:一种讲述福音书内容的戏剧表现形式,通常在宗教仪式中表演。最早的神圣剧出现于 10 世纪,与复活节后的天使星期一这一节日有关。此类神圣剧还包括象征耶稣诞生的马槽厩表演(最早由弗朗西斯·阿西西在格雷丘于 1223 年开创),或模仿耶稣被钉上十字架过程的表演,即"拜苦路"(现代宗教中仍保留了此类别)。

《宗教剧游行》,彩画,15 世纪。
剑桥,基督教圣体学院。

• 赞美歌：一种具有宗教道德教育功能的歌唱形式。歌词有韵，最初为独唱方式，随后演变为复调。意大利著名赞美歌为法兰西人雅各布·达·托蒂（1230—约 1306）撰写的作品，托蒂在赞美歌中加入了多声部手法，加强了戏剧效果。

• 神秘剧：一种向大众阐释"信仰"的戏剧形式，主要表现圣经故事、奇迹与圣人生平逸事，同时也会出现讲述真实历史事件的世俗奇迹作品。

• 道德剧：产生于 15 世纪，源自英国传统，主要表现美德、善恶之争、存在的脆弱性与死亡等主题。

宗教戏剧之外，中世纪还有大量吟游诗人与流浪诗人活跃在戏剧舞台上，也流传下了重要的作品。

法律与政治：权力、地方国家、共和国

中世纪政治与法律的发展史是一部权力斗争史。

1.8 至 10 世纪，象征世俗权力的政治机构主要有：

• 罗马教廷：从 8 世纪开始，教廷逐渐发展成教会国，垄断了教育与文化。

• 帝国：由法兰西国王查理大帝创建的帝国，主要被欧洲大陆法兰西－德国几个大贵族家庭所掌控。

这两个大体系之间很快便爆发了争夺主导权的战争，纷争一直持续到 14 世纪。

2. 在帝国中央政权外，一些地方君主国开始形成。从中世纪早期开始，这些地方小国逐渐发展成为未来地方国的核心（英国、西班牙与法国）。

封建制于 9 至 10 世纪时诞生，贵族头衔与土地可以世袭，因此贵族阶级的势力逐渐扩大。贵族与教会是帝国统一欧洲进程中的主要阻碍。而帝国内部的权力之争血腥残酷，与此同时，帝国还需要面对两个劲敌：

• 封臣：他们领导着一批势力强大的小国家；

• 罗马教会国：掌控着地方政权。

3. 在战乱频繁的时代大背景中，意大利重新兴起了共和国制度，自由市镇开始沿用古罗马共和国的政治与司法体系（如市民大会、选举制、权力分配、相互监督等）。市镇经历了主权之战，而在赢得独立主权后各个市镇之间又开始混战不休。此时意大利半岛历史的主要特点为：

• 同一个市镇内出现了党阀之争。

• 各个市镇之间会出于边界、经济或政治利益而互相发动战争，市镇之间的兼并与争霸促成了地区的统一。

• 一些重要的皇室或贵族家庭逐渐掌权，成了国家的"领主"。尽管意大利表面上仍具有共和国宪法，但这些领主实际上是君主统治者。

《基督向教皇授予神圣权力（钥匙象征天主之国），基督向皇帝授予世俗权力（由剑象征）》，彩图，12世纪。

教育与权威

中世纪早期（5—10世纪）的学院教育仍以古典文化为主。学生们在学习阅读与书写等初级知识后，会接受高等教育。高等教育继续沿用了马蒂纳斯·卡佩拉的理论，即三艺与四艺的学习。

著作是文化与教育中的核心，学生必须用一种虔诚与尊敬的态度来阅读、评注与研究著作，这几乎成了一种对书面权威的臣服。

古代基督教中，"权威"一词的本意指圣经文本与教会教义，因此阅读者必须采取一种认同、尊敬与绝对接受的态度。

中世纪时期，"权威"一词的含义不断延伸，其他世俗作品也常被视为权威。

《圣经》中蕴含了上帝的旨意，是至上的权威。基督教领袖的著作是帮助教徒思考与研究的重要文本，也是权威。几百年来，思想家们对古典文明著作的推崇使得古希腊著作也同样固化成了权威。

中世纪晚期，翻译活动的兴起大力推动了文化发展。大部分译者都出现在欧洲的边界地带，尤其出现在下列两个地区：

- 西班牙的基督教区：保存了大量译成阿拉伯语的古希腊经典著作。
- 意大利南部（尤其是西西里）：从中世纪早期开始便是亚里士多德思想的重

《书柜》，彩图，13世纪。
巴黎，国家图书馆。

要传播地区，也是多民族的大熔炉。意大利南部的不少民族同时使用希腊语、阿拉伯语与犹太语进行沟通。

绘画、雕塑与艺术主题

中世纪的绘画逐渐摒弃了仿效拜占庭与东方风格的传统，表现技巧逐渐丰富。

大型彩色十字架、木板画与壁画更加突出情感色彩与人物动作，开始出现自然主义元素。此外，以宗教故事与圣人生平为主题的绘画也更突出戏剧色彩，出现了表现末日场景、地狱惩罚、恶习与美德、死与生等主题的绘画。

雕塑中也出现了装饰元素，如植物与动物等。

13 世纪的文化变革促进了哥特式艺术的发展，表达了新兴阶级与新获权力者（领主、修道院院长、修士、商人阶级等）的需求。

绘画与雕塑的风格愈趋精美，技巧更加成熟。诞生了一批伟大的画家，由此开创了极具影响力的绘画流派，如画家契马部埃（1240—1302）、乔托·迪·邦多纳（1267—1337），雕塑家尼古拉·皮萨诺（1215 / 1220—1278 / 1284）、阿尔诺夫·坎皮奥（1240—1310）等。

除宗教主题雕塑外，还出现了表现权贵阶级与显赫人物的肖像画。哥特式绘画推动了微型艺术的诞生，如微型画、挂毯画、金器画与装饰画等。

1370 年，哥特式绘画开始兴起。这种绘画带有地方特色的欧洲风格，极受宫廷、贵族等上层阶级的追捧。

乔托，《诸圣教堂圣母玛利亚》，1310 年。佛罗伦萨，诸圣教堂。

艺术

大众教育

除口头文学外，艺术也是中世纪十分重要的表现形式。普通大众通常是不识字的文盲，因此教会无法用书面形式宣扬宗教思想。从中世纪早期开始，教堂绘制了大量以彩色马赛克组成的绘画，用于传播信仰内容，讲述圣经故事、耶稣及圣人的生平逸事与宗教奇迹，向普通大众展示了永恒救赎的途径，描述了犯罪之人在地狱中受到的恐怖惩罚。

《圣彼得与圣保罗出现在患病君士坦丁大帝的梦中》，壁画，"四位加冕圣人"
组图之一，13世纪中期。
罗马，圣希尔维斯祈祷堂，四位加冕圣人教堂。

《皇帝使者拜访希尔维斯隐士》，壁画，"四位加冕圣人"组图之一。

《希尔维斯向君士坦丁大帝展示圣彼得与圣保罗的画像》，壁画，"四位加冕圣人"组图之一。

"四位加冕圣人"组图（上方所有绘画作品）讲述了君士坦丁大帝的故事，他曾患麻风病（第一幅画中有提示），但被奇迹般治愈。随后他将帝国首都迁至君士坦丁堡，并让希尔维斯一世教皇统治罗马城与西罗马帝国。

象征罗马教会的圣彼得与圣保罗在梦中出现，君士坦丁大帝派遣使者前往罗马周边的索拉特山，请求一位名为希尔维斯的隐士（即未来的教皇）治愈自己的麻风病。

希尔维斯将君士坦丁大帝带至教堂，向他展示了圣彼得与圣保罗的画像。此幅画的含义为：不仅需治愈身体疾病，同时也需洗涤心灵之罪。

《君士坦丁大帝的洗礼》，壁画，"四位加冕圣人"组图之一。

《君士坦丁大帝将教皇三重冕递给希尔维斯》，壁画，"四位加冕圣人"组图之一。

《站立着的君士坦丁大帝将骑在马上的希尔维斯带领至罗马》，壁画，"四位加冕圣人"组图之一。

　　希尔维斯为君士坦丁大帝施行洗礼仪式，象征着他麻风病与精神疾病的治愈。根据基督教规定，君士坦丁大帝浸在洗礼之泉中，希尔维斯站在旁边为其洗礼。

　　痊愈后，君士坦丁大帝将象征教会权力的教皇三重冕交给希尔维斯，希尔维斯此时身穿罗马主教服饰。同时，君士坦丁大帝向一位站在希尔维斯身后的马童示意，命其牵来骏马，赠予希尔维斯。君士坦丁大帝头上并没有戴冠冕，而是将其放在旁边一名官员的手中，象征着对教会权威的尊重与臣服。

　　教皇与皇帝面对面，教皇头戴三重冕，皇帝头戴皇冠，分别象征着教会与世俗权力。希尔维斯骑在君士坦丁大帝赠送的骏马之上，而皇帝则站立着，这幅画象征着教会是政治与公共权力的绝对权威。

第五章
经院哲学：从修道院到大学

主啊，我承认，我进献谢忱，因为你创造了我，你让我感受到你的形象。一旦记住了你，我就可以思考你，我就可以爱你。……主啊，我并未企图深入到你的腹地，因为没有任何途径让我对你的理解能够到达这一点；但是，在某些方面，我愿意理解你的真理，我心中相信并热爱的真理。我决不是理解了才能信仰，而是信仰了才能理解。

（奥斯塔的安瑟尔谟:《宣讲》）

1. 是否存在不容置疑的权威真理？

2. 当我们使用通用名称或抽象名称，是指事物还是指独立于该事物的某种存在？

3. 理解与相信：这两种态度之间有什么区别？

4. 是否可以证明上帝的存在？是否可以说服不信教的人相信上帝的存在？

5. 产生恶意或是轻率行事是否有罪？

6. 一神教（犹太教、基督教与伊斯兰教）与哲学之间有什么关系？

哲学家年表

时间	人物
约810—约877	约翰·司各脱·爱留根纳
866	约翰·司各脱·爱留根纳撰写《论自然的区分》
980—1037	伊本·西纳，拉丁名字为阿维森纳，波斯哲学家与科学家
1033—1109	奥斯塔的安瑟尔谟
1078	安瑟尔谟在《宣讲》中使用了本体论论证
1079—1142	皮埃尔·阿伯拉尔
1121	皮埃尔·阿伯拉尔撰写《是与否》
1126—1198	伊本·路西德，拉丁名字为阿威罗伊，阿拉伯－西班牙哲学家与科学家
1170	犹太－西班牙哲学家迈蒙尼提斯撰写《迷途指津》

历史大事年表

时间	事件
622	穆罕默德迁至麦地那（伊斯兰纪元）：阿拉伯历史上的重要时刻
733	查理·马特在普瓦提埃战役中获胜，阻止阿拉伯人入侵欧洲
800	查理大帝加冕，神圣罗马帝国建立
877	凯尔西敕令：正式认可采邑世袭制
1054	东西世界分裂
1088	罗马法学院在博洛尼亚成立：大学诞生了
1122	罗马教皇与罗马帝国之间的授爵之争结束

⚜ 1. 加洛林文艺复兴 ⚜

教育的重要性与宫廷学院

8 至 9 世纪，欧洲逐渐实现政治统一与和平稳定，因此对教育的需求也与日俱增，许多日耳曼族的贵族家庭选择让宗教人士来为自己的后代制订基础教学计划。查理大帝于 800 年开创加洛林王朝，法兰西宫廷内部官僚机构逐渐完善，这又更进一步推动了文艺复兴。

查理大帝在完成政治统一大业后开始大力倡导文化教育，此欣欣向荣的文化时期被称为"加洛林文艺复兴"。查理大帝创建了一批基础院校，主要教授拉丁语、算术与圣经阅读。成立了高等院校，教授七项自由艺术、哲学与神学，主要学习基督教传统文本（尤其是圣经）与古典著作。此外，还设立了加洛林王朝直属学院，即宫廷学院（词源为 palatium，意为"皇宫"），主要针对皇室贵族子弟而开设。

加洛林文艺复兴时期的重要人物为修士约克郡主教阿尔昆（约 730—804），他改革了教学系统，根据三项自由艺术与四项自由艺术制定了新型教程。此外，阿尔昆还创建了宗教抄写室，用于经典手稿的抄写与交流。他还撰写了大量教材，创作了诗歌与哲学作品。

主教学校与修道院学校

教会控制了文化与教育，因此文化中心与学校常设立在宗教场所中，学校主要位于下列两种机构：

• 修道院：既可以位于农村也可以位于城市。著名的修道院有福尔斯本笃修道院、法国克吕尼修道院、德国富尔达修道院、瑞士圣加伦修道院、意大利波比奥修道院等。此类学校被称为修道院学校。

• 大教堂，即一个城市的主要教堂，是主教所在地。比较著名的有拉昂汉斯大教堂、沙特尔大教堂、巴黎大教堂等。此类学校被称为主教学校或大教堂学校。

教师通常都是宗教人士，但他们所教授的知识并不局限于基督教思想，也会讲授古典知识。

术语"神职人员"的演变反映了宗教对文化的巨大影响：此术语最初指"修士"，随后开始泛指文化人。主教学校与修道院学校既可以培养神职人员，也可以培养在世俗机构中工作的官员或管理者等。

在这种背景下发展的哲学被称为经院哲学，意指在学校内研究与教授的哲学。

《一位神职者对修士们讲授哲学》，彩图，13世纪。卡斯特尔，市镇图书馆。

书本的世界：修道院与抄写修士

修道院历史

诺瓦莱萨修道院是中世纪早期最著名也最有权势的修道院之一，12世纪，一位无名修士曾撰写一部关于诺瓦莱萨修道院的编年史书。

726年，诺瓦莱萨修道院在蒙切西尼奥山脚下创建，这里是连接法兰西王国与伦巴第王国的要塞。修道院规模巨大，是重要的权力与文化中心，也是穷人与流浪者的收容所。

9世纪，大批修道院遭到了北部部落的入侵。诺瓦莱萨修道院也未能幸免，遭到了普罗旺斯撒拉逊人的洗劫。素闻撒拉逊人凶猛残暴，修士们在入侵前纷纷逃往都灵，将修道院拱手让与入侵者。他们在逃亡途中带走了大量珍贵文物，其中就包括古典著作的手抄本。

> **修士：经典的守护者**
>
> 　　中世纪早期，修道院保存了大量经典文化遗产。因此修道院是基督教思想与古典文化交融碰撞的场所。而各个修道院学校之间又互相交流来往，于是经典著作不仅被收集与抄录，同时也得到了广泛的传播。
>
> 　　中世纪早期动荡的局势不仅造成了大量古罗马典籍的遗失，也导致市民对阅读的需求大幅下降。
>
> 　　幸运的是，修道院典籍抄写中心中的手抄员们用自己的辛勤汗水保留下来了大量经典，他们不仅抄写古希腊、古罗马典籍和教会首领著作，也会保留其他重要典籍，如圣依西多禄（约560—636）的《词源》等。正是在他们的守护下，古希腊与古罗马的灿烂文明才能保存至今。

◆ 1.1 关于宿命论的争论

　　查理大帝之后的加洛林王朝继续推行文化复兴，思想家们开始积极讨论哲学与神学问题。秃头查理统治时期（843—877），教会内部展开了关于宿命论的争论。

　　哥特沙勒克神父支持"双重宿命论"，即上帝会让好人得救，让坏人受到永恒惩罚。因为上帝用一种凡人无法参透的方式，在他的"预知"中，选择了给予哪些人恩典，让他们获得救赎。因此，教会无法通过圣事或圣典来帮助人类获得永恒救赎。

　　宫廷学院的代表人物圣雷米修道院的主教欣克马尔（806—882）与爱尔兰哲学家约翰·司各脱（别名爱留根纳），则反对哥特沙勒克的观点。

　　欣克马尔认为双重宿命论的提出会导致信徒不愿做善事，也不愿改善自己。而约翰·司各脱则指出，认为上帝愿意决定让某些人受到诅咒这样的观点本身是荒谬的。司各脱认为人类意志具有绝对的自由，人类拥有自由意志，即可以选择成为好人，也可以选择成为坏人，人自己就是自己命运的缔造者。因此，只能说上帝是公正的，他能够根据人类的功绩（或罪过）来评判他们。

《上帝选民》，彩图，《启示录》，9 世纪。
圣阿尔纳德，修道院。

◆ 1.2 约翰 · 司各脱 · 爱留根纳：加洛林王朝的爱尔兰哲学家

用对话方式进行思辨

约翰 · 司各脱是加洛林朝文化复兴的重要代表人物，是经院哲学最重要的哲学家。847 年，他前往巴黎，进入秃头查理朝廷，成为宫廷学院院长。他通晓希腊语，曾阅读伪 - 狄奥尼修斯的作品，注疏基督教早期领袖的著作，评注波爱修的作品。他最重要的哲学著作为《论自然的区分》，以老师与学生之间对话的方式进行思考。

论自然的区分

著作标题中的"区分"是一种辩证过程，司各脱用此术语指将整体概念区分成各个部分的过程。

标题中的第二个术语"自然"指万物，是客观世界的整体。司各脱区分出四种形态的自然，四种自然代表了万物由上帝创造，并最终回到上帝的过程。司各脱借鉴了新柏拉图主义的框架：

- 第一自然：非创造物，而是创造者，是上帝。上帝是凌驾于人类认识能力之上的存在，只能用否定神学的方式来描述，即说上帝不是某物。但因为上帝是创造者，存在于万物中，因此可以在创造物内部感知到上帝的存在。上帝通过"神的显现"而出现在万物中。尽管上帝可以在万物中显现，但上帝超越了万物。

- 第二自然：是创造物，也是创造者，是神道，即可知世界。第二自然内部包含了永恒理念，是构建质料事物的模型。

- 第三自然：是创造物，非创造者，即所有感性实体，是具有多样性与发散性的世界，注定要消解。这是亚当堕落后产生的世界，如果先人未犯原罪，那么他就会一直停留在可知世界中，也不会受到身体的负重，也就不会出现可让人类获取经验的感觉世界。因此，人类是让一切不属于可知世界的事物（从身体开始）出现的原因。因此，人类处在理念世界与物质世界的边界处。

- 第四自然：非创造物，也非创造者，也是上帝。因为它是过程的终点：万物在一种试图统一自身的无可遏制的欲望下，会最终回归到上帝，最终完成存在的过程。

理性与权威

司各脱《论自然的区分》的主要目的为理解圣经文本。圣经中蕴含了上帝旨意，是最高的权威。除圣经以外，教会领袖著作也是不容置疑的权威，如果不同领袖的观点出现冲突，那么应依靠理性来选出最佳理论。

司各脱认为，如果使用正确，那么理性与权威之间就不会出现真正的冲突，因为二者均来自同一个神圣之源。理性是寻找真理的恰当工具，在正确使用的前提下，理性会与宗教殊途同归，最终寻找到同一个真理。

但这并不意味着理性可以认识一切。上帝仍是一个凡人无法参透的存在，要想感觉到上帝，人类的沉思活动必然会具有神秘色彩，应以一种不认识或无知的方式来认识上帝。

与新柏拉图主义一致，司各脱认为如果我们采用否定的方式，便会到达一种高于理性的维度，因为用一种不认识的方式可以更好地理解上帝。

9 至 12 世纪的哲学发展区域

城市	描述
巴黎	847 年：司各脱·爱留根纳在此担任宫廷学院院长。 1116 年：阿伯拉尔开始在圣母院大教堂学校教授辩证法与神学。 1170 年：巴黎大学创建。
沙特尔	1194—1220 年：沙特尔圣母院大教堂创建，教堂学校开始研究自然。第一任校长为贝尔纳，索尔兹伯里的约翰曾在此学习。
克吕尼	909 年：本笃修道院成立，随即成为中世纪早期最重要的宗教与文化机构。 1140 年：桑斯宗教大会后，阿伯拉尔逃至此地。
坎特伯雷	1093 年：安瑟尔谟成为坎特伯雷大教堂主教。 1109 年：安瑟尔谟逝世。
奥斯塔	1033 年：安瑟尔谟出生。
科尔多瓦	1126 年：阿威罗伊出生。 1135 年：迈蒙尼提斯出生。
布哈拉（在撒马尔罕附近，今乌兹别克斯坦所在地）	980 年：阿维森纳出生。

⚜ 2. 11 世纪的修道院文化 ⚜

◆ 2.1 文化复兴

对辩证法的支持与反对

11 世纪，欧洲经济全面复苏，修道院内部的文化活动也呈现一片欣欣向荣之景。哲学研究重新兴起，思想家们主要讨论辩证法（即一种讲究推理正确性的古典逻辑思维方式）是否可用于深入研究信仰内容。

但不少教会人士却担心哲学思考所引发的争议与讨论会让信仰真理问题陷入

《宇宙星辰的创造》，马赛克，12 世纪。
蒙雷阿莱，大教堂。

危机，因此，许多修道院学校内部的哲学家们都拒绝使用辩证法与逻辑推理的方法来探寻启示真理，他们认为修士最重要的功课是聆听并思考上帝的旨意。

在修道院内部出现了支持辩证法与反对辩证法两种对立思想。反辩证法的著名人物为彼得·达米安（1007—1072），他是教皇格里高利七世推动的宗教改革的代表人物。彼得·达米安认为，哲学必须完全从属于信仰。

◆ 2.2 坎特伯雷大主教安瑟尔谟与上帝存在的双重证明

"欧洲"本笃哲学家：从奥斯塔至法国贝克，最后到达坎特伯雷

11 世纪最重要的修道院哲学家为坎特伯雷大主教安瑟尔谟。

1033 年，安瑟尔谟出生于奥斯塔，他曾在贝克（诺曼底公国）的本笃修道院内学习，师从帕维亚人兰弗郎克，接受了反辩证法的思想（但他并不认同）。兰弗郎克随后于 1078 年将修道院主教一职传给安瑟尔谟。

安瑟尔谟在法国贝克的本笃修道院撰写了他最重要的两部哲学作品《独白》与《宣讲》，他在这两部书中讨论了上帝存在的问题。

1093 年，安瑟尔谟成为坎特伯雷的大主教，为了捍卫教会的自主性与特权，他与英国皇室开战，被暂时流放至意大利，在那里撰写了几部神学著作。最后他重新回到坎特伯雷，于 1109 年与世长辞。

理性与信仰

安瑟尔谟坚信理性与信仰是可相容的，因此他选择使用理性工具来探寻信仰真理，他认为即使信仰是建立在神圣启示之上的，也需要使用理性来全面认识信仰的真理。

安瑟尔谟提出了两个名言："我相信是为了理解"与"信仰有助于寻找知性"。

安瑟尔谟著作的目的在于用辩证工具，穷尽人类的认识能力，深入理解本就存在于信仰中的理性。但是，为了全面理解理性，同样必须仰仗信仰，即相信神圣启示，因为信仰具有更高的真理。

安瑟尔谟对上帝存在的论证体现了理性与信仰之间的联系，具体内容出现在：

• 《独白》中的理性讨论；
• 《宣讲》中的信仰讨论。

安瑟尔谟在《独白》中提到，修士们要求他在不以圣经文本作为论据，仅使用理性逻辑的前提下证明上帝的存在。他接着指出，任何人都可以基于经验证明上帝的存在，不需要对基督教教义有任何了解；或是即使知道信仰，也可以完全不使用。

这种完全基于感觉世界，从经验中获得论点的证明方式，被称为由果溯因论证法，因为它从结果（即事物）回溯至原因（即上帝）。

安瑟尔谟的证明分为四个分论点：

1. 我们能感知到事物具有善的不同等级，善有大小程度之分，但它们的善都来自一个最完美的善，即上帝。

2. 我们能知道事物具有不同程度的大或密度，因此存在一个最大的大，即上帝。

3. 单个事物存在是因为存在有，而不是因为存在无，因此肯定只有一个不因为任何事物而存在，即本身便存在的存在，即上帝。

4. 我们能感知到事物具有不同程度的完美，因此存在一个最完美的存在，即上帝。

上述逻辑推论与柏拉图主义类似，即所有的善的、大的、具有存在的、具有完美程度的事物，都是从另外一个更高级的存在中获得它们本身的善、大、存在与完美。正如柏拉图指出事物可以参与到理念中一样，我们也能"参与"到这个更高级的存在。

因此可以用理性来证明存在一个高于一切的存在，即上帝。因此，上帝的概念不再是论证出发点，而成了论证的结果。

上帝的属性

在证明了万物的存在与善都来自这个最高级的存在后，安瑟尔谟阐述了上帝的属性。他认为上帝是最完美的，因此必须是永恒的、无限的、不变的存在，是创造万物的来源，是知性的、自由的。安瑟尔谟认为可以用理性证明：

• 三位一体学说。他指出上帝观照自身，用言语阐释了自己的旨意，即道。道中具有理念，即万物的永恒模型。在上帝与道的爱中，即圣子与圣父的爱中，产生了圣灵。

• 下凡奇迹。他认为上帝之所以具有人身，是因为只有以人的形式才能救另一个人，即亚当。因为只有上帝才能宽恕反抗上帝所犯的罪。

在《独白》中，安瑟尔谟支持理性的能力，他认为理性可以阐释信仰的某些真理。

质疑无知者

安瑟尔谟为证明上帝的存在提出了一长串论据，但他却接着指出，论据太多就表明了单个论据本身是不足以证明结论的，因此他试图寻找到一个"唯太一"的论据。《宣讲》以一段祷告开始，在《宣讲》中，安瑟尔谟与上帝进行对话，因为上帝本身便是光的来源，上帝让人类知道他是绝对存在的。

这种全新的论证方法被称为由因至果的先验论证，即不是从感官经验，而是从上帝本身这一概念出发，来认识所相信的，即安瑟尔谟的第二句名言"信仰有助于知性"。论证采用与无知者（insipiens）讨论的方式展开，根据圣经记载，无知者在心中否认上帝的存在。

安瑟尔谟问道：我们相信的那个上帝是谁？

上帝是那个我们无法想象会有比他更大的存在。即使有人像无知者一样否认上帝的存在，也必定会先理解上帝这个概念，才能说出"上帝"这个单词，否则他的否认便毫无意义了。即使无知者否认上帝的存在，也必定会认为上帝是那个我们无法想象会有比他更大的存在。

但这种存在是否只能存在于思维中，即只能被思想，而不能真实存在？安瑟尔谟认为答案是否定的。因为如果此存在不真实存在，那么它就不会是那个无法想象会有比他更大的存在。因为总能想到比仅存在于思维中的存在更大的存在：那个被我们所想到的事物，也同时是存在于世界中的事物。不管它是什么，只要它存在于世界中，就必定会更大。这个存在必定比只存在于思想中的存在具有更多的事物，因此它也是更大的存在。

因此可以确定，无知者否认上帝的存在，这本身是自相矛盾的。那么这种矛盾的本质是什么？因为无知者一方面接受了上帝是那个我们无法想象会有比他更大的存在，一方面又说上帝并不存在，即他并不认为上帝是那个我们无法想象会有比他更大的存在。

如果想要解决这个矛盾，无知者必须接受上帝，即那个我们无法想象会有比他更大的存在，不仅存在于心中，也存在于客观世界中。他必须承认上帝是存在的。

先验论证的特点

那么，无知者怎么能在心中说"上帝不存在"？安瑟尔谟认为，他能说，但并不是真正这样想。如果他思考了他所说的，他就会意识到这是自相矛盾的。

安瑟尔谟证明了无知者是自相矛盾的，他采用了一种真正的反驳论证法，即下文中将介绍的本体论论证来证明上帝存在。这种论证指出上帝概念本身便是上帝存在的证明。

为了达到这个目的，安瑟尔谟列出了一些显而易见无须证明的前提：

《基督圣像》，壁画，12 世纪。
博古斯，圣母玛利亚教堂。

• 否认上帝的无知者可以理解这个概念，即存在一个我们无法想象会比他更大
的存在。

• 通常，我们理解的事物存在于知性中。

• 存在于知性与客观世界中的事物比仅存在于知性中的事物更高。

最后，安瑟尔谟证明了自己的观点后，他转向上帝，感谢他并说道：现在，即
使我不信仰你，我也知道你是存在的。

由果溯因与由因溯果的论证方法的区别

《独白》与《宣讲》中的视角并不相同。

在《独白》中上帝存在的论证针对所有人，即使是无信仰的人。这是基于理
性分析进行的论证。

而在《宣讲》中，安瑟尔谟在论证中引入了信仰。即使无知者也会认可上帝的概念，这个概念存在于知性中。用理性进行的论证其实是从信仰内容开始的。

本体论证是否有效？关于逻辑学的讨论

《宣讲》中的论证随后被反复引用、讨论与批判。修士高尼罗对此提出了质疑，他认为"存在"这个概念本身无法证明存在本身。比如说，我们可以设想出一座神奇的岛屿，那里风光迤逦，无比富饶，比世上任何地方都要好，但单从这个假设，我们无法证明这座岛屿真的存在。

安瑟尔谟很好地回应了高尼罗的质疑，他指出高尼罗举的例子并不恰当，因为高尼罗的概念指的是具体事物，即最美丽的岛屿，而不管岛屿再如何美丽，也终究是有限制的。他的理论中涉及的是抽象绝对概念，是那个从绝对意义上来说无法设想有比他更大的存在。只有在这种抽象绝对概念下，才可以证明它的存在，才能证明否认这个存在本身便是矛盾的。

真理与正义

安瑟尔谟接着探讨了人的概念，即具有认识与行为能力的主体。正如奥古斯丁所说，人的心灵是依据三位一体的印象形成，人的心灵中包含了概念，概念是真实事物的印象，而这些概念本身又是那些构成神道的理念的印象。真理指的是我们所说的概念与事物本身的状态是相一致的，也就是说，当我们描述事物真的是如何时，我们的描述就为真。而事物之所以能以某种状态存在，是因为神道是这样理解与描述它们的。上帝是至上真理，是认识之源，也是人类语言之源。与万物一样，意愿也具有真理，意愿的真理即正义。但安瑟尔谟理论中的正义是广义的，即道德。正义的行为指做正确的事，做正确的事是因为事情本身是正确的，而不是出于兴趣或是个人利益。

在行动中，人是具有完全自由的。安瑟尔谟认为，人的自由意志并不与神的预知相冲突，上帝一直都知晓所有的存在，因此他也知晓人的自由与人所做的所有行为，上帝并不会影响人的自由。

3. 学校的兴盛与关于大学的争论

◆ 3.1 12 世纪的文化复兴

市民学校

12 世纪的西欧经历了伟大的文化复兴，涉及艺术、文学、哲学与神学等各个领域。社会生活重新从农村转向城市，主教或教堂学校逐渐发展，而此前的修道院学校则日渐式微。

经济繁荣发展，职业人，如法官、公证员、医生等，在社群内部扮演了重要角色，因此对专门技巧的教育需求逐渐增加。

古希腊哲学与阿拉伯哲学在此期间开始复兴，文本批评与各文本之间对比的思考方法也逐渐成熟，出现了对自然、科学、古典文学与法律等其他学科的兴趣。学校与文化领域发生的这一系列重要变革被统称为"12 世纪的复兴"，指欧洲在此时期经历的繁荣。

面对日益增加的教育需求，大量老师在城市中开设了个人学校，但这些学校并不都是与宗教相关。宗教学校依然是教育的中心，培养了众多私人教师。

教学安排与教育方式

西方学校中的教学安排一方面依据七项自由艺术展开，另一方面也采用一种由亚里士多德提出，并随后由波爱修发展的教学规划，主要学习三种知识：

- 感觉知识，即物理。
- 数学－几何中的概念，即数学。
- 上帝与先验知识，即形而上学哲学。

"学院派"教育方式最终发展成型，包括下列三项内容：

- 阅读文本（包括圣经文本，古典哲学与基督教思想家的著作）。

- 注疏评论文本。

- 针对文本中的问题展开讨论。

此外，还兴起了翻译浪潮，学者们开始将沉寂了几百年的亚里士多德逻辑学著作译成拉丁语，尤其是《论题篇》与《辩谬篇》（其中涉及论证的方式与技巧）。

阅读文本与问题讨论

文本阅读主要指对文本表层及深层含义的解释与理解。

阅读文本的过程中会出现疑惑与问题，这些就是待讨论的问题（quaestio），这些问题涉及文本的含义，即文本的阐释。

首先需要分析权威的观点，这些权威观点通常互相冲突，因此需要分析各个观点的反对与支持的立场，最后逐渐解决问题。

在这个过程中，老师的作用至关重要。老师可以帮助学生找出最有价值的问题，可以启发整个讨论，引导学生对权威观点的探讨，最后获得解决问题的答案。

由于需要系统收集权威观点（主要是圣经文本与基督教领袖的著作），因此产生了一种名为"名言集"的书，即将哲学与神学的知识系统整理在同一个文本中。

◆ 3.2 共相的问题：唯名论者与唯实论者

问题缘起

12世纪的哲学讨论的核心为共相的问题，即亚里士多德在《范畴论》中提出的种与类的概念。

普罗提诺的弟子波菲利在《亚里士多德〈范畴篇〉导论》中，提出了一个问题：共相是否是真实存在的实体，还是仅存在于心灵中？

关于这个问题的讨论有几种不同的思路：

以贡比涅的洛色林（1050—1120）为代表的学者认为，共相只是名词（flatus vocis，意为"发出声音"），在世界上并没有对应物。持此观点的哲学家被称为唯名论者。

而以香浦的威廉（1070—1121）为代表的哲学家则认为共相是本身即存在的实体（res），这类哲学家被称为唯实论者。根据他们对共相理解的不同，唯实论者内部又分为三大派别。

唯实论者的不同观点

第一种观点：根据柏拉图主义，共相是与感性事物不同的实体，它们存在于"事物之前"（在事物之前）。因此，一个共相，如"人"这个种的概念，表示了一个所有这个种中的个体（即人类）都共同具有的一种事物，而人类之所以具有不同的外在表现，只是因为一些偶然属性，如身体的高或低、发色为金色或褐色等。

第二种观点：共相仅存在于"感性事物中"（在事物之中），是它们的个体属性。共相并不存在于事物"之前"，也不能脱离事物而存在，共相"存在于事物之中"，是事物的固有形式（即亚里士多德的观点，形式是个体具有统一性与内在联结性的原因）。

第三种观点从某种程度上看，与唯名论者接近，即共相仅作为"心灵"中的概念而存在。心灵对个别事物的个别性质加以概括或抽象（在事物之后），从这个角度来看，共相具有实有存在，但仅以概念的形式存在于人的心灵内部。

皮埃尔·阿伯拉尔也参与了共相的讨论。阿伯拉尔是12世纪欧洲哲学的重要思想家，他十分活跃，撰写了大量逻辑学、神学与伦理学著作。

❧ 4. 皮埃尔·阿伯拉尔：杰出的思想家 ❧

◆ 4.1 与时代格格不入

从农村到大城市巴黎

皮埃尔·阿伯拉尔于1079年出生于巴莱镇（布列塔尼）。本应继承父亲的骑士爵位，但他选择弃武从文。最初在洛色林就读于拉彻斯创建的学校（位于卢瓦尔地区），此时他已表现出极强的论证与讨论能力。1100年，他来到辩证法学习之都巴黎。阿伯拉尔进入了一所主教学校，师从香浦的威廉。但这个具有雄才伟略的学生很快就对老师发起了挑战，他批判了老师的著作，指出老师观点中的漏洞，也由此引发了同学们的嫉妒与恶意。

大师的成功与争议

阿伯拉尔离开了香浦的威廉的学校，在默伦开办了一所个人学校，这为他的成功奠定了基础。但阿伯拉尔依然备受争议，最终只得于 1116 年进入巴黎圣母院大教堂学校教授辩证法与神学。阿伯拉尔在这里收获了名声与金钱，得以不受教会权威的控制。

此时，阿伯拉尔担任了爱洛依丝的家庭教师，爱洛依丝是圣母院大教堂牧师弗尔贝托的侄女。但师生之间产生了爱恋，等到弗尔贝托察觉时，爱洛依丝已经怀孕了。爱洛依丝被阿伯拉尔带到布列塔尼的家中，在这里生下了儿子亚斯特拉比奥。阿伯拉尔决定与爱洛依丝秘密成婚，因为他担心婚姻会对他的教师事业造成负面影响，随后他让新婚妻子躲在修道院中。但弗尔贝托误以为阿伯拉尔想摆脱爱洛依丝，因此他雇用杀手，将阿伯拉尔阉割了。于是阿伯拉尔只好也躲进修道院中，但他仍继续教书，与爱洛依丝鸿雁传书，保持联系。

阿伯拉尔素来不爱妥协，他的哲学思想引发了巨大的争议。阿伯拉尔与当时的各大哲学家都有冲突，如熙笃会教规的制定者圣克莱尔沃的贝尔纳等。1140 年，教会抨击了他的某些神学理论。因此，阿伯拉尔只得在克吕尼修道院中容身。随后，身心俱疲的他来到乡下，在法国索恩河畔沙隆附近的圣马赛尔修道院中度过晚年，最终于 1142 年辞世。

写给爱洛依丝的信与自传著作

从阿伯拉尔与妻子爱洛依丝的书信往来以及他的一封安慰性质的长信中，人们可以了解到哲学家的一生。这封长信即著名的《我的苦难史》。阿伯拉尔试图安慰一位不快乐的友人，对他讲述了自己所遭遇的不幸。这是一封具有自传色彩的信件，阿伯拉尔采用书信体，对这位假想的友人讲述了自己获得救赎的心路历程。《我的苦难史》于 1132 年至 1134 年之间创作完成，阿伯拉尔在此信中回顾了自己作为学生与老师的经历。

《阿伯拉尔与爱洛依丝》，《玫瑰传奇》中的彩图，13 世纪。
尚蒂伊城堡，孔德博物馆。

◆ 4.2 逻辑学，理性工具

共相是具有意义的词

　　阿伯拉尔的两位老师贡比涅的洛色林与香浦的威廉是"共相"哲学争论中的代表人物，在他们的影响下，阿伯拉尔最初主要关注逻辑学或辩证法。

　　阿伯拉尔回顾了亚里士多德关于共相的论述，即共相可以规定许多事物的属性，如"人"这个共相，可以指代苏格拉底、柏拉图或其他任何人。

但考察客观世界，就会发现真正存在的事物中完全不存在一般，只有个别（正如亚里士多德所说）。一个事物，即一个个别存在，不可能是另一个事物的属性。例如，根本不可能认为柏拉图是另一个实体的属性，即我们不能说：苏格拉底是柏拉图。因此，共相不可能是本身即独立存在的实体。阿伯拉尔也不认同共相只是名词的说法。他认为，共相是一个具有意义的词，对应着某个存在于世界中的事物。任何共相，都可以指代多个个别，如"人"这个概念可以指苏格拉底、柏拉图与其他很多人。

共相是心灵的活动，心灵考虑所有个别的共同点，忽略那些不同点。共相因此是心灵的内容，是真实事物的集合，是一个只能存在于人类心灵中的概念（在事物之后）。

◆ 4.3 神学理论：权威与理性

理性在神学中的使用：我理解是为了相信

阿伯拉尔认为逻辑学领域中的理性分析模式适用于任何学科，包括神学。神学不仅仅是展示信仰真理，还需要对这些真理的内容进行阐释。

阿伯拉尔承认的确存在一些仅仅依靠理性不足以理解的神性信仰内容，但这并不代表不能对信仰展开讨论。信仰可以在理性的支持下得到巩固。阿伯拉尔赞同"我理解是为了相信"的立场，指出为了相信，我们首先要理解相信的内容。

当缺乏理性分析的能力时，的确可以参考权威。但如果具备足够的理性，可以接受真理，那么此时权威的观点就是无益的。阿伯拉尔认为，理性是解决权威之间冲突的有用工具。

理性如何处理权威之间的冲突

阿伯拉尔的惊人之处在于他选择用知性而非心灵来探讨基督教领袖的著作，他毫不畏惧地指出了基督教领袖观点的不统一。

在《是与否》中，阿伯拉尔讨论了各个基督教领袖对信仰真实的不同观点。他用158章的篇幅提出了一系列重要问题，列举出了这些具有冲突的理论，试图找出最后的真理。这部文集具有教学用途，即教导学生比较不同观点，提出疑惑或问题；指出应进行个人思考，并最终解决提出的问题。

对三位一体的思考与来自教会的谴责

阿伯拉尔认可理性的价值，而且承认古典哲学家在寻找真理过程中所做的贡献。他甚至认为某些古典哲学家也直觉到了三位一体理论，如柏拉图曾谈到了上帝、神的知性、世界中的灵魂（可对应圣灵）等概念。阿伯拉尔采用类比（参考奥古斯丁思想）的方式来定义三位一体的意义，他将三位一体的三个位格区分为上帝的三种属性：

- 圣父，指的是神的力量；
- 圣子或道，指的是智慧；
- 圣灵即爱，上帝用爱指引万物不断完善自身。

这种阐释三位一体的方式广受批判，其他哲学家指责阿伯拉尔将三位具有神性的人（即三个具体实体）缩减为神性的三种属性或三个方面，阿伯拉尔的思想随后受到了教会的官方谴责。

◆ 4.4 伦理思考：目的

反对禁欲主义，反对外在道德，区分恶与罪

阿伯拉尔在晚年开始转向伦理学思考，撰写了《认识你自己》。

这句话是古老的德尔菲神谕，曾被苏格拉底借用。亚当犯下原罪后，人类陷入痛苦与悲惨中，认识自己即反思人类的悲剧。但人同时是按照上帝的形象创造出来的，因此认识自己同时也是思考人性。阿伯拉尔的观点：

- 反对禁欲主义，禁欲主义认为人的某些本能是罪。
- 反对外在道德观，反对对善恶的严格区分，反对将行为按照好坏机械划分，而不考虑行为主体的内在态度。

他区分了灵魂之恶与罪的不同，如愤怒是一种恶，可以让人失去理智，但愤怒的人，即那些让自己的愤怒主宰的人，并不是罪人。

灵魂之恶的确可以让人做出某些不好的行为，但我们需要认识到这就是人的本能，本能无法被泯灭，只能被控制。

阿伯拉尔因此将人类的某些本能从此前"恶"的框架中解放出来，指出它们其实是中性的。因为个体既可以臣服于这些本能，得到恶；也可以战胜这些本能，得到善。战胜本能的斗争越艰难，人的功绩就越大。

真正的罪，却会让个体认同自己的意愿或欲望，做出某种非法的行为。罪是对上帝的厌恶，因为个体放任自己的某些本能倾向，违背了神圣意愿。

动机的重要性

听从恶的本能所做出的行为完全不会导致灵魂内在之恶。外在道德主义强调行为结果，而阿伯拉尔则关注动机，他认为动机是某种行为的源头。如果某种行为是从善的动机出发，那么它就是好的；如果是从恶的动机出发，则是恶的。行为的属性与行为的外在后果无关。因此，罪就是恶的动机。

阿伯拉尔认为，如果一个人谋划杀害对手，他在心中筹划好了谋杀，那他就是犯罪，即使他可能在某些条件限制下未能如愿以偿。相反，如果一个人为了自卫，而杀害了攻击自己的人，而无杀人的动机，即使他做出了非法行为，但他也并不是有罪的。

不是外在行为，而是内在动机来决定一个人是不是罪人，或者说决定他是好人还是坏人。但动机并不是外显的，只有上帝才能阅读人的心灵，因此只有他才能评判一个人的好坏。

因此，人间正义只能用来评判那些外在可见的行为，只能根据行为结果来决定处罚或奖赏。

道德与法律并不总是相一致

道德（评判人的行为）与法律（规范人在社会中的关系）之间出现了分歧。比如，某个人类法律判定为非法的行为却不是罪（即不是主观意愿作恶），或者一个表面上看起来是合法的行为可能实际上出自一个恶的动机。

阿伯拉尔强调动机的重要性，这也引发了伦理学的问题。他的理论与常识及普遍观点产生了冲突，也因此导致了传统卫道士们的批判。

阿伯拉尔对性行为的看法十分反主流。他指出，就像某些人天生就易怒一样，有些人则因为天性或身体构造天生会对性的快乐产生无法控制的欲望。但这就是他的本性，并不是罪：罪是出自对本能的认同。

阿伯拉尔对性的观点颠覆了传统，他对动机的强调也导致人们开始质疑道德是否可以作为对法律的一种外在或消极的遵守。

自然道德的价值

阿伯拉尔在逝世不久前撰写了《哲学家、犹太人与基督徒之间的对话》一书（未完成），他在书中强调了自然道德的重要性，即根据理性论证制定的规定。此外，他还对自然道德观与犹太教及基督教中的启示道德进行了比较。

阿伯拉尔对比了这部对话书中的三种法律：

• 他再次批判了外在道德观，即犹太人对法律的严格概念。

• 他肯定了基督教道德观，即爱自己的邻人。他认为基督教道德观与自然道德观，即根据理性制定的道德观相符合。

阿伯拉尔的理论

逻辑学	• 共相是有意义的词； • 概念是从事物开始形成的（在事物之后）。
哲学 / 神学	理性可用于： • 理解我们所相信的； • 思考基督教领袖观点的异同。
道德	• 动机理论； • 区分道德与法律； • 自然道德观的价值。

5. 经院哲学的创新之处

◆ 5.1 沙特尔大教堂学院

对自然的兴趣

12 世纪文化全面复兴，对自然的兴趣也逐渐增加。对宇宙的研究主要使用下列三类知识：

- 圣经创世记故事：在 12 世纪之前一直是权威知识，论述了客观世界如何形成。

- 柏拉图的《蒂迈欧篇》：这是当时人们可以阅读的唯一一部柏拉图对话录，因为此书已被译为拉丁语（至少部分译出）。从柏拉图的著作中可以窥见古典时代晚期的哲学思想。

- 重要的阿拉伯科学家及医生的译本：12 世纪时他们的著作开始在拉丁语世界中流传，提供了一种全新的视角。

对自然的兴趣也开始出现在沙特尔大教堂学院内部。这所主教学校创建于 10 世纪，在 12 世纪发展壮大。

思想家以创世记的圣经文本为蓝本，借鉴柏拉图在《蒂迈欧篇》中的理论及亚里士多德关于原因论的观点，从哲学的角度深入理解世界起源的问题。

自然是由上帝创造的，它能够依据自己的规律自主运行，因此可在自然世界内部找到关于自然秩序的解释。自然世界的规律性恰恰证明了造物者的无所不能。

客观世界的中心为人，人同时也是一个微型宇宙，人是最完美的创造物，因为人的心灵中反映出了整个宇宙（宏观宇宙）。

《鱼儿与鸟儿的创造》，马赛克，12世纪末。
威尼斯，圣马可大教堂。

站在巨人肩上的侏儒

沙特尔大教堂学院在12世纪全面繁荣时期的第一任校长是贝尔纳。贝尔纳本人并未留下著作，但据索尔兹伯里的约翰记载，贝尔纳曾说过一句名言："现代人是站在巨人肩上的侏儒。"其隐喻的含义为，与古代思想家相比，当时的思想家的成就实在太过渺小。

这个比喻透露出对权威的尊重，但同时也是一种期许，即站在古典巨人的肩头（现代人得益于古代知识）的现代人实际上可以看得更远，可以让文化与科学更进一步。

索尔兹伯里的约翰：逻辑学与政治学

英国哲学家索尔兹伯里的约翰（约1110—1180）曾在巴黎跟随阿伯拉尔及其他老师学习，随后来到沙特尔大教堂学院继续学习。索尔兹伯里的约翰曾在教会中担任要职：最初为坎特伯雷的托马斯·贝克特大主教的秘书，随后成为沙特尔的大主教。索尔兹伯里的约翰熟读亚里士多德著作，他最著名的作品为《捍卫逻辑学》，他在书中肯定了逻辑论证的有效性，指出逻辑学在任何领域的知识中都是有用的工具。

索尔兹伯里的约翰的政治学著作为《论政府原理》，他在书中主要探讨了：

- 教皇精神权力与国家世俗权力之间的关系；
- 君主与人民之间的关系。

《论政府原理》的核心为君主，君主必须臣服于教育的精神权威。君主是以上帝的名义，根据上帝制定的规则，直接行使正义的人物。

根据自然法律，人民必须听从于君主，因为君主是上帝在人间的代理人。反过来，君主必须保护自己的子民，公平正义，尊重神圣法律，应听从德才兼备之人的进谏。如果君主不遵守法律，独裁行事，那他就没有履行自己的义务。索尔兹伯里的约翰接着区分了真正的君主与独裁者，他认为人民杀死独裁者是合法的行为。

◆ 5.2 高等教育的重组

产生了一种新的学校体制：大学

12 世纪经历了文化的全面复兴：

- 发展了辩证法、逻辑学、著作文本分析、自然哲学等领域的研究。
- 推动了从阿拉伯世界引进的新知识的传播，主要涉及科学与哲学。
- 重新研究了罗马法律。教会国、君主国与市镇之间的冲突引发了一系列司法冲突，这也推动了法律的研究。

为了寻找到一种更合适的高等教育组织，主教学校中的老师与学生依照手工艺人与商人联合会的模式，自发地创建了一种联合组织。这种联合组织最初被称为社团（societates），随后被称为大学（universitates），指任何一个包括学生与老师的整体（universitas）。

这种全新的学校模式借鉴了底层社会人士的组成结构，对社会与文化产生了巨大的影响。

大学的独立自主性

任何大学都可以自主地制订自己的教学计划、教学过程、考试大纲、考勤规则（即学生的基本义务）与老师的薪酬制度。从法律角度来看，大学也是高度自主的。得益于皇帝、教皇或国王给予大学的特权，大学在面向世俗与宗教权威机构时，享有高度独立性。

《博洛尼亚大学中的一堂课》，彩图，14世纪。
博洛尼亚，市立博物馆。

教会垄断文化与教育，试图监督大学内部传播与教授的知识是否合法。教会会委派主教的代理，即所谓的骑士，来决定教师的选拔。但仍然有一些大学获得了更高的特权，不受来自帝国、教会国与王国的干预，由此可以更好地维护大学的自主性。

教学计划与文本阅读

每个大学都设立了不同的学科或研究领域，主要分为艺术学科（科学－哲学）、神学、法律与医学。艺术学科是神学的准备阶段，因此老师通常仅教授几年的艺术，便会转而教授神学。

大学教育中的教学计划仍基于学院中的旧传统，即对权威著作进行阅读与评注，教师提出问题，引导学生展开讨论。每个问题都会有多种可能的答案，学生需要论证每个问题的正反立场。最后老师需要阐述自己的观点，提供一个更佳的解决思路，并对自己的答案展开论证。除著作阅读外，还需要对某一个特定的问题或任何话题展开辩论，因此老师教授的其实是对一系列待解决的问题进行讨论的方法。除此之外，还出现了用于教学的"总结概要大全"（summe），这是一种对某门学科知识进行的系统性阐述总结。

❦ 6. 西方基督教之外的世界 ❦

伊斯兰教的出现与阿拉伯世界的扩张

古罗马帝国崩塌后，基督教在日耳曼族人中也逐渐传播。而穆罕默德（570—632）在阿拉伯世界开创了一种新的宗教，即伊斯兰教。与犹太教及基督教一样，伊斯兰教同样也是一神教。伊斯兰教称呼上帝为真主安拉，安拉与圣经中的神是同一个概念。真主在人间有先知，包括穆罕默德、摩西和耶稣。伊斯兰教的教义并非内在教条或神秘事件，完全是根据劝诫撰写的实践守则，其中最重要的五条劝诫为：

- 信仰真主安拉；
- 每日祷告五次；
- 将自己所得的十分之一施舍给穷人；
- 在拉马丹斋月（即穆斯林阴历的九月）中实行斋戒；
- 需前往圣城麦加朝圣（一生至少一次）。

　　阿拉伯半岛人民慢慢接受了伊斯兰教的信仰，穆罕默德也随之拥有了巨大的政治权力，开创了一个信仰伊斯兰教的阿拉伯帝国。穆罕默德的继任者将阿拉伯的统治范围从中东扩展到北非沿海，从西班牙延伸至西西里（7—10世纪）。

阿拉伯世界：跨文化的熔炉

　　古希腊－拜占庭文化继承了古希腊文化、东方基督教文化与犹太教文化。而公元1世纪罗马帝国占领巴勒斯坦并导致了犹太人离散后，犹太文化依然持续自主发展。阿拉伯帝国成了古希腊－拜占庭文化与犹太文化的交流中心，也因此成了多个文化交融的地带。

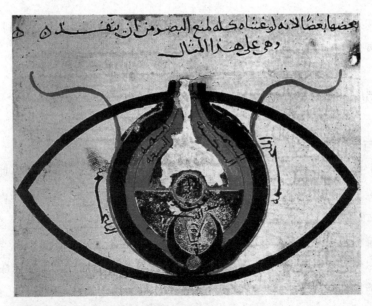

《眼睛解剖学》，阿拉伯医学著作中的彩图，12世纪。
开罗，埃及国家图书馆。

不同文化的交流与碰撞促进了阿拉伯世界中哲学与科学的快速发展。在 9 世纪至 11 世纪之间，欧洲仅出现了少量古希腊哲学著作，但阿拉伯人却吸收并深化了古希腊哲学思想。他们全面发展了哲学和科学研究，推动了西方文化复兴运动的兴起。

阿拉伯世界的文化发展

西欧学校制度不断完善的同时，阿拉伯世界深入发展了古希腊经典哲学，主要研究了亚里士多德的思想。

拉丁－基督教世界对阿拉伯哲学思想的深入了解产生了两种影响：

• 一方面推动了哲学的发展；

• 另一方面，阿拉伯哲学中的某些思想与基督教思想相对立，如人类灵魂的不灭性、世界永恒性（与创造理论相对立），这招致了教会的怀疑与抵抗。这些理论本身来自古希腊异教思想，又经过伊斯兰教徒们的注疏，这也更加剧了教会对阿拉伯思想的抵触。

接受了伊斯兰教思想的西班牙也出现重要的哲学发展，12 世纪达到了顶峰，西班牙哲学受到了阿拉伯思想与犹太教的影响。

◆ 6.1 灵魂问题：是否不灭？

参与讨论的主要哲学家

关于灵魂是否不灭的讨论核心为施动知性与可能知性之间的关系，此问题最早由亚里士多德提出，但他并未具体解决。这对于伊斯兰教与基督教来说，是一个极其敏感的话题，因为触及了灵魂的不灭性。

阿拉伯哲学家阿尔·肯迪（约 801—873）与阿尔·法拉比（872—950）都认为（尽管两人的观点略有不同）人类最初仅具有可能知性，可能知性之所以能从可能性转到现实，是得益于施动知性的作用。施动知性是唯一的、普遍的、存在于人之外的。11 世纪与 12 世纪，西欧地区重新研究了此问题，主要受到

《阿维森纳》，彩图，11 世纪。

《阿威罗伊》，彩图，14 世纪。
切塞纳，马拉泰斯塔图书馆。

了以下几位阿拉伯哲学家著作的影响：伊本·西纳，拉丁名字为阿维森纳；伊本·路西德，拉丁名字为阿威罗伊；摩西·本·迈蒙尼德，拉丁名字为迈蒙尼提斯。阿威罗伊与迈蒙尼提斯主要活跃在西班牙地区，二人被伊斯兰教会迫害，最终被流放。

阿维森纳：可能知性与施动知性

阿维森纳吸收了亚里士多德的思想，他指出认知是从感觉到想象，再到知性的过程。知性作用于想象的事物之上，最终能认识可被认识的世界。根据亚里士多德的理论，阿维森纳同样区分了可能知性与施动知性。

人具有可能知性，在认知过程中，可能知性从认知的可能性转至已经实现的认识，因此成了行动中的知性。可能知性发生的转变得益于施动知性的作用，施动知性是神圣的、对所有人来说都是唯一的、存在于人之外的。

施动知性启蒙了人的可能知性，通过三种方式转为行动：

- 通过感觉，从感觉经验中抽象出共相；

- 通过对话的论证过程；

- 通过直接启蒙，将被启蒙的事物与施动知性相连。

通过第三种方式，人最终能达到完美，而其中的某些个体甚至能获得神圣恩典（如先知），最后拥有神圣知性，具有直觉认识能力。

人类知性过程中最高的阶段为神秘经验，接触到至上的善，即上帝。上帝此时是作为爱的对象，而不仅是认识的对象。人在死亡后，灵魂会重新与那个唯一的、存在于人之外的施动知性结合，但仍保留灵魂的个别性。

阿维森纳承认个体灵魂是不灭的，他的观点与伊斯兰教的《古兰经》相一致。

阿威罗伊：知性灵魂并不是身体的形式

阿威罗伊在评注伟大哲学家亚里士多德的著作《论灵魂》时，指出只有植物性灵魂与易感性灵魂才是身体的形式。

而知性灵魂，即可能知性，则是与身体分离的，因此它并不是身体的形式。阿威罗伊认为，如果可能知性可以转变为施动知性，那它也必定会具有施动知性的本质。因此，可能知性应该与施动知性一样，同样是唯一的、普遍的、对所有人来说都是一样的。因此，人也会参与神圣知性，从这种参与中，会发展出一种从事物中抽象出可知形式的态度，这就是概念与基本原则，即人类认识的形成。

阿威罗伊将知性灵魂与身体（即与个体存在）分离，他认为知性灵魂是一个存在于人之外的永恒普遍实体。

阿威罗伊认为个体除了植物性与感官功能外，并不具有自己的运动，因此人是会灭的：身体死亡后，人这个个体也随之死亡。

阿威罗伊否认了灵魂的不灭性，他的观点与伊斯兰教和基督教都不相容，而这也是他最终被流放、著作被焚毁的原因。

迈蒙尼提斯：人类知性是个体资产

犹太裔西班牙哲学家迈蒙尼提斯指出人类知性只是一种具有可能性的知性，它只有在唯一的、普遍的施动知性的作用下才具有认识能力。迈蒙尼提斯与阿威罗伊的观点相反，他认为人类知性是个体的资产，因此他也支持灵魂不灭论。

迈蒙尼提斯认为，普遍知性对人类的作用的确是一致的，但每个人的认识过程都不一样。个体灵魂能够接受知性作用的能力存在差别，这也取决于个体的主观能动性。

迈蒙尼提斯试图融合亚里士多德哲学与宗教理论，在他之后的 13 世纪经院哲学家也曾采用相同的方式。

◆ 6.2 哲学与神学的其他争议

阿维森纳思想中的发散理论

尽管阿维森纳对灵魂的看法与穆斯林及基督教都不矛盾，但他对世界起源的主张则与宗教背道而驰。阿维森纳认为，事物本身并不具有其存在的原因，事物的起源来自别处，来自一个绝对统一的、简单的、与具有质料及形态的事物完全不同的存在，即上帝。为了解释事物是来自上帝，阿维森纳采用了新柏拉图主义的发散概念，认为发散是必然且永恒的过程。

发散过程之所以是必然的，即非意愿的，是由神性决定的。如果上帝用意愿行为进行创造，那么上帝的状态会出现变化，而这会与其存在方式的唯一性、不灭性、绝对简单性相矛盾。

如果发散是一种必然且永恒的过程，那么世界也是从上帝发散而来的，世界也是永恒的，而这种观点与宗教中的神圣自由创造相冲突。

阿威罗伊的颠覆性观点

除灵魂是可灭的观点外，阿威罗伊的不少理论都与宗教思想矛盾，尤其是阿威罗伊认为：

• 上帝必然创造世界（因为上帝是完美的，那么他所做的一切都必然是出于他的完美）。

• 从第一条衍生出来，即世界并没有开始的时间，它与上帝一样永恒存在。

• 存在两种真理，一种是人类通过哲学思考可以达到的世界，一种则是由宗教权威启示与提出的世界。第二种真理是一种次要真理，只有当真理不能用理性方式达到时，才能代替真正的真理。此外，启示真理的功能在于引导那些无法独立自主地进行思考而不具备理性认识的人。

阿威罗伊关于上帝、人类与世界的理论与宗教思想完全对立，因此导致了西方世界对他的抵触与争议。但同时，阿威罗伊的理论也启发了讨论，对13世纪的经院哲学产生了巨大影响。

❦ 本章小结 ❦

加洛林文艺复兴

8 世纪末期，查理大帝改革了教育体制，开创了所谓的"加洛林文艺复兴"。在主教管辖的城市中创建了主教学校或大教堂学校，而在本笃修道院中则陆续成立了修道院学校。这也是术语"经院哲学"的来源。经院哲学指 8 世纪以后的哲学思想，核心为对权威著作的阅读与讨论。此时期最重要的哲学家为约翰·司各脱，他：

◇ 借鉴新柏拉图主义思想，认为万物来自上帝，最终也会回归至上帝；

◇ 融合信仰与理性。

11 世纪与坎特伯雷大主教安瑟尔谟

11 世纪修道院内部重新兴起了对哲学的研究，辩证法思想再次得到发展。在修道院内部出现了支持辩证法与反对辩证法的两大派。

此时期最重要的哲学家为坎特伯雷大主教奥斯塔的安瑟尔谟，他支持理性与信仰是可相容的，他的主要贡献有：

◇ 提出四个由果溯因的论证，证明上帝的存在，阐释了上帝的特性；

◇ 提出一个由因溯果的先验论证，证明上帝的存在，即从上帝这个概念本身便可以证明上帝的存在（本体论论证）；

◇ 指出认识与语言都是来自上帝；

◇ 认为自由意志与神圣预知可相容。

12 世纪对"共相"的争议

12 世纪，爆发了关于"共相"（即种、属）的争议。

唯名论者认为共相仅仅是名词（即"发出声音"），在客观世界中并无对应物。

唯实论者认为共相是本身便存在的实体，它们也是事物，但唯实论者内部又区分出三大派：

◇ 第一派认为共相是与感性事物不同的事物，存在于感性事物之前（在事物之前）；

◇ 第二派认为共相是依附于感性事物的事物，它们作为感性事物的固有形式存在于事物之中（在事物之中）；

◇ 第三派认为共相是仅存在于心灵中的概念，心灵从感性事物中抽象出这些概念（在事物之后）。

哲学家皮埃尔·阿伯拉尔也参与了共相的争论，他认为共相是一个具有意义的词语（sermo），即一个可以用来指代很多个个体的概念。因此共相是心灵运动的产物（在事物之后）。

阿伯拉尔：理性、神学与道德观

阿伯拉尔认为在神学思想中也可使用理性来理解信仰的内容（比如说三位一体学说），他探讨了各个基督教思想家之间相互冲突的观点。

在伦理学方面，他反对禁欲主义，也反对外部道德观。他区分了灵魂之恶与罪。他认为罪是指做出非法之事的自由意愿，是由动机决定的。

12 世纪的学校改革

在 12 世纪的文化复兴中出现了对自然的兴趣。

沙特尔学校的思想家们认为，自然是由上帝创造的，根据自然法则自主运行。

沙特尔大教堂学院中最著名的思想家为索尔兹伯里的约翰，他指出：

◇ 逻辑学是认识的有用工具；

◇ 君主必须尊重法律与教会的精神权威，他支持对暴君的正义制裁。

大学的诞生

文化的全面复兴与对专门知识的需求推动了教育的改革。教堂学校的老师与学生组成了一种联合会，即大学。

每个大学都保持独立自主性，教学主要采用经院哲学的教育方法展开，即阅读、分析与评注著作，以及提出问题、讨论问题并最终解决问题。

阿拉伯哲学，阿拉伯思想与基督教思想的冲突

西欧大学教育迅速发展的同时，阿拉伯世界中出现了古希腊哲学的复兴浪潮。阿拉伯思想传播至西方，推动了哲学研究的发展，但也引发了抵触与反对，主要针对以下观点：

◇ 个体灵魂是可灭的（阿威罗伊）；

◇ 上帝必然创造，因此世界是永恒的（阿维森纳与阿威罗伊）；

◇ 存在两种真理：理性真理与信仰真理（阿威罗伊）。

❧ 本章术语表 ❧

由果溯因论证：源自拉丁语 posterior，意为"后来的"，指由结果推导至原因，从经验推导出知性原因。

由因溯果论证：源自拉丁语 prior，意为"先到的"，指不基于经验的理性论证，从原因推导至结果。

权威：中世纪使用此术语表示不容置疑的真理，至上的权威是圣经文本。

动机：阿伯拉尔伦理学中的概念，指判断某个行为道德的标准不取决于外在看是否遵守了法律，而是取决于行为产生的主观目的。

唯名论：在共相的争论中，认为共相或普遍概念不是自主存在的实体，既不存在于事物中，也不存在于事物外（即心灵中），只是用来表示真实事物的名词。

本体论证：坎特伯雷大主教安瑟尔谟提出一种证明上帝存在的论证方式。如果认同上帝是那个无法想象具有比他更大的存在，但又否认上帝的存在，这便是矛盾。矛盾产生的原因为，一个只能被思考的存在，总是比那个真实存在于世界中的对应存在要更低级。

唯实论：在共相的争论中，认为共相是一个不仅仅为概念意义或语言意义的实体。

词语：源自拉丁语 discorso，parda，意为"词语"。在共相的争论中，阿伯拉尔用此术语指知性从经验抽离出的某物概念。当它指涉真实存在的事物时，即为有意义的词语。

神的显现：源自希腊语 theós，"上帝"与 phaínesthai，"出现，展示"。指上帝在世界与万物中的显现。

共相：多种事物中共同具有的属性，可用来指代很多个体，如种与属的概念。关于共相的本质，存在两种观点。唯名论者认为它是纯粹的名词；唯实论者认为它是真实存在的实体，可作为本身便存在的实体，也可以是存在于事物内部的实体，或者是仅存在于心灵中的实体。

早期经院哲学探讨的主要问题

本体论	司各脱·爱留根纳：四种自然
	12世纪哲学家：共相是否是真实存在的实体
	阿维森纳与阿威罗伊：世界是必然存在的，世界是永恒的
伦理学／幸福	安瑟尔谟：自由意志并不与神圣预知相矛盾
	阿伯拉尔：罪取决于主体的动机，存在一种基于理性的自然道德
哲学／宗教	司各脱·爱留根纳：理性与信仰都能反映神圣智慧
	安瑟尔谟：采用由果溯因与由因溯果的两种方式来证明上帝的存在。"我相信是为了理解"，融合了理性与信仰，但认为信仰更重要
认识	安瑟尔谟：认识源于上帝
	阿拉伯哲学家：可能知性与施动知性之间的关系
逻辑学	修道院学校中的哲学家：支持辨证论派与反对辨证论派
	安瑟尔谟与高尼罗：本体论证的有效性
	索尔兹伯里的约翰与阿伯拉尔：支持逻辑学
哲学／知识	教育体制的发展
	经院哲学的教学方法在大学中得到发展
	12世纪哲学家：重新研究宇宙与自然
	阿拉伯哲学家：灵魂的理论
自由／权力	阿伯拉尔：区分道德与法律
	索尔兹伯里的约翰：君主与宗教权威、人民的关系

ᏯᏭ 文献选读 ᏯᏭ

一、阿伯拉尔：如何才能判定罪犯？

[选自《认识你自己》（又称《伦理学》）]

【导读】

主题：罪、恶与动机性

阿伯拉尔的道德理论主要讨论了罪的概念，他认为道德－宗教中的恶是对上帝的厌恶，是人的意愿，由此将道德理论与神学思想相结合。从这个角度来看，为了确定哪些行为是有罪的，就必须先阐释产生行为的动机，而不是基于善恶的普遍判断标准判定。

阿伯拉尔认为恶的核心问题是动机：

◇ 他指出有罪的行为并不能推导出恶的动机；

◇ 他举例说明人类正义与宗教正义可能会将一个无动机的行为判定为有罪，这种正义很有可能会错判好人，让坏人逍遥法外；

◇ 他认为只有上帝才能阅读人类的心灵，只有他才能看到那些真正有罪或无罪的动机，只有他才能正确评判；

◇ 他强调某个行为的好坏并不绝对，而应该根据行为的动机来判定。

【文献原文】

理解正义的两种方式

道德评判的真正对象不是行为的好坏，而是动机。但人类正义，包括宗教正义和世俗正义，都是根据外在行为表现而非动机来决定惩罚或奖赏。

当我说有罪的行为并不是有罪的，有罪的行为并不能推导出罪本身，也不会增加罪本身时，有些人会感到十分惊讶。我们通常都是根据行为的后果，而不是根据良知中的罪来对罪人施以"应得"的惩罚。针对这些惊讶的人，我的回答是：有时，一桩被施以"应得"惩罚的严重罪行，其实并没有罪。而有时，我们又必须惩罚那些看似无罪的人。这就是一个例子：一个贫穷的母亲带着一个嗷嗷待哺的孩子，她无力为婴儿添置保暖衣物，出于对孩子的爱，她用自己的衣服来给孩子取暖，但却无意中将婴儿闷死了，尽管这母亲深爱着自己的孩子。圣奥古斯丁曾言："去爱吧，去做你想做的。"这个女人被主教施以惩罚，因为她犯下了重罪。但惩罚的目的却不能是因为她无意中犯下罪，而是为了教导所有的女人在相同的情况下应该更加谨慎小心。

有时一个罪犯在法庭中被原告指责，尽管法官明明知道他是无辜的，但原告仍然要求依法处置。某天开庭时，他们提供了伪造的证词，就是为了证明被告有罪。法官却不能驳斥这些看似确凿的证据，因此，他也只能依法判决。法官赞同原告提供的证据，就会惩罚无辜者。他惩罚了一个本不应该被惩罚的人，但他必须判决，并根据法律量刑，即使这个人是无辜的。可见，有时即使是在理性的论证下，法律也会错判好人。

只有上帝才能了解导致罪行产生的动机

唯一能够基于真理判断行为的人是上帝，上帝是唯一能看到人类灵魂的人。

那么，倘若连上帝都不认为一个犯下罪行的人是有罪的，为何凡人却还要认为他是有罪的呢？凡人都是根据表面，而非本质，来进行判断。他们不考虑罪本身，而只考虑行为的后果。只有上帝才观照灵魂内在，而不观照行为。上帝根据真理来判断有罪之人，对罪行做出正确判断。这也就是上帝为何会被称为"心灵的审视者"的原因，因为他能"看到隐藏的事物"。他能看到凡人无法看到的地方，因为有罪与否是基于心灵，而非行为。但我们凡人却偏要去看行为，而忽略心灵。于是，我们常会犯错，或者说，我们常会受到法律的限制，错判好人，宽恕坏人。

"好"与"坏"并不绝对

我们对行为动机的认识能力有限，因此在使用法律规则时我们应该更加谨慎。

好的动机本身是好的，或是正直的；而好的行为，不是因为行为本身具有好的事物，而是因为它们出于好的动机。因此，如果一个人在不同的时期，出于不同的动机，做出了同样的行为，那么他的行为就应是在某种情境下是好的，在另一种情境下是坏的。如此一来，好坏的标准就发生了改变。同样，对"苏格拉底坐着"这个命题的真假判断，会根据苏格拉底究竟是站着还是坐着，为真或为假。但亚里士多德认为，真假判断的变化，不是因为真假标准本身发生了变化，而是指涉的对象，即苏格拉底，本身发生了改变，即他在站着与坐着两种状态中变化。

（阿伯拉尔《认识你自己》，马里奥·达尔·普拉主编，新意大利出版社，佛罗伦萨，1976年，44—45页）

二、司各脱·爱留根纳：理性是权威的支点
（引自《论自然的区分》，卷1）

【导读】
支持理性的自主性

尽管认可权威可以启蒙人类获得真正的知识，但中世纪仍有一些哲学家，如约翰·司各脱·爱留根纳等，支持理性的自主性，认为理性是思考与论证的重要工具，可支持乃至捍卫信仰真理。

司各脱的理论

《论自然的区分》采用了老师与学生对话的方式，书中首先论述了理性的重要性，指出理性是权威的支点。司各脱认为理性比权威要更坚实，因为理性可以自主发展论证。

【文献原文】
真正的权威与正确的理性都源自上帝

老师： 没有任何权威能否定你依靠正确真理而获得的知识。真正的权威与正确的理性并不互相矛盾，因为二者有同一个来源，即神圣智慧。真正的权威让人们能够全面发展思维能力，能够思考那无法理解、无法言说的本质，直到真正的宗教能够描述出万物。真正的宗教可以启发那些仍不了解信仰那简单教义的人。信仰是坚不可摧的，是固若城池的，是受到神的捍卫的，信仰可以有力地回击那

些不信仰基督教的人！另一个的任务则是全面限制与督促无知之人，让他们不要相信或做出任何诋毁上帝的事情。但是也让他们不要认为圣经权威中对万物之源的描述是正确的，这些描述包括最高与最荣耀的名词，如生命或美德，或其他美德的名词，或是中间类的名词，如太阳、月亮或其他来自可见世界中最高处的事物，或是可见世界中最底层的运动的名词，如气、云、亮、光、雷、露、汁液、雨、水、河流、土地、星球、石块、木头、酒、橄榄、香橼、海索、百合、人类、狮子、牛、马、熊、豹、虫、鹰、鸽子、鱼、怪物与自然中的其他名词（本为创造之物，但通过隐喻或其他表现手法，成为创造之物）。更奇怪的是，圣经中不仅描述了被创造物到创造者之间的转变，也描述了那些完全与自然相反的事物转变为创造者的过程，如从疯狂、醉酒、混乱、失忆、愤怒、暴躁、色欲或其他状态……

权威来自真正的理性

学生：我不得不理性地承认，没有任何名词能够真正描述出上帝，但我想请您论证并巩固基督教领袖的权威。

老师：我想，你应该知道自然中的第一存在比时间中的第一存在更重要。

学生：这是人尽皆知的。

老师：我们已经了解到，理性是自然中的第一存在，而权威则是时间中的第一存在。因此，即使自然也是与时间一起被创造出来的，但权威并不是在自然与时间诞生之初便存在的，而理性则是与自然及时间一起诞生的。

学生：这也是理性本身便能证明的，因为权威来自真正的理性，但理性并不来自权威。任何不能被理性证明的权威都是站不住脚的，但真正的理性，是坚固的，是不变的，它不需要任何权威的支持。

真正的权威是通过理性发现的真理，只不过经由基督教领袖阐释，并为后人所利用而已。难道您不这样认为吗？

老师：当然同意。这就是我们刚才论证的，理性先于权威。

（约翰·司各脱·爱留根纳《论自然的区分》，芭芭拉·法斯·德·莫托尼主编，罗旭德出版社，都灵，1979年，43—45页）

三、阿伯拉尔：用知性驳斥重复

（引自《我的苦难史》，卷 2—3）

【导读】

背景介绍：理性分析圣经

阿伯拉尔在《我的苦难史》中回顾了一桩逸事。在几年教书生涯后，他决定深入研究神学，重新成为学生，在拉昂的安瑟尔谟的学校中学习。尽管安瑟尔谟被公认为伟大的思想家，但阿伯拉尔却指责他的教学空洞僵化。阿伯拉尔在此之前仅受过哲学训练，而同学们则要求他阐述圣经的价值。他阐述了圣经中的一段不太著名的段落，很好地诠释了他的理性阅读方法。

【文献原文】

阿伯拉尔指责拉昂的安瑟尔谟的教学空洞僵化

我回到法国，主要是为了学习神学。当时我的老师香浦的威廉已经被荣幸地任命为沙隆沃圣母院的主教。而在神学领域，最有影响力的权威就是香浦的威廉的老师，拉昂的安瑟尔谟。于是我来找这个老头，但我发现他既没有惊人的才干，也没有过目不忘的本领，他完全是靠着冗长的教学而成名。如果你去向他请教一个问题，保准他回答后你会更疑惑。那些崇拜他的人，觉得他真是了不起，但一旦他开始辩论，就能看出他的弱点。他的语言能力极好，但这些语言都是无意义的，也是没有经过论证的。……

当我意识到这一点后，我就不愿再在这儿浪费光阴了。所以，我慢慢地不再去上他的课，但他的一些弟子却无法忍受我的这种行为，因为我居然胆敢对一位这样有名的老师表示不敬。随后，老师心中也开始对我不满，甚至开始恨我。

阿伯拉尔接受挑战，阐释权威文本

一天，我们这些学生在对一些权威文本进行对比研究后，开始玩闹起来。其中有一个学生带着恶意，问我对圣经文本研究的看法，可他明知道我之前只受过哲学训练。

我回答说，圣经研究十分有用，因为可以认识到精神救赎的途径。但我十分吃惊，那些博学之人，对我这个答案还不满意，他们要求我阐释基督教领袖的著作和著作当中的注释，但不允许我求助他人。当时在场的很多人，为了戏弄我，都质问我是否有能力完成这个任务。我回答说，如果他们真的愿意，那我一定会竭尽所能。他们便愈加嘲弄我，说道："我们当然愿意呀！那就这样说好了，我们来选择圣经中并不著名的段落，然后交给你，看你能不能兑现你的承诺。"

于是，我们决定对以西结最隐秘的一个预言进行阐释。

我看了看这段文本的权威评注，马上要求他们隔天就来聆听我的阐释。他们执意劝告我，说没必要这么着急，毕竟这可是一个十分重要的问题。你刚涉足神学领域，要想深入而明确地阐释文本，最好还是多参考其他文献。但此时我已被激怒，我回答说，我素来不是靠刻苦勤奋，而是靠知性直觉来学习的。我接着说，要么你们就听从我规定的时间，要么我就不奉陪了。

来听我第一次阐释的人寥寥无几，因为大多数人心想我在神学领域是完全的门外汉，我这样急忙地进行阐释，实在太荒谬了。但来听的那几个人都十分喜欢我的阐述，他们甚至给予了极高的评价。他们请求我还用同样的方式进行阐释。这个消息传播开来，那些第一次没有来听的人都忙着跑来听我的第二次、第三次阐释，我依然采用了第一天使用过的方法。

（阿伯拉尔、爱洛依丝《信件》，卡佩乐提·特鲁齐·娜迪亚主编，艾依纳迪出版社，都灵，1979 年，13—19 页）

四、坎特伯雷大主教安瑟尔谟：从上帝的概念证明上帝的存在
（节选自《宣讲》，序言，2—5 章）

【导读】

决定性的论证

1077 年至 1078 年，安瑟尔谟在《独白》完成一年后撰写了《宣讲》。安瑟尔谟不满足于《独白》中的论证过程，他开始寻找一个决定性的单一论据，以证明上帝的存在。他时而欢喜，以为自己找到了这个论据；时而迷茫，以为希望仍很渺茫，甚至一度想放弃寻找。直到有一天，他反复寻找的论据突然清晰地出现

在他的脑海中。安瑟尔谟在《宣讲》序言中曾描述这个神奇的经验，这个思想直达上帝，如此坚实地证明了上帝的存在，这也是整个神学赖以存在的根基。

安瑟尔谟的论证过程

安瑟尔谟依照唯一论据进行了论证：

◇ 他认为出发点是上帝的概念；

◇ 他辩驳了无知者的观点；

◇ 他指出，即使无知者为了证明自己的正确，也必须接受上帝的概念；

◇ 他阐释了矛盾：无知者认可上帝是那个无法设想有比他更大的存在的存在，但同时又否认上帝的存在。

【文献原文】

证明上帝存在的唯一论据

我曾撰写了一本小书，阐释如何思考信仰，那本书的主人公是一个独自思索和探寻的人。但我随后又想到，那本书中充满了太多论证。因此我开始问自己，是否可以找到一个唯一的论据，仅仅靠这一个论据，不需要任何其他支撑，我就能证明上帝的存在，我就能证明上帝是至上的善，证明上帝不需要任何事物，而所有万物都需要依靠上帝才能获得存在与价值；仅仅靠这个证据我就能证明神本质的其他真理。……我想，如果我将自己找到的这个论据写出来，或许会对某个读者有用，于是我就写了这本小书，书中的主人公是一个试图寻找上帝并理解信仰的人。……

很多人，尤其是尊敬的大主教里昂、大主教雨果、法国的教皇特使等，都要求我在书中署上自己的名字。我将第一本书起名为《独白》，即一个人的自白；第二本书命名为《宣讲》，意为对话。……

上帝是那个无法设想有比他更大的存在

耶和华，请赐予我信仰的智慧，请让我能知道你是的确存在的，就像我们一直相信的一样，你就是我们所相信的。我们相信你就是那个无法设想有比你更大的存在。

又或许不存在这样的一种本质，因为"无知者在心中说：上帝不存在"？但就是这个无知者，要是他能听见我说的，即"那个无法设想有比他更大的存在的存在"，他就能理解他所听到的。即使他并不认为这个事物真的存在，但他也是在知性中理解的。一个事物存在于知性中，理解这个事物是什么，这是两码事。

如果一个画家，描绘他想要画的，那么作品就已经存在于知性中了，但他并不能理解这作品是存在的，因为画并没有创作出来。只有当他真的画出来，那这幅画就既存在于知性中，又真实存在于世界中了。无知者也一样。他确信，至少在知性中存在一个无法设想比他更大的存在，因为他听到这句话，他就能理解这句话，而他所理解的所有东西都存在于知性中。当然，那个无法设想比他更大的存在，不能仅仅存在于知性中。如果他仅仅存在于知性中，那么就能设想他也存在于客观世界中，就会出现一个比他更大的存在。如果那个无法设想比他更大的存在仅存在于知性中，那么这个我们无法设想比他更大的存在就是我们可以设想出来的更大的存在。这就会陷入矛盾中。因此，那个无法设想比他更大的存在既存在于知性中，又存在于客观世界中。

这个实体，是如此真实地存在，我们决不能认为他并不存在。因为我们不能认为存在一个不能被认为不存在的事物，他比那个能被认为不存在的事物要更大。如果那个不能设想比他更大的存在能被认为是不存在的，那么它就不会是那个不能设想比他更大的存在的存在了，这就是矛盾的。因此，那个不能设想比他更大的存在是如此真实地存在，绝不能被认为是不存在的。这就是你，我们的耶和华上帝。你就是如此真实地存在着，我的耶和华上帝，你绝不能被认为是不存在的。

（安瑟尔谟《哲学著作》，索菲亚·范尼·罗伟基主编，拉泰尔扎出版社，罗马－巴里，1969 年，85—86 页，89—90 页）

第六章
经院哲学的发展与托马斯·阿奎那

即使人类能了解自己在自然界中的结束，他也无法了解自己在超自然界中的结束。

（约翰·邓斯·司各脱:《牛津论著》，序言）

1. 是否能认识上帝？我们应使用理性、信仰还是二者的结合来认识上帝？

2. "存在"与存在现实性之间是否有区别？万物之间是否有等级？

3. 认识是基于经验，还是抽象，或是直觉？

4. 两个具有同样特性的个别是否具有区别？如何区别的？

5. 如何才能确定符号与符号所指之间的关系？如何确定词语与其含义之间的关系？

6. 权力与法律源自何处？宗教权力与世俗权力之间的区别是什么？

哲学家年表

时间	人物
1215—约1292	罗杰·培根
1252—1254	托马斯·阿奎那撰写《论存在者与本质》
1257	圣文德被任命为方济各会总会长
1266—1273	托马斯·阿奎那撰写《神学大全》
1277	巴黎主教唐皮耶批判了亚里士多德的一些理论
1300—1304	邓斯·司各脱撰写《牛津论著》
1324—1327	奥卡姆的威廉撰写《逻辑大全》
1328—1331	奥卡姆的威廉被逐出教会，被逐出方济各会

历史大事年表

时间	事件
1250	腓特烈二世逝世
1274	里昂大公会议：罗马与东方教会正式分裂
1302	卜尼法斯八世出台《一圣教谕》法令，宣布宗教权力的至高地位
1309	教皇转移至亚维农
1337	百年战争开始
1348—1349	欧洲爆发黑死病

❖❖❖ 1. 经院哲学的转折 ❖❖❖

◆ 1.1 托钵修会

宗教改革与思想发展

13世纪教会内部纷争不断,最终引发了宗教改革,诞生了方济各会与多明我会。这两种新的修会组织不仅改变了宗教思想,也影响了整个文化与社会。13世纪大学中最杰出的哲学教师与神学教师都信奉托钵修会,如圣文德、邓斯·司各脱与奥卡姆的威廉信奉方济各会教义,而大阿尔伯特与托马斯·阿奎那则信奉多明我会教义。

信仰与宗教: 是相容还是相斥?

13至14世纪,经院哲学内部出现了重要的转折,主要探讨了理性与信仰的关系:

• 在13世纪之前,思想家普遍认为理性与信仰是可以相容的,是相互合作的关系,但各位学者的观点略有不同:

——有的思想家认为理性高于信仰(如阿威罗伊主义与极端亚里士多德主义);

——有的思想家 (如托马斯·阿奎那) 则将理性与信仰严格区分开来,认为哲学是完全独立自主的,认为应采用分析与理性论证的方法阐释神学问题。

• 14世纪,方济各会教义信奉者约翰·邓斯·司各脱与奥卡姆的威廉认为理性与信仰具有完全不同的价值特性与思考方式。

◆ 1.2 亚里士多德主义与基督教思想的碰撞和冲突

对亚里士多德思想的质疑与肯定

亚里士多德思想对13世纪的哲学发展起到了极为关键的作用,亚里士多德的逻辑学著作早在中世纪早期便开始流传,而他关于物理、形而上学、伦理学与政治学的著作也逐渐开始被译出。中世纪西方世界第一次完全获得了一种在上帝启示之前便已出现的哲学体系，一种完全独立于宗教的哲学思想。

传播与阅读亚里士多德著作的过程中产生了一些困难：

- 具有"异教"思想的总体框架；
- 某些具体内容与基督教思想明显冲突（如古希腊认为世界是永恒的）；
- 亚里士多德思想传入西方的传播媒介是阿拉伯异教徒们。

但是，正是在阿拉伯哲学家阿维森纳的努力下，亚里士多德主义才能与基督教思想相融合。阿维森纳对亚里士多德的阐释也融合了他对新柏拉图主义的理解（在西方哲学中十分流行），结合了伊斯兰教与基督教某些相同的观点（人认为灵魂是不灭的）。

亚里士多德的著作最初遭受了谴责与禁止，但随后开始自由传播，最终于13世纪中叶相继被巴黎大学和其他教育中心作为教材。

巴黎的"战役"

对亚里士多德与亚里士多德主义的讨论在巴黎也引发了另一场激烈的冲突。大学的艺术学院已经对亚里士多德的逻辑学著作做了评注，开始阅读亚里士多德的物理学与形而上学哲学方面的著作和阿维森纳的著作。但在经过了一系列争论后，这些知识被视为非正统理论。1210年和1215年，宗教权威两次介入，禁止大学阅读亚里士多德的物理与形而上学著作和阿维森纳的评注。

尽管学生与教师奋力反抗，但神学老师与巴黎主教奥弗涅的威廉仍采取了坚决的态度，此举甚至引发了大学的全面罢课。

罗马教会已经意识到不可能通过单纯的排斥与谴责来阻止这股思想潮流。1231年，教皇格里高利九世在一封信中正式禁止阅读亚里士多德著作，但教皇加了一个前提，即禁止阅读错误的亚里士多德著作。随后教会成立一个委员会，目的为将亚里士多德的著作进行"纯洁化"。但委员会并没有完成自己的任务，1240年，亚里士多德的物理学与形而上学著作重新被包括巴黎大学在内的教育中心作为教材。

◆ 2.1 圣文德与奥古斯丁思想

方济各会思想的早期发展

巴黎大学对亚里士多德的著作展开了激烈讨论，同时一批信奉托钵修会教义的教师也开始在巴黎大学授课。

对亚里士多德的完全或部分抵制最终使得思想家们开始重新借鉴奥古斯丁的某些观点。方济各会神父约翰·菲登扎，别名圣文德，是研究奥古斯丁思想的重要思想家。圣文德约于 1217 年出生在白露里治奥古城（维泰博），1235 年，他前往巴黎学习，最初学习艺术学科，随后转而学习神学。13 世纪 40 年代早期，他加

《宏观宇宙中的人》，壁画，13 世纪。
阿纳尼，大教堂。

入了方济各会。1248 年，他开始进入巴黎大学授课。1257 年，他被选为方济各会总会长，随后放弃教职，转而为教会服务。但他仍然密切关注关于亚里士多德与其他哲学问题的相关争论。1274 年，他在参加里昂大公会时逝世。他最著名的作品为《灵魂走向上帝的旅程》。

圣文德也曾对圣经文本做了权威注释，探讨过哲学－神学与神秘学的问题。

亚里士多德灵魂论的冲突

圣文德最初主要受到新柏拉图主义与奥古斯丁思想的影响。尽管他反对亚里士多德的核心观点，但他仍是最早将亚里士多德的某些概念与基督教思想相融合的哲学家之一，他认为亚里士多德对质料与形式的理论有助于解释自然世界与人类。因为人中有质料部分，即身体；也有形式部分，即灵魂。

与亚里士多德不同，圣文德认为：

• 灵魂是身体的形式，但此形式仅具有植物性与感官功能。

• 理性灵魂是本身便存在的本质，在身体死亡后会继续存在，因此是不灭的。

• 人具有直觉认识，即灵魂能够在不依靠感觉的前提下认识上帝与自身。

• 人从感觉中获得事物的印象，但感觉经验是被一束光所统一的。这束光从上帝直接发散出来，可以启蒙原初的起源（即认识的根基），并指引知性过程。

最高的认识为神学知识

此时期的哲学家不仅抵触亚里士多德主义，也否认哲学可以脱离神学自主存在。他们认为理性如果没有信仰的引导，就无法获得对上帝真理绝对与完全的认识。所有的认识形式，包括哲学与其他学科，都必须为真正的智慧，即由神学构建的智慧服务。

上帝是人类认识的终点，即使是关于世界质料的认识也会最终导向上帝，因此在神学中找到答案。

灵魂迈向上帝的旅程

人类迈向上帝的过程是灵魂逐级上升的过程，灵魂从感觉世界走向先验知识，最终实现对上帝的神秘沉思，这就是圣文德著作中的核心观点。

圣文德认为人类处在悲惨之中，因为犯下原罪而被迫在地球上游荡，被迫远离了真理的光。为了回到乐园故土，人类必须穿过人间的荒漠，穿过上帝启示的空间。世界是一面镜子，可以捕捉到神的痕迹。从这个可以窥见神存在的空间开始，人逐渐走向上帝。灵魂的旅途分为三级，分别对应人的三种认识能力：

《沉思信仰的隐喻》，彩图，13世纪。弗留利地区奇维达莱，国家建筑博物馆。

1. 感觉与想象产生了感觉认识，这是一种观照外部世界的认识。感觉认识的对象为身体世界，在这个世界中可以获得上帝在他所创造的秩序与美丽中留下的痕迹。

2. 心灵，即理性认识。当灵魂观照自身时，便会认识到非物质世界。此时灵魂（与奥古斯丁观点一致）能在自身找到三位一体的印象，分别为：

• 在记忆中反映了圣父；

• 在认识中反映了道，即圣子；

• 在意愿中反映了圣灵。

3. 最后，心灵会进入超自然维度。人在从外部世界和从自身观照到上帝后，开始在上帝的世界中沉思上帝，因此得到了升华。

在这个上升旅程的最高点，灵魂会超越所有表现认识形式（即感觉的与知性的），会在失去自己的个体性，与上帝合二为一时，在一种神秘的体验中，与最完美的极乐相融合。

◆ 2.2 牛津对亚里士多德的接受情况

亚里士多德引发的科学兴趣，奥古斯丁的形而上学思想

一群被逐出巴黎的学生在牛津创建了牛津大学，亚里士多德的著作与其阿拉伯评注者的论述并未在此座大学中受到过多抵制。

亚里士多德的物理-自然学著作引发了思想家们对科学的强烈兴趣。亚里士多德的影响在形而上学学科中并不明显，因此此时的哲学仍然以传统的奥古斯丁思想为主。

罗伯特·格罗斯泰斯特是将亚里士多德思想引入牛津的重要哲学家，他主要研究自然现象，强调数学在自然研究中的重要性。

罗伯特·格罗斯泰斯特：光学理论

罗伯特·格罗斯泰斯特开创了一种全新的物理学，他认为光是一种身体形式。光是最早由上帝创造的事物，正如圣经《创世记》中证明的，圣道创造了光。光向四面八方发散，形成了身体性，即质料在三维空间的延伸。

光的理论也是一种认识上的突破，因为罗伯特·格罗斯泰斯特结合了奥古斯丁的理论，强调了神圣启发在认识中的重要作用。尽管他支持亚里士多德的某些说法，但他本质上主要借鉴了奥古斯丁的思想。

◆ 2.3 罗杰·培根：提倡科学的方济各会士

学习生涯，信奉方济各会教义

牛津大学最支持亚里士多德主义的思想家当属罗杰·培根。培根于 1215 年出生于依尔切斯特，曾在牛津与巴黎求学，随后于 1241 年至 1245 年间在巴黎以非宗教人士的身份授课。

1247 年，他回到英国，在牛津大学任教。1251 年，他再度来到巴黎。1257 年左右，

他加入了方济各会。但他对亚里士多德主义持开放态度，又无法忍受方济各会受到圣文德的影响而发展出的新思想，因此他在方济各会内部并不如意。

培根的兴趣主要集中在科学－哲学领域，他认为自己的使命是驳斥异教徒与不信教者，通过理性工具在人间建立上帝之国。

知识的大百科全书

新任主教克莱门特四世了解到培根在哲学与科学领域的成就，1266 年至 1268 年间，培根在教皇的要求下，开始撰写一部《大著作》，他计划撰写出一部知识的大百科全书（但未完成）。

随后，他将百科全书的内容浓缩在两部篇幅更短的著作中，即后来的《小著作》与《第三著作》，他将这两部著作寄给了教皇。但教皇克莱门特四世于 1268 年离世，培根希望通过知识让这个世界重新焕发生机的幻想也随之破灭了。

在巴黎宗教权威反亚里士多德主义的时代大背景下，培根的一些关于天文学的理论受到了谴责。1277 年，培根身陷囹圄，他的著作也被禁止传播。关于培根的最晚记录，时间为 1292 年，他很有可能于此年辞世。

捍卫基督教教义

罗杰·培根的主要哲学兴趣为科学知识，但他在哲学著作中积极维护处在外忧内患中的基督教教义。基督教的外敌为西方世界边界的鞑靼人和逐渐逼近的伊斯兰教。内部危害则是异教思想与教会内部出现的腐败现象。

为了实现自己的哲学与宗教理想，培根认为有必要采用恰当的认识工具，因此他提出了一种全新的知识大百科全书，它的目的为：

- 可参透自然的奥秘；
- 可改造自然和人类。

从方法论的角度来看，需要：

- 打破传统，不要迷信权威；
- 要抵制错误的态度，不能盲从主流意见，不能做站不住脚的推论，不能基于表面上有效的知识；

- 需要复兴古典文化，基督教徒也需要放下对科学的一切成见；
- 将学习语言当成获取知识的途径，因为上帝在各个文化的哲人中展示了神的启示，如犹太人、希腊人与阿拉伯人，而这些哲人使用自己的语言将上帝的知识传递下去。

构建知识系统

新知识的最终目的是指引人类走向得救之路，新知识必须是一个有机整体，因此百科全书必须系统地收集这些基本知识：

- 数学：不同学科的重要工具，可以研究感觉世界的基础结构。
- 物理学：一种真正的自然知识，以物理－自然世界为研究对象。
- 伦理学：最高的知识。

实验知识

培根发展了自然知识，强调实验知识 —— 对现象的直接观察 —— 的重要性。

实验知识应与论证知识相结合，论证的第一步为心灵在受到神圣光芒的启蒙下，用直觉获取最早的起源知识。

只有实验知识（即基于实验而获得的知识）具有确定性，因为它能通过事实来证实实验的判断。

这也就是为什么不少学者，包括培根本人，十分认可实验价值的根本原因，他们对自然界的各种现象做了观察，如植物的属性、磁场现象、金属的冶炼、自然元素的组合方式等。

技术与动手能力

培根试图完全革新世界的知识框架，他强调应该将技术、经验知识与数学紧密联系。因此，新时代的学者应既具备理性，又具有动手能力，这是一种全新的学者形象。

培根认为技术是至关重要的工具，可以增加知识，巩固基督教精神，让基督教拥有主宰世界的方式。因此，一切知识都是有用的，包括自然的神秘知识，如炼丹术等。但民间的魔术技巧不可被考虑，因为它们的本质是用欺骗与伪造的奇迹妄图来掌控自然界和自然规律。培根认为，区分有用知识与无用知识（如民间魔术等）的尺度应为知识的传达。

智者与无知之人

在培根的概念中，"巫术"这个术语是褒义的，指智者在遵循自然规律的前提下使用技术。

智者即巫师，展示知识与技术的结果，但并不解释产生的原因与过程。

巫师之所以不解释，是因为未受教育的普通大众尽管渴望认识，但根本无法了解科学方法与过程。

他们对真理的渴望可以通过使用科学与技术的结果来得到满足，当然，须在智者与教会的引导下。

而反过来，智者也可以通过与无知之人的接触来获取新知识，尽管无知之人并不了解科学，但他们通过实践经验积累了有用的知识与能力。

◆ 2.4 巴黎的多明我会士：大阿尔伯特

丰富人生的开端

1230 年前后，部分多明我会士开始在巴黎大学任教。1245 年至 1248 年，著名的多明我会士教师科隆人阿尔伯特在巴黎大学任教，而同样信奉多明我会的重要哲学家托马斯·阿奎那也分别于 1257 年至 1259 年和 1268 年至 1272 年两次在巴黎大学授课。尽管两位哲学家在一些重要问题上与亚里士多德见解不同，但他们都接受了亚里士多德的整体思想体系。

大阿尔伯特：西方第一个"亚里士多德"派哲学家

科隆人阿尔伯特因为突出的成就而被尊称为"大阿尔伯特"。与他的同时代人不同，大阿尔伯特并不畏惧或怀疑亚里士多德主义和评注亚里士多德著作的阿拉伯与犹太哲学家的思想。他认可亚里士多德主义，或更广义来说，他认可古典思想，

《天体学习》，彩图，13 世纪。
圣阿曼，修道院。

这点可从他的著作和评注中看出。

他条分缕析，仔细评注了亚里士多德的著作：

• 用鞭辟入里的评论阐释了文本；

• 添入了大量注释，论述了自己与其他评论者（尤其是古希腊与阿拉伯）不同的观点；

• 最后阐述了自己的观点。

大阿尔伯特将亚里士多德主义引进西方，尽管他不认同亚里士多德思想中与信仰真理相冲突的某些观点，但他仍是最早提出基督教西方世界应认可亚里士多德哲学价值的学者，他指出亚里士多德哲学是值得了解和借鉴的古典遗产。

从大阿尔伯特到托马斯·阿奎那

托马斯·阿奎那受到亚里士多德主义影响，在基督教思想框架下提出了一种全新的哲学理论。阿奎那完全重构了亚里士多德的整个体系，结合了柏拉图与一些阿拉伯哲学家的思想，用一种截然不同的方式对亚里士多德思想进行了再阐释。

出于系统整理基督教思想的需要，经院派哲学至此已经全面了解了亚里士多德思想。

13 至 14 世纪经院派哲学的发展

城市	描述
巴黎	1241—1245 年：培根以非宗教人士的身份任教。 1245—1248 年：大阿尔伯特在巴黎大学任教。 1248—1257 年：圣文德最初在艺术学院任教，随后进入神学院。 1257—1259 年：阿奎那在巴黎大学任教。 1268—1272 年：阿奎那再次在巴黎大学任教。
劳因根（德国）	1206 年：大阿尔伯特出生。
白露里治奥古城	1217 年：约翰·菲登扎（即圣文德）出生。
洛卡塞卡城堡	1225 年：托马斯·阿奎那出生。
那不勒斯	1272—1274 年：托马斯·阿奎那在多明我会研究院授课。
科隆	1248 年：大阿尔伯特与托马斯·阿奎那在多明我会研究院授课。 1308 年：约翰·邓斯·司各脱逝世。
邓斯 （靠近苏格兰爱丁堡）	约 1265 年：约翰·邓斯·司各脱出生。
牛津	1247—1251 年：培根在此授课。 1288—1301 年：约翰·邓斯·司各脱在此授课。 1317—1321 年：奥卡姆的威廉在此学习，随后成为教师。
奥卡姆 （萨里，位于伦敦西南方）	1280 / 1290 年：奥卡姆的威廉在此出生。

3. 托马斯·阿奎那：教会的全能博士

◆ 3.1 生平与著作

教育生涯，加入多明我会

1225 年，阿奎那出生于洛卡塞卡城堡（位于卡西诺）。阿奎那出身名门，家族是当地望族，他早年曾在卡西诺山的本笃修道院内求学。1243 年阿奎那加入多明我会，后曾在那不勒斯与巴黎大学学习。阿奎那在巴黎结识了大阿尔伯特，当大阿尔伯特前往科隆任教时，阿奎那也一直追随。从 1252 年至 1256 年，阿奎那在巴黎大学学习，随后于 1257 年获得神学博士学位。不久后，他成了巴黎大学的教师，直到 1259 年前，阿奎那都一直在此任教。

《托马斯·阿奎那》，彩图，15 世纪。
巴黎，国家图书馆。

宗教使命与教师生涯

阿奎那被祖国召回，在多明我会内部与罗马教廷中担任要职，曾在奥尔维耶托、罗马与维泰博等地任职。据传，他在维泰博认识了神父穆尔贝克的威廉（约1215—1286）。穆尔贝克的威廉是比利时哲学家、翻译家，他曾将亚里士多德的著作从希腊原文译成拉丁语，为西方世界了解亚里士多德思想做出了重要贡献。

1268 年，阿奎那重新回到巴黎大学，并于 1272 年离开。在此期间，他主要：

• 驳斥不接受亚里士多德思想的方济各会；

• 反对阿威罗伊著作的传播，阿奎那认为阿威罗伊主义与基督教思想相冲突，将会破坏亚里士多德的形象。

1272 年，阿奎那被任命为那不勒斯多明我会研究院的教授。1274 年，尽管阿奎那此时健康不佳，但教皇仍要求他参加里昂大公会。他在旅途中去世，死于泰拉齐纳附近的福萨诺瓦修道院中。

阿奎那逝世后，巴黎主教方济各会士唐皮耶于 1277 年谴责了亚里士多德思想，主要谴责那些经过阿威罗伊阐释的著作，而阿奎那本人曾支持过其中的一些理论。此外，在坎特伯雷也出现了对阿奎那的谴责。但很快教会就正式宣布阿奎那著作的绝对正统性。1323 年，阿奎那被封为圣人。

阿奎那的著作

阿奎那的著作主要包括：

• 评注（阐释圣经文本，几乎阐释了亚里士多德的全部著作，阐释伪－狄奥尼修斯的著作）；

• 阐释争议问题（如关于真理、信仰、美德、灵魂等）；

• 两部大全（《反异教大全》与《神学大全》）；

• 大量篇幅较短的著作，包括《论存在者与本质》、《论知性统一，驳阿威罗伊思想》与《论君主统治》等。

大部分著作均在阿奎那担任教师期间撰写，也有一些是在其他场合完成的。

大全

阿奎那最重要的著作是两部大全，他在书中沿用了经院哲学方法，即提出问题，然后进行讨论的方法。整个大全以论题为基本框架。

每个论题都是由一则短文引出，短文通常采用问句的形式（如"何为真理？真理存在于感觉中吗？"），需要回答"是"或"不是"。问题后为论证，提出可能的答案，进而论证支持或反对这些答案的原因。论证过程中既引用基督教权威著作也借鉴古典哲学理论。在对每个可能的答案进行论证后，老师需要阐释自己的回答，最终解决提出的问题。大全中的论题采用逻辑顺序编排，是一个有机而完备的整体。

《反异教大全》与《神学大全》

《反异教大全》的目的在于阐释并维护基督教教义的基本观点，驳斥异教的理论，即异教思想，主要是阿拉伯思想。整部大全的假设前提为大部分基督教思想：

• 可以只依靠理性进行思考，无须依靠圣经文本；
• 可以采用理性论证的方法证明。

《神学大全》则是一部哲学 - 神学教科书，于 1266 年至 1273 年间完成，是为神学大学生所编写的参考书。

◆ 3.2 理性与信仰

理性的局限

经院哲学的核心问题是理性与信仰的关系，阿奎那严格区分了二者所适用的领域，他认为理性具有完全自主性，但也存在局限性。

存在一些以理性工具为主的哲学研究不足以认识的问题，诸如神的本质，关于上帝那最隐秘也最深的本质等，因为此类问题已经超出人类理解能力的范畴。

此外，即使是那些仅依靠理性便可以认识的真理，也不是人人都能获得，而且获得这些真理的过程中也不乏错误。因此我们需要神圣启示，即信仰，只有信仰才能指引人类走向正道。

理性支持信仰

阿奎那认为自然理性存在确凿的真理，而构成自然真理基础的运作规律源于人类造物者，即上帝。因此理性真理不可能与信仰相冲突，否则就等于说真理是自相矛盾的。理性可以从不同的角度支持信仰。

首先，自然理性可以认识那些有助于信仰的真理，因为这些真理可以帮助对信仰的理解，此即为所谓的信仰前提。例如，为了相信上帝所启示的，就需要认识到上帝是存在的，而上帝的存在可以通过理性证明。

其次，理性可通过相似性或类比论证的方式来澄清并阐释信仰真理。

最后，理性可用于驳斥无信仰者，驳斥反对意见，证明那些反对基督教教义的论点是站不住脚的。

既然理性具有价值，那么基于自然认识的哲学也同样具有价值。哲学独立于神学，且不与神学对立。基于自然真理的哲学与基于超自然真理的神学之间存在和谐关系，因为二者都是以真理的唯一来源，即上帝，作为思考的出发点。

◆ 3.3 形而上学哲学

实体、本质与存在

何为存在？讨论上帝的存在是否就是讨论被创造事物的存在？

这些问题就是阿奎那本体论的核心问题，也是阿奎那在青年时期撰写的《论存在者与本质》中探讨的主要问题。(《论存在者与本质》很可能是阿奎那的第一部著作，创作于 1252 年至 1254 年间)。

这本小书的目的是澄清哲学中"实体"与"本质"这两个概念的含义。

为什么要从实体与本质的概念出发呢？阿奎那在序言中解释道，因为这是知性最先理解的两个概念。实体意为：某个存在的事物。实体这个概念又可以分为两个部分：

- 本质，即某个事物是什么。
- 存在，即存在这个现实，指某个事物之所以存在的原因。

本质：某个事物是什么

阿奎那文中的本质即指某个事物是什么。本质包括所有可以定义某个事物的特性。例如，根据亚里士多德的理论，"人"的本质可为"理性动物"，此本质具有以下几个基本特性：

- 理性（即具有理性能力）；
- 动物性（即动物性的存在，具有身体、生理功能、运动能力等）。

阿奎那系统阐释了不同术语的含义，受到亚里士多德哲学的影响，他也同样采用了质料与形式的概念，认为质料与形式分别代表人的灵魂与身体，即理性之源。

而与感性实体（包括人）相关的形式则具有双重含义：

1. 质料的集合，构成了感性实体的本质。这种可被理解为感性实体本质的形式也具有质料构成，即所谓的泛指质料。泛指质料即同一个物种内部的所有个体共同具有的质料特性（如树的树根、树干与叶子等）。
2. 本质的同义词，亚里士多德用此形式指事物的完成与确定，是与质料相对的形式概念。

存在：存在的现实

本质应与存在或存在的现实，即实在性相区分。是否有可能在不知道某物是否真实存在的前提下，就知道它的本质？如我们可否知道人是什么？或知道半人半马的怪物是什么？某个事物的本质并一定会推导出这个事物存在这个现实。一个仅被设想的事物并不一定会存在：实在性是本质的附加物，但它又可能不是本质的附加物，因此这是偶然性，而非必然性。

为了解释本质与存在的区别，阿奎那重新借鉴了亚里士多德的概念。他解释道，在具有限制的事物中，本质与存在是可能性与现实的关系，即实在性之所以能成为存在这个现实是因为本质真的存在，因为本质是仅具有可能性的存在。实在性因此是存在的现实，指那个实现本质的现实。

先验概念和属性

实体的概念（即正在存在的）是知性认识到的第一个概念，具有最高的普遍性，因为实体适用于一切存在，适用于所有正在存在的事物。

实体这个概念中又可细分出多个先验概念，指关于所有实体的共同基本属性。之所以称为先验，是因为它们超越了物种（物种中包含存在事物）的差异性。只要某个实体是实体，即某个存在的事物，那么就具有实体的先验属性。阿奎那指出这些先验属性为：

- *任何实体都是"太一"，任何事物本身都是统一与完整的；*
- *任何实体都是某个事物，任何事物都是基于与其他事物的关系而被指涉的，但又与其他事物相区别（如这本书，是一个完整整体，不是那棵树，不是那个人，也不是这另外一本书。）；*
- *任何实体都是真的，任何实体都是可知的，即事物与具有认识力的知性相对应；*
- *任何实体都是善的，任何事物都符合上帝造物者的意愿；*
- *任何实体都是美的，任何事物都可以让观察者产生快乐感，因为它具有完美、比例与亮度等特性，透露了神圣造物者的痕迹。*

存在的等级

任何由本质与存在构成的实体都是存在，但实体本身不是存在。即：

- *存在（存在的现实）并不包含在某个事物的本质中。*
- *本质最初仅是可能性，然后转变为存在，即进入现实。那么这个过程是如何发生的呢？*

为了成为存在，本质必须从一个已经存在的实体中获得存在。而在万物之初，必须存在一个不需要从其他实体中获得存在的实体，即存在本身。本质与存在合二为一的实体，或阿奎那所说的，可以继续存在的存在，即上帝。造物者上帝的干预就是让有限制的实体的本质可以从可能性转变为现实，即从单纯的存在可能性转变为真实的存在。

本质与存在的区分，即上帝与有限制的事物之间的区分。上帝的本质与存在是绝对统一的，而在有限制的事物中存在必须附加在本质上。有限制的实体又具体分为：

• 单纯实体，是不具有质料的纯形式，其形式与本质合二为一；

• 复合实体，即所有的感性实体，由形式与质料共同构成，它们的本质既包括质料，又包括形式。

通过界定实体与本质的概念，阿奎那重构了整个本体论框架和本体论内部的等级划分。

《天使》，壁画，13世纪。
苏比亚科，圣斯佩克教堂。

上帝的存在：参与存在的有限制事物

获得存在即意味着参与存在，即成为存在的一部分。而上帝本身就是存在，上帝是被创造的万物，从最高级到最低级的事物都将要参与的存在。我们可以采用类比的方式来解释：被启蒙的事物（不是光）之所以被启蒙是为了参与。同样的，具有存在但又不是存在的实体，就是被其他实体所参与的实体。

阿奎那的整个哲学思考的核心问题为：上帝的存在就是有限制的事物的存在吗？可以这样思考："存在"这个概念，在上帝与其他实体的讨论中具有相似但不相同的概念。阿奎那再一次借鉴了亚里士多德的理论，即存在可以具有多种形式。

存在的类比

阿奎那采用存在的类比理论来讨论上帝与事物的"存在"，上帝是具有本质的存在，而事物具有存在是为了参与。

实体与上帝类似，但上帝是一切存在之源，因此并不与其他实体类似。这就是类比的实质。

但与亚里士多德不同，阿奎那强调了上帝（即存在本身）与万物（即存在的参与者）之间的距离无法计量。

阿奎那关于实体、本质与存在的讨论很好地诠释了亚里士多德的某些概念，有助于基督教教义的理解，可应用在神学中（如质料与形式、可能性与现实、存在的类比理论等）。

如何证明上帝的存在？

那么仅仅将上帝与事物区分开来，是否就能证明上帝的存在？上帝从无中创造出了世界，这是否可以用理性证明？阿奎那认为上帝的存在并不是一个普遍明显的事情，如果上帝的存在是一个明显的事实，那么就应被所有人承认（甚至包括安瑟尔谟所说的无知者），那么就根本不需要证明了。

可是，尽管上帝的存在本身便包含在他的本质中，但这并不是个已知的事实，因为我们并不能直接认识上帝的本质。因此阿奎那并不赞同安瑟尔谟在《宣讲》中认为的人可以认识上帝的本质的观点。但我们可以采用人类研究自然时使用的工具，即经验与理性来证明上帝的存在。

五路论证

阿奎那采用先验证明的方式，提出了五种论证，即五条从经验世界通往上帝的"道路"。

此论证的基础为存在的类比原则，因为如果上帝与感觉世界不具备任何共同点，那么我们就根本无法通过理性与感觉经验来推导出他的存在。

1. 第一条道路（即宇宙论证）：前提为感觉世界中的事物是运动的。根据亚里士多德的理性原则，所有运动的事物都是被另一个事物所推动，因此存在推动者。这个推动者可以是运动的，因为它有可能会被另一个事物所推动，它也可以是静止的。因为所有被其他事物所推动的推动者不可能是无穷的（假设不存在一个第一推动者，那么其他事物就不会运动），因此必定存在一个静止的第一推动者，即不被任何事物推动的推动者。这个第一推动者就是我们通常所说的上帝。

2. 第二条道路：基于因果理论，客观世界中存在由原因产生的结果，而这些原因本身又是其他原因产生的结果。但同样的，这些原因不可能是无穷的，因此必须存在一个第一原因，即我们通常所理解的上帝。

3. 第三条道路：基于必然性与偶然性。在经验中，所有事物都是偶然发生的，即时而存在，时而不存在。但假设一切存在都是偶然的，那么很有可能在某个时刻会没有任何存在，但这便无法解释为何现在有存在（因为一个事物的存在一定是基于某个已经存在的事物才能产生）。因此一定会存在一个必然存在，即一个本身具有存在的存在，它不需要从另一个存在中获得存在，这个存在即上帝。

4. 第四条道路：前提是感觉世界中的事物的完美程度不同，因此事物美的程度、大小、有力程度等都不一样。既然存在大小区别，就一定会存在一个最大的，在它之下才能逐渐区分出等级。这个绝对完美的实体就是我们通常所说的上帝。

5. 第五条道路：前提是世界中存在秩序。自然事物尽管并不具备知性，但都是根据一个目的进行运动。那么万物一定会受到一个最高的知性所主宰，因此一定会存在一个知性存在，是所有自然事物都朝向的终点，这个最高的知性就是上帝。

上帝的属性

五路证明阐释了上帝的某些属性，证明了上帝是：

- 静止推动者；
- 第一原因；
- 必然实体；
- 至上完美实体；
- 提供秩序的知性。

其他属性都可用理性证明，但人类并不能完全理解上帝的本质。

理性因此只能通过否定的方式，也就是从感性事物的不完美，即"多样性""身体性""有限性"等，推导出上帝是"唯一的""精神的""无限的"。

不少哲学家认为否定神学是实现上帝证明的唯一方式，但阿奎那却提出可以通过理性实现上帝的肯定证明。即通过上帝给予万物的所有完美性（完美性在上帝身上达到最高）来认识上帝。整个论证基于存在类比理论，尽管程度不同，但某些特定属性既存在于上帝身上，又存在于万物中。

《创世记》，彩图，13 世纪。
奥斯陆，历史博物馆。

阿奎那因此证明了可以通过理性来思考上帝，由此开创了理性神学。但阿奎那同时也指出了人类认识的局限性，即在思考上帝本质时，人类理性只能接近真理，这个认识是不完美的。甚至在思考信仰理性，如三位一体或是耶稣人性等问题时，理性也是具有局限性的，理性只能阐释内容，或者驳斥信仰反对者的观点。

被创造的世界是永恒的吗？它是否有开始？

许多神学问题仅靠理性不足以获得认识，其中便包括世界的创造问题。五路证明阐释了事物的存在依附于造物者。但纯粹从理性出发，不能解决这个问题：世界是永恒的，还是有开始的？

亚里士多德认为世界是永恒的，但这并不与创造论相矛盾。阿奎那认为，或许万物对上帝的这种依附性也是永恒的。根据圣经中上帝的启示，只有信仰才能解释世界是否具有开始。

次要原因与自然界的自主性

上帝在创造时，最先创造的是非质料实体、天使等不具备质料性的形式。

随后他创造出自然实体，由质料和形式组成。因为这些实体具有形式，那么它们又成为自然过程的直接原因。阿奎那将它们称为次要原因，与第一原因即上帝相对。例如，树的形式会引导种子变成树的这个过程，因此也就是树木成长这一自然过程的原因。

而自然是变化现象的集合，因此具有自主性。自然内发生的过程和自然现象都可以通过自然标准进行解释，不需要获得超自然实体的干预，即不需要上帝进行持续性创造活动。如果次要原因具有独立自主性，那么自然科学的知识就具有确定性，具有价值。

个体化原则：有确定维度的质料

阿奎那借鉴了亚里士多德对形式的定义。形式是十分重要的概念，因为这是质料实体具有种属区别的关键。如在"动物"这个属（即所有具有运动能力这一共同特点的实体）内部，又具体分为具有不同形式的不同种。可见，形式才是区分确定的原则。

但同一种内的各个个体是如何区分的呢？阿奎那认为个体性的区分关键是质料，如这些肌肉、这些神经和这些骨头构成提修斯，而那些肌肉、那些神经和那些骨头又构成凯伊斯。

因此需要区分：

- 泛指质料：形式的统一本质的一部分，因此是同一种中不同个体的泛指质料。
- 特指质料：阿奎那将它定义为有确定维度的质料，是特定个体具有的，但又是它所独有的质料。

◆ 3.4 人类认识

认识过程与抽象过程

与所有感性事物一样，人也是由质料和形式共同组成的，即身体与灵魂。阿奎那再一次借鉴了亚里士多德的概念，他认为人的特有形式为知性灵魂，知性灵魂具有内在的、植物性的与感觉的功能。灵魂与身体的统一解释了人类认识的过程，正是因为有身体性，认识过程才能从感觉经验开始。

通过感觉，人类能感知到可感性的事物，即事物的感觉方面。但这只是第一步，因为认识的对象是普遍形式。知性从感觉印象中抽象出了可知觉的事物，即事物的本质。

阿奎那强调了抽象在认识过程中的重要性，抽象即指了解事物中的知性形式，从个别和单个印象中"抽出"普遍，剥离掉事物的感觉质料方面。那么剥离掉哪些质料呢？是剥离掉普遍的泛指质料，还是剥离掉有确定维度的特指质料？

应该剥离掉特指质料：人类知性能认识到马是由质料，骨头、肌肉和牙齿等构成，但可知觉到的马也包含了泛指质料。

感觉与知性

因此尽管真正的知识是在知性中完成的，但始于感觉认识。这就是阿奎那所说的"知性中存在的任何事物都必须先通过感觉进入"，因此，感觉与知性是同一个过程中的两个步骤：

- 感觉：认识个别事物，这些事物中具有形式和质料。
- 知觉：是身体的形式，能认识事物的可知觉形式。

普遍性与施动知性

阿奎那在探讨共相的本质时，指出：

- 共相作为存在事物的形式时，存在于事物中（事物之中）；
- 当共相可知觉时，即通过知性抽象出来的，那么存在于"事物之后"（事物之后）。
- 共相作为事物的理念、来源和模型时，则存在于神的心灵中，即在上帝中，所以是在事物"之前"（事物之前）。

此前哲学家提出的各种理论都是对此问题的片面回答，而阿奎那将这些理论系统总结出来，阐释了共相存在的方式。阿奎那借鉴亚里士多德思想，指出抽象是从可能性到现实的过程，他阐述了两个同时发生的过程：

- 可知觉的事物：存在于事物的可能性中，在知性中成了现实的知性事物。
- 知性：最初为具有可能性的知性事物，但当它认识到可知觉的事物时，就能成为现实的知性事物。

如果需要实现从可能性到现实的过程，就必须有一个已经是现实的源头，这就是施动知性。

灵魂不灭论

与阿威罗伊的观点不同，阿奎那认为个别的知性灵魂本身具有两种知性。他指出，被动知性的主体总是某个特定的个体，即"这里的这个人"。假设施动知性存在于人类之外，那么人类就无法通过知性来认识，反而是施动知性来认识人与存在于人心灵的印象。就好比说，我现在正在看一面墙壁上的颜色，其实是墙壁本身看到了自身的颜色，墙壁和它的颜色并不是我观察的对象。

尽管被动知性是感觉认识，但也是非质料的实体。因此知性灵魂是一种纯粹的形式，是可以自主存在的形式，阿奎那将这种形式称为继续存在的形式。它是身体的形式，但也能在脱离身体后继续存在。因此，灵魂并不一定会与身体结合，灵魂是不灭的。

真理是事物与知性的符合

人类认识可知觉的形式后，就能认识事物的本质。但由此产生了真理的问题：知性认识到的是否真的就是事物的本质呢？人类认识的真理取决于知性与事物的比较，阿奎那将此称为"事物与知性的符合"。

符合即指相互认同，即知性与事物相一致。当知性为真时，会与事物合二为一，会具有事物的形式：知性"延伸至"事物上，与事物合二为一。

上帝知性与人类知性的区别

如果人类知性与事物一致，那么事物又与上帝知性相一致，上帝是存在万物的真理和尺度。

上帝也能认识，但上帝的认识与存在合二为一，因此上帝的认识同时就是万物的原因。因此上帝知性与人类知性之间、上帝认识与人类认识之间存在本质区别。

上帝同时认识所有事物，他同时给予万物存在。但人类认识是通过不同的时间阶段完成的，人类认识：

- 逐渐了解事物的不同方面；
- 提出关于事物的肯定或否定的假设；
- 通过假设，提出论证。

人类知性的局限性

在阿奎那的哲学框架中，人类知性十分重要，因为即使是自由意愿也需要建立在知性上。意愿在知性的引导下自由选择事物，知性可以认识事物，评估事物的有用性。

知性是人类最高的尊严，但人类知性只能部分认识世界的意义，因为世界是无限知性的创造物。

因为人类无法超越知性的局限性，所以需要启示。

对于人来说，存在两种真理：一种是信仰的，一种是理性的。人类认识真理的方式尽管不同，但仍是统一的，所以信仰与理性绝不是相互对立的。

◆ 3.5 伦理学

终极目的：人类自由

阿奎那的伦理思考也同样受到了亚里士多德的影响，亚里士多德认为人类的终极目的是通过知性活动获得幸福。但阿奎那在完美的幸福中加入了一个新内容：对上帝的沉思。

亚里士多德的幸福是在人间实现的目的，但上帝的沉思则只能在永恒的生命中实现，这是不灭灵魂的终点。

人不能仅仅依靠自然力量到达这种极乐状态，需要上帝的支持。

关于幸福与人类终极目标的思考引发了基督教广泛讨论的核心问题，即人类的自由、宿命论与世界中恶的存在。

如果上帝掌管万物，一直了解世界的任何可能变化，是否可以说人类是自由的？阿奎那的答案是肯定的：上帝并不会强制人类做出某个特定的选择，上帝让人类自由选择是否愿意走向极乐。即使存在上帝预知，这也并不意味着人类没有自由意志。上帝存在于一个永恒的现在中，他能同时看到未来将发生的所有事情（而人类无法预知）。

善与恶

正是因为人类是自由的，所以世界中才会存在恶。阿奎那认为恶是善的缺乏，恶既是因原罪而背负的惩罚，也是背负的局限性。

安德烈·迪·博纳尤托，《基督教教义的胜利》，圣托马斯的细节图，14世纪。
佛罗伦萨，新圣母玛利亚教堂，西班牙小堂。

乔托,《正义》,壁画,14 世纪上半叶。
帕多瓦,索罗维尼小堂。

乔托,《非正义》,壁画,14 世纪上半叶。
帕多瓦,索罗维尼小堂。

　　上帝是绝对的善,无法被人类直接认识。人类可以在一系列相关的善中自由
选择,但他也可自由选择恶,违背理性与神圣法律,这就是罪。

　　为什么恶是对上帝意愿的违背与否认?阿奎那认为人类本身具有自然倾向,
可以认识规范善行的实践准则(即行动),可走向善,远离恶。阿奎那将这种倾向
称为"本能"。只有在运用正确行为的一般准则时,倾向才会被具体化。只有这样,
人类才可以认识并选择出那些不会远离上帝,而且会引导人走向永恒极乐的善。

良知与美德

　　自然倾向认识到道德准则,并将它运用在具体情境中,人也因此会逐渐发展
出良知,即提倡善行的道德生活准则。善行的重复会形成美德,美德就是正确生
活的习惯。阿奎那关于美德的论述同样借鉴了亚里士多德的区分方法,将知性美
德(dianoetiche)与道德美德(伦理)相区分。

道德美德也是基督教教义中颂扬的基本或核心美德，即谨慎、正义、勇敢与忍耐。但这几种道德美德并不足以获得永恒生命，因此需要使用由上帝直接赐予人类的神学美德，即信仰、希望与爱。

◆ 3.6 政治学

积极法律与集体生活

阿奎那认可亚里士多德笔下的人是社会动物的观点，但阿奎那的政治学理论根基为自然法则，即存在一个主宰世界的自然法则。阿奎那区分了：

- 自然法：反映了上帝创造世界的法则，人类可使用理性认识自然法。
- 神法：引导人类走向超自然目的，只能通过启示认识。
- 积极法：由人类制定，用于规范集体生活，符合自然法。积极法的目的是共同利益，或可让人性得以完善的普遍条件。

共同利益是同属于一个集体的所有个体的利益，集体的任务则是制定积极法。

阿奎那认为集体生活具有积极意义，他也认可为了共同利益而在集体生活中规定政治权力的合理性。

君主制与独裁制

为了维护共同利益而实施的最佳管理形式为君主制，即只有一个君主的制度。

阿奎那并不否认如果在符合时机、生活条件和民俗风情等前提下，其他管理形式或许同样可以很好地适用，但他认为君主制是满足统一引导的最佳选择，统一引导可以保障社会的秩序和团结，从而实现共同利益。君主是君主制统治的首领，手握上帝赐予管理社会的权力。

同样的，最差的管理形式便是君主制的堕落，即独裁制。阿奎那认为如果一个政权太过不正义，太过不合法，在极端情况下则可以杀死独裁者。尽管这是恶，但是较小的恶，可以避免对社会造成更大的损害。

但阿奎那认为：

• 君主必须臣服于教皇，因为教皇是上帝在人间的直接代表。

• 以共同利益为结果的政治目的必须屈从于人类的终极目标，即在非人间的世界中实现的目标。

阿奎那承认国家的自主性，但他认为政治统治应服从于宗教统治，因为只有宗教统治才能让人实现非人间的终极目标。

4. 经院哲学晚期的发展

阿威罗伊思想的影响：1270 年与 1277 年的谴责

13 世纪对亚里士多德思想的接受引发了巨大争议，而阿威罗伊的著作也开始广泛传播，阿威罗伊思想中的知性统一理论与世界永恒理论和基督教教义明显对立。阿奎那认为理性与信仰之间是和谐关系，但阿威罗伊认为使用逻辑－理性工具开展的哲学研究是完全独立于神学的，这也是阿奎那严厉批判阿威罗伊主义的原因。

但教会认为所有承认哲学自主性的思想都具有危害性，无论是极端形式（如阿威罗伊的思想）或是较为温和的形式（如阿奎那的思想）。

1270 年，巴黎主教唐皮耶正式谴责十种哲学理论，其中便包括知性统一性与世界永恒论。唐皮耶的谴责体现了教会内部广泛存在的反对情绪。针对亚里士多德主义所进行的争论最终在 1277 年达到高潮，唐皮耶提出了新一轮的谴责，这次就连阿奎那也未能幸免。

宗教权威的干预不仅打击了亚里士多德思想与阿威罗伊主义，甚至波及了那些或多或少承认自然理性与理性可相容的哲学家。而邓皮埃里的谴责也导致哲学家开始更倾向于新柏拉图－奥古斯丁主义，因为至少在大致框架下，新柏拉图主义与奥古斯丁思想和基督教总体教义相容。

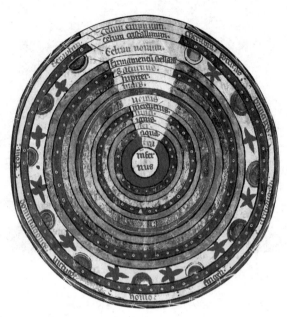

《中世纪宇宙进化论》，彩图，13 世纪。
巴黎，国家图书馆。

阿奎那主义之外：邓斯·司各脱与奥卡姆的威廉

13 世纪末期与 14 世纪上半叶方济各哲学家约翰·邓斯·司各脱与奥卡姆的威廉的著作中同样体现了文化环境的转向。

他们摒弃了阿奎那在吸收亚里士多德主义后提出的将哲学－神学认识结构视为统一系统的传统观点，思考了个体实体性与思想的逻辑－形式结构。

✦ 5. 邓斯·司各脱：哲学与神学相分离 ✦

邓斯·司各脱曾在巴黎大学、牛津大学与科隆大学任教

13 世纪的欧洲猛烈抨击亚里士多德主义，在 60 年代的大谴责后，诞生了一名重要的哲学家，即约翰·邓斯·司各脱。司各脱于 1265 年出生于麦克斯顿（苏格兰），青年时期加入方济各会，曾先后在牛津大学与巴黎大学完成学业，随后在巴黎大

学任教。1303 年，司各脱因反对国王
腓力四世而被逐出法国，前往牛津大学
授课，随后又重新回到巴黎大学，最终
成为科隆大学的教师。1308 年，司各
脱在科隆辞世。他最重要的著作为《牛
津论著》，此外他还撰写了对亚里士多
德著作的评论，探讨了哲学问题。

《约翰·邓斯·司各脱》，绘画，15 世纪。
乌尔比诺，马尔凯国家美术馆

◆ 5.1 哲学与神学

理性与信仰

当时的欧洲正在开展对亚里士多德
主义的激烈争论，但邓斯·司各脱既不
支持也不反对亚里士多德思想。他试图
从支持方与反对方中都找到有用的理
论，他希望能基于基督教教义将这些思
想融合在一个全新的哲学体系中。

与阿奎那不同，司各脱并不认为亚
里士多德主义，包括亚里士多德的方法论与概念，是一种可以被利用的知识。司
各脱认为必须重新审视哲学方法本身与理性思考的方式，并最终阐释：

• 人类理性认识的局限性；
• 信仰的范畴。

司各脱借鉴了阿奎那关于哲学与神学的区分，认为这两种学科应相互区别。

哲学的局限性与特性

在犯下原罪后，人类知性被削弱了，哲学同样受到了影响。哲学因此只能是
一种有局限性的知识，包括：

- 基于经验的物理学科；
- 基于抽象的形而上学，即从经验中抽象出认识。

邓斯·司各脱认为哲学只能在自然理性的对象范畴内活动，而超自然的范畴则由神学统治。哲学具有局限性，因此也无法作为神学的前提知识，上帝的启示才是人类实现完美的必要知识。

神学并不指引人类走向认识，而是走向救赎

理性与哲学本质薄弱，因此它们无法展示任何真正的真理，如世界的创造过程或是灵魂的不灭论等。

必须依靠信仰才能获得这些真理。因为上帝的话语建筑在坚实的神圣真理之上，所以上帝的旨意是十分确定的。

但信仰并不被普遍认识，只有相信的人才能认识到它的确定性。相反，理性认识尽管具有局限性，但也是唯一能被严格确定的认识，因为理性认识采用了论证工具。

因此，信仰与科学毫无关系，而神学并不是一门科学。司各脱认为神学的真正目的并不是获得认识，而是引导人们走向救赎，向人们展示真理，让其提升道德品质，增强宗教信念。因此，神学的目的并不是理论（即认识的），而是实践（针对行动）。

邓斯·司各脱因此也严格区分了：

- 理论活动：采用论证方式，证明假设为真；
- 实践活动：无法进行有效的证明，因此需依靠自由与信仰。

◆ 5.2 上帝的存在，上帝的属性

存在的单义性

司各脱关于存在概念的思考也与阿奎那不同，尽管他也认为人类知性理解的第一个概念是实体，但他认为实体并不是由本质与存在构成的。

《上帝保护他的信徒》，壁画，14 世纪初。
布雷萨诺内，大教堂庭院。

里多尔福·瓜里恩托，《在造物者面前的亚当与夏娃》，壁画，
14 世纪。
帕多瓦，卡拉雷斯小堂。

实体的概念绝对无法被确定，这是一个最宽泛也最抽象的概念，指存在万物具有的普遍特点。这是一个完全缺乏确定性的最小公分母。正因如此，所以它在任何事物中都是一样的，不管是在人中，在树中，甚至在上帝身上都一样。邓斯·司各脱将这个最小公分母称为共同实体，因为它存在于一切事物中。不管这个共同实体的本质是什么，它的含义都是唯一且同一的。

司各脱并不赞同亚里士多德所说的存在具有多种可能的方式，也不认可阿奎那的存在类比理论，他认为存在是单义性的，正是这种单义性才能认识到上帝的某种知识。

如果上帝的存在与事物并不一样，那么如何才能获得对上帝的某种知识？

证明上帝的存在：无限实体

邓斯·司各脱曾从多个角度，采用多种论证方式来论述上帝的存在。他认为最重要的是在形而上学层面进行论述，而不应在物理层面，通过传统的运动论证（即宇宙论证）来证明。运动论证的确可以证明第一推动者的存在，但并不能证明第

一推动者是一个无限实体。

上帝的哲学概念是一个无限实体的概念，无限性是我们能拥有的唯一关于上帝的正确概念。因此，证明上帝的存在就必须证明存在一个无限实体。

复杂的论证：两个大步骤

邓斯·司各脱的论证十分复杂，主要分为两个大步骤，我们可以简单总结如下：

第一步需证明存在一个第一存在，证明这个第一存在是无限的。

司各脱提出的假设为：存在一个可生产其他事物的事物。那么，这个可生产的事物不可能是由自己生产出来，也不可能是从无中生产出来的，因此它必须是从其他事物中生产出来的。因为一个实体生产另一个实体的过程并不是无穷的，因此必须存在一个第一原因。必须存在一个第一存在，是存在万物的原因，但这个第一存在本身不是被生产出来的，因此这是一个可独立存在的存在。

第二步必须论证无限存在的概念。这个步骤十分明显：因为第一存在并不取决于任何事物，那么它也不会受到任何限制，所以是无限的。

无限性并不是上帝的一种特有属性，而是上帝的存在方式，上帝在无限性中实现最大的完美：上帝所有的属性都具有无限性的特点。所以我们能说上帝是无限的善，是无限的知性、无限的意愿等。无限性的概念就意味着这个存在是唯一的、简单的、不变的。

上帝的全能是信仰的对象：上帝与偶然性

理性可以证明上帝的存在，但却无法证明他的无所不能，即邓斯·司各脱所说的上帝行为的完全自由性。上帝的意愿是完全不受限制的，不可以通过科学证明来认识，因为科学论证总是基于必然联系。

司各脱理论的前提为：存在一个第一存在，但并不意味着这个第一存在也是第一推动者。

上帝是第一推动者，因为他创造了世界，但他也有可能不创造世界：世界的创造这一行为是一个偶然事件（不是必然事件）。那么创造的结果，也就是世界本身，也是偶然的。

存在偶然性的事物，即可以存在也可以不存在的事物，这是一个显而易见的事实。那么如何才能解释它们的偶然性？并不是基于一个必然原因（必然发生），否则导致的结果就不会是偶然的，而是必然的了。

为了解释事物的偶然性，那么这个第一原因，即不由其他原因产生的原因，必须以偶然的方式运动，即它不能受到限制。这个绝对自由的第一原因不受任何阻碍或限制，这就是上帝的意愿，上帝自由地创造出可能存在（事物的存在并不是必然的）。

但正是因为上帝的意愿是自由的，不受任何必然性的限制，它就不能通过科学证明的方式被理性认识，因为科学证明是基于必然推断的，那么上帝的无所不能就是信仰所探讨的对象。

◆ 5.3 个别事物，一般概念

普遍性与个别性的共同本质

邓斯·司各脱认为客观世界中只存在个别事物，一般事物只存在于知性中。那么个别事物与一般概念的关系是什么？比如说，世界上所有的树与树这个共相之间具有什么关系？司各脱认为真实存在的事物的个别性与设想的事物的普遍性之间存在一个共同根基，即实体：

- 它是个别存在的共同本质；
- 同时也是设想事物时出现的一般概念的基础。

这个共同本质中既包含仅存在于客观世界中的个别事物，也包含那些仅存在于知性中的一般概念。

事物的个体化原则为"这个性"

但现在有必要解释一下共同本质是如何形成的，它又是如何在个别事物（比如说，这里的这棵树）中具体化的。司各脱认为个体化原则是某个"积极实体"，即形式的某种特性，让事物逐渐地个别化，从而与其他个体不同。

司各脱将这种特性称为"个别的实体性"或"个别性的实体性"。司各脱主义的支持者则将这称为"这个性",术语源自于代词"这个"(这个事物)的名词化。邓斯·司各脱采用了一种全新的方式强调了个别性的价值。

直觉认识与抽象认识

邓斯·司各脱认识论的重要观点为:共同本质在真实存在的事物中个别化,在知性中普遍化。司各脱区分出几种不同的认识:

• 直觉认识:认识的对象是个别事物,认识它们的直接存在;
• 抽象认识:认识可知觉的事物,阐释事物中存在的普遍元素。

直觉认识的对象是事物的现在存在状态,在直觉认识过程中知觉获得对事物的直接感知,感觉与知性都参与到了这一过程,而知性则能直觉地认识到事物中已经被个别化的共同本质。

抽象认识是知性的典型认识形式,不考虑事物的直接存在,认识事物中普遍化的共同本质。邓斯·司各脱借鉴了亚里士多德思想,认为科学,即共相的认识,是建立在抽象认识之上的。

◆ 5.4 人的本质

人的灵魂是不灭的

司各脱关于人的思考同样借鉴了亚里士多德的思想,他认为灵魂是身体的形式,但他做了新的阐释。

灵魂不是一个唯一的形式,因为身体同时也具有一个自己的形式,这个形式独立于灵魂。因为在身体死亡并与灵魂脱离后,此形式依然能继续存在,尽管是以尸体的形式存在。

灵魂是不灭的,因为它是由上帝直接创造的,因此它能在脱离身体后继续存在。如果想要证明灵魂的不灭性,就需要相信上帝将灵魂作为自主存在,而不是将它作为身体的一部分而创造出来。只能通过信仰来证明灵魂的不灭性,体现了理性认识的局限性。

意愿的重要性，何为善

在人的心灵中，比知性更高的便是意愿。亚里士多德及阿奎那都认为理论活动是人类自我实现的最高形式，但邓斯·司各脱却认为意愿是最高形式。因为意愿是自由的，不依靠其他任何事物，只依靠自身，它将知性作为自己的工具。意愿在所有领域都是自由的，某个事物的善不一定会产生意愿的认同，因为意愿可以自由地选择或拒绝这个事物。

乔托，《方济各将斗篷赠予穷人》，壁画，1296—1299 年。阿西西，圣方济各大教堂。

但接受善的意愿总归是好的。善的概念与上帝的全能紧密相连：不存在一个强制上帝意愿的主观的、绝对的善，而是因为上帝接受而成为善的善。上帝并不是因为善是善的而接受善，正确的逻辑是：上帝接受这个事物，所以它是善的。上帝的接受是完全自由的，只是因为他想要接受，所以他才接受。

如果上帝愿意，那么他可以给予人类一个与他曾经给过的法律不一样的法律，因此善的概念就会发生变化。因此：

• 人类的善是指符合上帝的意愿。

• 具有对上帝的爱，才是真正地按照善行动。从对上帝的爱中，人能获得对自身和对邻人的爱。

• 爱是一种固有美德。

• 上帝用恩典，即他的爱来回馈人类。上帝完全自由地选择一些他认为有功的人来赐予自己的恩赐，凡人无法参透上帝的判断。

6. 奥卡姆的威廉：哲学并不能引导至上帝

被逐出教会的方济各会修士

奥卡姆的威廉是中世纪经院哲学最后一位重要的哲学家。约在 1280 年至 1290 年间的某个不确定时间，威廉在伦敦南部出生。他加入方济各会，曾在牛津大学学习，随后留校任教。1324 年，因为他的某些观点被教会怀疑，他为了自我开脱，前往亚维农，在教皇约翰二十二世的教廷中任职，但 1326 年，他遭到神学家委员会的谴责。

1328 年，威廉与方济各会长塞西纳的米歇尔一起逃离亚维农。米歇尔也支持"精神派"方济各会，即所谓的小兄弟会，他们提倡贫穷与简单的福音派理念。二人一起来到比萨，觐见了正在与教皇开战的巴伐利亚国王路德维希二世。威廉因为反对的政治立场而被逐出教会，他随后跟随皇帝来到慕尼黑，并定居下来。14 世纪上半叶，欧洲爆发了黑死病，威廉于 1348 年至 1349 年间逝世。

威廉在牛津大学任教期间撰写了几部物理学、逻辑学著作，包括《逻辑大全》。在亚维农和德国期间，他撰写了反对教皇的神学政治学著作，捍卫君主的权威，抨击教皇的政治霸权统治。

◆ 6.1 逻辑研究

术语的分类：书面、口头与心灵

威廉的哲学兴趣主要在逻辑学，《逻辑大全》是他最重要的著作，体现了他对亚里士多德逻辑学及其后发展的逻辑学理论的深刻理解。

《逻辑大全》的篇章安排呼应了古典逻辑学的知识，按照主题分为三大部分：术语、指代、演绎推理或逻辑论证。威廉认为存在三类术语：

- 书面术语：指写下来的图画符号；
- 口头术语：通过口头说出，由声音组成；
- 心灵术语：在心灵中理解的术语。

《逻辑与辩证法》，彩图，13 世纪。
巴黎，圣日内维耶图书馆。

术语之间的根本区别

威廉详细阐释了术语的三个方面：

1. 所有的术语都是事物的符号，因为它们指涉了事物。比如说，指涉"树"这个事物时，被说出来的词语（由一系列声音构成）、写出来的符号（由一定数量的拼音组成）和思想内容（即概念）都是术语。

2. 概念与其他两种术语不同，因为概念是某个事物的自然符号，而声音的单词或书写的单词都是协定的符号，会根据语言的不同而发生变化。因此指涉"树"的思想内容在不同人的思维中都是一样的，但口头与书面的术语则是根据协定而确定的，会发生改变，如"albero"（意大利语）、"tree"（英语）、"Baum"（德语）、"arbre"（法语）等。

3. 概念是事物的自然符号，在人的思维中被事物本身的符号所激发而形成。概念具有目的特性，即每个概念都会朝向它们所标注的事物，因此它们是意向（源自拉丁语 intendere，意为"朝向，指向"）。

术语的其他类别

威廉随后对术语进行了进一步区分，术语首先分为：

• 范畴类：具有特定含义的术语（如人、马等）。
• 助范畴类：此类术语并不是具有特定含义的术语，但在与范畴类术语联结时，会具有含义（如每个、没有、某个、除了、哪里等）。

也可根据"规定"的角度进行区分，即从对某个事物或某个术语命名的行为。

1. 第一类规定：指直接指涉事物的术语（如家、树等）。而这类术语又可细分为：
• 第一意向：指向存在于思维之外的事物（如家、树等）；
• 第二意向：指心灵中的概念（种、普遍概念等）。
2. 第二类规定：指向其他术语的术语，或是语言的一部分（如名词、形容词、连词等）。

共相问题

威廉探讨心灵术语或概念后，开始思考共相问题，即种与属，如"动物"或"人"是否本身即存在，它们的存在是否可以脱离它们所指涉的事物（如这只猫、这匹马、苏格拉底等）。他的回答是确定的：共相并不具有真实存在，它们只能作为符号存在于思维中，这些符号指涉真实存在的个别事物。一个概念是共相，是因为它可以指涉多个事物。威廉指出，共相是指涉事物的符号，就好比抱怨是疾病、哀愁与痛苦的符号一样，好比烟是火的符号一样。

比如说，"树"的一般概念就是真

焦万尼诺·德·格拉西和作坊，《画稿》，14世纪。贝加莫，马伊天使图书馆。

实存在的单个树的符号。共相的功能是通过所有单个个体中具有的相似性来实现的，但这种相似性并不是某种可以独立存在的事物。

"剃刀"：经济原则

威廉认为共相并不存在于客观世界中，而这也是所谓的"剃刀"方法论的基本原则，即为了解释某个事物，不必要使用超过必需的元素。只要是个别实体，那么本身便是真实的，而它的真实性不需要通过本质或普遍形式来证明，即本质或普遍形式在证明它的真实性时是无用的。

因此，不必要使用个别的原则来解释任何存在事物的个别特性，因此也就将个别的问题"切掉"了。

作为指代的术语

术语并不仅仅是指涉事物的符号，也是命题的一部分，是命题中的主语或是谓语：这就是指代（指"在某物的位置"），因此它们的特性是"处在某个事物的位置"，在命题内部做主语或谓语。

有多种方式可以表示"处在某个事物的位置"：

1.人称指代：当一个术语指涉具有含义的事物时，比如说命题"人阅读"，在这个命题中，"人"只指涉具体和真实存在的个别（如安瑟尔谟、阿奎那），只有个别"人"才能阅读，而普遍的"人"则无法完成阅读的动作。

2.简单指代：当术语处在一个概念的位置时，如命题"人是一个种的概念"，命题中"人"这个术语指的是单个个别的人，此时术语为自然符号，而不是一个思想概念，即"种"的概念。

3.实质指代：术语处在某个口头或书面术语的位置时，如命题"'人'是一个有一个音节的名字"，此时术语为"人"的图像符号。

客观科学建筑在人称指代上，即那些由指涉事物的术语组成的命题上。

而以逻辑实体为研究对象的理性科学则建立在简单指代上。

命题的分类

命题有多种类别，但可以简单地分为两大类：

1. 直言命题：由一个主语与一个谓语组成（如"苏格拉底阅读"，"苏格拉底是个人"等）。直言命题又可具体分为：

• 存在命题，即表示某物的存在（或不存在）；

• 方式命题，即表示某物的存在方式，指出某物存在的必然性、偶然性、可能性或不可能性（即不存在）。

也可根据古典传统将直言命题分为肯定命题、否定命题、普遍命题、特殊命题、不定命题与个别命题。

2. 假设命题：由若干个直言命题构成，遵循斯多葛学派最早提出的方式，通过连词连接。（如"如果苏格拉底是人，那么就可以发出声音。""苏格拉底要么是雅典人，要么不是雅典人。"）。

命题的真理

在确定命题框架后，威廉开始思考命题的真假问题。如何才能确定一个命题为真？

基于指代理论，让我们用直言命题来举例说明，如"苏格拉底是人"：如果主语与谓语指涉同一个事物，那么此命题为真。

威廉解释道，如果命题"苏格拉底是人"为真，那么苏格拉底真的是人，或真的存在一个事物、一个个别，与谓语"人"指的是同一个事物。命题为真是因为主语与谓语指同一个事物。

在《逻辑大全》中，威廉确定了用于判断不同情况下直言命题的真伪的指代规则。威廉同样考察了假设命题的不同情况，根据斯多葛学派确定的标准，确定了假设命题的真伪判断准则。

三段论的论证方式

威廉根据亚里士多德提出的方法，探讨了三段论，即两个为真的前提可推出一个结论。科学的三段论即亚里士多德所说的第一格。

三段论的有效性基于：

- 个别的属性是所有与它相似的个别的属性。
- 个别所没有的属性同时也是所有与它相似的个别所没有的属性。例如，"每个人都是会死的"，就可以说"苏格拉底会死的""柏拉图会死的"等。再如，"没有人会飞"，就可以说"苏格拉底不会飞"或是"柏拉图不会飞"等。

三段论中的前提也可以仅是可能性，但此时就并非可被证明的三段论，即并非从必要和显然前提中推论出来。

◆ 6.2 认识论与上帝的问题

人类认识

威廉的认识论强调经验的价值，认为经验是认识的来源。他吸收了邓斯·司各脱的观点，同样将人类认识分为两大类：

1. 直觉认识：直接认识事物与事物的特性，包括事物的存在与现实的、现在的感觉世界确立即时联系，认识这种联系的存在。提出偶然命题（即只有在此时和此地才为真，并非指普遍情况下为真）。感觉是直觉认识的来源，但知性同样也参与了直觉认识，知性可以描述单个感觉事物的命题（如"有太阳""房间很冷"等）。

2. 抽象认识：抽象认识抽离掉事物的现实与现在的特性，包括存在。抽象认识包括：

- 个别事物的印象，即使一棵树并不再具体存在了，但这棵树却印在了脑海中。与直觉认识一样，抽象认识的对象也是个别事物。
- 共相，即思维的某个内容，指代多个个别事物。通过从个别事物中进行抽象过程，并在相似对象上重复此抽象过程而获得。

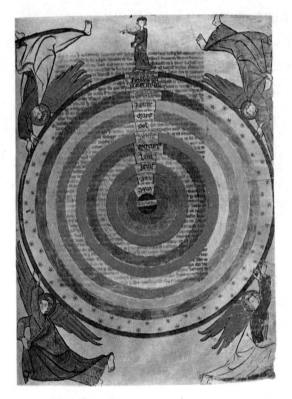

《天使让宇宙之轮转动》，彩图，14 世纪。
米兰，安布罗焦图书馆。

认识的步骤与科学

抽象认识建立在直觉认识之上。直觉认识更加重要，因为：

- 它最先产生（所以它才是抽象认识的基础）；
- 它更丰富，也更确定，因为它与事物之间具有直接且即时的联系。

威廉由此颠倒了亚里士多德与阿奎那的认识框架，亚里士多德与阿奎那都认为抽象、普遍的认识比个别的认识要高级。直觉认识的对象仅是个别和偶然的事物，因此更确定的认识应该是基于个别事物的经验之上。

威廉的理论具有重要影响：

- 形而上学的研究对象是所有在经验范畴之外的事物，所以是不可能的。
- 上帝与超自然世界不是哲学研究的范畴。
- 因此只有物理与神学才是可能的。物理仅建立在经验上，而神学仅建立在信仰上，信仰的道路与理性并不相同。

不可能认识和证明上帝的存在

某个事物的存在只能通过直觉认识和了解，但人类并不具备任何可以了解上帝的直觉认识。

在理性层面来看，只能证明第一存在的存在，但不可能推导出这个第一存在具有神的启示所揭示的那些上帝属性：整体性、无限性、全能性、预知性与创造的绝对自由性。这些属性只能通过信仰来了解。

◆ 6.3 政治学研究

人生大转折

1328 年，威廉逃离亚维农，这是他人生道路与哲学研究的重要分水岭。1328年后，他的研究重心不再是逻辑学–哲学，而重点研究一个伟大的政治–宗教改革方案。他主要思考了方济各贫穷教义、国家的起源与性质、世俗权力与宗教权力之间的关系。

威廉的政治学研究基于一个方法论原则，即基督教教义必须时刻与圣经文本相吻合，只有圣经才能证明教义的有效性。

教皇权力与世俗权力

威廉在政治学上的贡献主要是强调了基督的王国与人间的王国之间必须泾渭分明，他认为基督教的使命是精神性的，而人间社会则以制度为主。

基督教精神与下面两种律法不同：

- 《旧约》中的摩西戒律：大量的准则、规定与禁止，具有绝对权威。
- 福音律法：根本原则为自由精神，对上帝的爱，信徒之间相互的爱。

《教会与世俗权力》，雕塑，13 世纪。
马格德堡，大教堂。

　　但制定教皇权威的理论家摒弃了福音法，而主要采用摩西戒律的方式来构建教会组织。教会本应该是基于自由与爱而建立的机构，但此时已经被歪曲成了一种信徒臣服于教皇的奴役体制。

　　教皇的权力即基督赐予圣彼得的权力，这种权力不能是统治，而应该是父亲般的服务，精神性的引导。教皇与主教都是教会的牧羊人，他们是基督统治的显性代表。尽管基督并不可见，但基督才是信徒们应该最终指向的对象。这才是真正的教会，教会成员是通过自由选择而加入，在教会内部也同样保有个别性。

　　这也体现了威廉的一个重要哲学思考：只存在确定的个别性。因此教会是很多个个别的集合。

　　因为在人间也存在物质利益、暴力、违法等行为，所以需要一种秩序原则来实行正义。这就是帝国与世俗权力的作用。威廉支持君权神授理论，认为世俗权力是上帝通过其子民赐予君主的。

　　但被统治者却是统治者的评判官，在统治者未能履行自己的义务时，被统治者有权令其退位。

帕多瓦的马希留斯：和平倡导者

马希留斯对政治权力与宗教权力的思考

有部分信徒并不承认教会的机构组织，他们不仅在威廉的著作中找到了支持，还援引了帕多瓦的马希留斯的思想。

马希留斯曾在巴黎大学教授艺术学科，随后成为大学校长。1324 年，马希留斯与好友詹丹的约翰共同撰写了《和平的捍卫者》。此书遭到严厉批判，以致马希留斯被迫离开巴黎，藏身于巴伐利亚的路德维希二世的皇宫中。

马希留斯探讨了一些重要的争议问题，如世俗权力与宗教权力之间的关系，政治与宗教的关系等。

教皇权力会在基督教内部引发斗争

马希留斯的思考其实是源于一个历史事实：14 世纪上半叶的冲突与纷争扰乱了基督教内部的和谐状态。马希留斯认为，导致这场纷乱的原因其实就是教皇的霸权，而这是古典世界所未有过的。教皇妄图拥有全部的权力，认为自己应高于世俗统治者。

宗教权力的干涉行为引发了无休止的战争和暴力行为，同时也撕裂了基督教。因此需要重新阐释世俗权力与宗教权力的本质。

教会仅具有道德引导的权力

马希留斯认为教会是人类的自由组织，福音教导人类应该在人间依照道德生活，但神圣律法在教会内部才有效。遵守律法者会在死后的永恒世界中获得奖赏，而违背律法者则会受到惩罚。但违反上帝律法者不应该在人间受到惩罚，因为人间的惩罚只能来自人类法律。因此宗教权力并不具有强制性（如国家的权力），而只具有引导性。

人民与世俗权力

在世俗生活中，人与人之间的关系受到人类法律的制约。当颁布法律的政治权威有能力强制施行法律，并对违法者实施惩罚时，人类法律就有效力。

马希留斯认为人间的立法者就是人民，即全体市民，只有他们才是具有立法权的唯一合法主体。人民能够将自己的特权委派给一个或多个人，让他们来表达人民的意愿，这些统治者可以：

- 行使公共职能；
- 保障集体的秩序与和平；
- 消除冲突；
- 惩罚不法分子。

即使是教会内部爆发的冲突，只要涉及世俗领域，如异教等，就应该由皇帝或君主来解决，因为只有他们才是在人间行使权力的合法权威。

两种权力的区分

因此，国家便具有自主性，教会与教会的代表们不得进行干涉。政治领域与宗教领域应该绝对区分。

方济各会与多明我会: 穷人与信仰

佚名,《圣方济各的生平,治疗麻风病人》,13 世纪中叶。佛罗伦萨,圣十字架大教堂,巴尔迪小堂。

　　这幅画可分为两个场景:右边的场景中,方济各正在为最危险也最具有传染性的病人服务,他用一块白色毛巾擦拭其中一人的脚,丝毫不顾及传染的风险;左边的场景中,方济各首宗抱着一个患有麻风病的病人。

马尔加里托内,《圣方济各》,1270—1285 年。阿雷佐,中世纪与现代艺术博物馆。

　　方济各提出了一种全新的宗教精神,他摒弃富贵与世俗权力,倡导为穷人和有需要的人服务。左方画中,方济各以阿西西的穷人形象出现,他赤脚站立,身着方济各会寒碜的"制服"(僧袍)。

乔托，《对鸟儿布道》，13世纪末。阿西西，圣方济各高等大教堂。

这幅壁画展示了方济各形象中的一个重要特点，圣文德在《大传奇》中也曾提及。方济各可以对鸟儿说话，而鸟儿是未受教育者、穷人与边缘人的象征。方济各在《万物颂歌》中强调了对自然的爱，圣文德受其影响，同样提倡神秘经验，他认为能在任何微小卑微的造物中感受到造物者的踪迹。

托马斯·达·摩德纳，《大阿尔伯特》，1352年。特雷维索，圣尼古拉教堂，牧师厅。

14世纪中叶出现了四十幅著名人物的肖像画，此后多明我会修士的形象也因此具有了固定模板。大阿尔伯特目光锐利，盯着观者。大阿尔伯特是雷根斯堡教堂的主教，因此头戴主教冠冕。墙壁的壁龛中摆放着一个球形的墨水瓶和一把小刮刀，托座上则摆放着一支笔。书桌下方散乱地放着几本书。

托马斯·达·摩德纳，《大主教尼古拉·德罗文》，1352年。特雷维索，圣尼古拉教堂，牧师厅。

　　年迈的大主教尼古拉·德罗文头戴象征主教身份的大帽子，他正拿着放大镜凑近看一本书。书桌上同样放着墨水瓶和小刮刀。下方的壁龛中和托座上都摆放着书籍和纸张。

托马斯·达·摩德纳，《大主教休·迪·普洛文扎》，1352年。特雷维索，圣尼古拉教堂，牧师厅。

　　大主教休·迪·普洛文扎头戴象征主教身份的大帽子。休是著名的神学家和圣经文本评注者。他正在写字，右手边摆着一本打开的书，表明主教会查阅相关参考文本。主教视力不好，戴着眼镜，画中甚至清晰描绘出了鼻托上的螺钉，眼镜摘下后可以折叠放置。

❧ 本章小结 ❧

托钵修会的重要人物

13 世纪至 14 世纪的经院哲学内部爆发了对亚里士多德著作的激烈讨论，此时期最重要的经院哲学家几乎都信奉新兴的宗教修会。

圣文德是方济各会成员，他最早尝试使用亚里士多德主义中的某些概念（如质料与形式，可能性与现实等），但其哲学框架主要为新柏拉图主义与奥古斯丁思想。

罗杰·培根是方济各会成员，他支持亚里士多德主义，他提出一种大百科全书的理念，系统收集重要知识，提倡实验科学，强调经验科学、数学与技术之间的紧密联系。

大阿尔伯特是多明我会成员，他接受亚里士多德主义，但进行了重要调整。

托马斯·阿奎那

托马斯·阿奎那是多明我会成员，他根据基督教思想重新阐释了亚里士多德主义，提出了一种全新的哲学体系。他认为理性与信仰之间并不冲突，因为二者都是源自上帝。自然理性可独立认识某些真理（即信仰前提）。

阿奎那认为哲学与神学是相容的，其哲学系统中最重要的概念是实体、本质、存在与先验属性。

阿奎那采用了亚里士多德提出的质料与形式二分法，指出形式可以从两个方面理解。阿奎那认为个体化原则即为有确定维度的质料。阿奎那使用本质、存在、质料与形式的概念来确定实体的等级：

◇ 上帝：上帝的本质与存在合二为一。

◇ 事物：本质与存在分离。这些被创造的实体又可具体分为：

——纯形式；

——其他由质料与形式组成的事物。

阿奎那沿用了亚里士多德提出的存在类比理论，提出事物参与存在。阿奎那采用五路论证，证明上帝的存在。五路论证象征着从经验世界出发，走向上帝的过程。阿奎那提出了一种新的认识论，主要观点如下：

◇ 任何认识都是从经验出发，通过抽象过程在知性中完成；

◇ 真理是知性与事物之间的符合性；

◇ 他融合了关于共相问题的各种理论［事物之中、事物之后（即存在于知性中）、事物之前（即存在于上帝思维中）］；

◇ 施动知性是认识的主动本原，是证明灵魂不灭论的基础。

阿奎那还探讨了伦理学与政治学问题，他认为：

◇ 对上帝的沉思就是最大的幸福（而亚里士多德主义中的幸福是人间的幸福）；

◇ 人具有对善的自然倾向（本能），提出美德理论；

◇ 集体生活的积极价值；

◇ 政治权力的合法性，即以共同利益为目标。

13、14 世纪时产生的新思想

13、14 世纪出现了新的哲学思想。对亚里士多德主义的谴责同时也推动了新柏拉图主义与奥古斯丁思想的传播；理性与信仰之间的关系发生了变化，被视为两个不同的领域。

邓斯·司各脱

邓斯·司各脱的主要思想为：

◇ 区分理性与信仰；

◇ 存在的单义性：单义性是所有以同样方式存在的事物共同具有的性质；

◇ 证明上帝是一个无限制的存在，是一个独立存在的存在；

◇ 认为上帝是无所不能的；

◇ 认为共相仅存在于知性中，阐述了共相与个别事物之间的关系；

◇ "这个性"的概念，即现实事物的个体化原则；

◇ 区分直觉认识与抽象认识；

◇ 认为意愿比理论活动更重要。

奥卡姆的威廉

奥卡姆的威廉的主要思想为：

◇ 上帝是无可计量的，世界与人类是绝对偶然性的；

◇ 区分理性与信仰，认为神学并不是一门科学。

他的主要研究领域为逻辑学：

◇ 术语是符号，概念则是意向；

◇ 区分了范畴类术语与助范畴类术语；

◇ 经济学方法论原则，即"剃刀法则"，指出共相是符号，不是现实实体；

◇ 术语是假设；

◇ 命题的真假判断；

◇ 三段论的形式。

在认识论范畴内，威廉区分了知性认识与抽象认识。

在政治学范畴内，威廉根据圣经的阐释，认为教会与国家是相互独立的两个主体。

❧ 本章术语表 ❧

托马斯·阿奎那

类比：指上帝与事物之间的联系与区分，上帝的存在与有限制的存在既不是单义的（完全相同），也不是多义的（完全不同），而是类似的（一部分相同，一部分不同）。

抽象：人类心灵收集事物的感觉和可知形式的过程，是从个别中"抽离出"普遍的过程。

存在性：最初仅具有可能性的存在通过存在的现实性变成了现实的存在。在有限制的存在中，存在与本质是有区别的，但在上帝中是合二为一的。

本质：包括所有可以在其定义中表达的概念，因此复合事物中的质料也是其本质。本质回答了"某物是什么"这一问题。

有确定维度的质料：个体化原则（即定义每个个别的独特属性的原则），此质料并不指广义上的质料（即组成特定种中所有个别的身体的质料），而是指特定身体的组成质料，具有唯一的空间－时间维度。

参与：事物成为上帝完美的一部分的行为，即部分接受那些完全绝对属于上帝的事物，或用限制及不完美的方式实现了在上帝中无限和完美的事物。

本能：指采用某些实践原则的自然倾向（好坏的判断），引导人们依据善而行动。

先验性：每个实体因为存在本身而具有的属性。但先验性超越了范畴（即亚里士多德所说的最高种）。

邓斯·司各脱

直觉认识／抽象认识：直觉认识了解事物现在的存在状态，感觉与知性均参与了此过程。抽象认识抽离了事物的现在存在状态，是知性特有的认识方式。

这个性：邓斯·司各脱用此术语表示单个事物的个体化原则，"这个性"可以"关闭"及"迫使"共同本质进入"这个"个别的、特殊的、不可复制的事物的维度中。

神学：人类为实现超自然目标所必需的一种知识，按照目标而采取行动，则首先必须渴望这个目标，并认识这个目标。此目标是由上帝赐予人类，但人仅具有自然工具，无法获得与这个目标相关的知识。因此神学不使用理性论证工具，它并不是一门科学。

奥卡姆的威廉

范畴类术语／助范畴类术语：范畴类术语指在命题中具有独立含义的句子成分（如主语、谓语）；助范畴类术语指不具有独立含义的句子成分，只能通过与其他成分联系才能具有含义。

意向：源自拉丁语 intendere，威廉用此术语指概念所具有的一种朝向其符号指涉对象的特性。

剃刀原则：一种基于经济原则的方法论，即在解释中不需要加入任何不必要的实体，无须将词语与概念转变为真实存在的事物。

指代：字面意义为"代替某个事物"，指命题内部某个术语的意义。假设可分为三大类：人称指代、简单指代与质料指代。

13 世纪经院哲学探讨的主要问题

本体论	托马斯·阿奎那: 区分存在与本质; 存在类比理论; 事物参与存在; 本质的等级
	邓斯·司各脱: 存在的单义性; 共同实体的理论; 个别实体与 "这个性"
	奥卡姆的威廉: 只有个别实体才是真实的
伦理学 / 幸福	圣文德: 极乐即指心灵与上帝合二为一
	托马斯·阿奎那: 极乐是沉思; 本能理论
	邓斯·司各脱: 善是上帝所想要的事物; 不存在绝对的善
哲学 / 宗教	极端亚里士多德主义: 信仰必须从属于理性
	圣文德: 神学更重要; 灵魂认识上帝的上升过程
	托马斯·阿奎那: 信仰与理性之间是和谐与合作的关系; 证明上帝存在的五路论证
	邓斯·司各脱: 理性与信仰的方法论及内容均不相同
	奥卡姆的威廉: 理性与信仰的方法论及内容均不相同
认识	托马斯·阿奎那: 抽象认识; 知性与事物的符合性; 感觉与知性均参与了认识过程; 施动知性的作用
	邓斯·司各脱与奥卡姆的威廉: 区分直觉认识与抽象认识
逻辑学	托马斯·阿奎那: 先验属性的理论
	奥卡姆的威廉: 术语理论; 真伪判断; 三段论
哲学 / 知识	罗杰·培根: 提出一种知识大百科全书的构想; 自然科学应使用实验作为工具; 技术在认识过程中的作用
	奥卡姆的威廉: 物理是基于经验的科学; 物理学科的可能性
	邓斯·司各脱: 理性研究的局限性 (如对灵魂问题的思考)
美学	托马斯·阿奎那: 美是事物的先验属性
自由 / 权力	托马斯·阿奎那: 人是社会动物; 区分自然法、上帝法与积极法; 君主制是最佳的政府形式; 政治权力必须从属于宗教权力
	奥卡姆的威廉: 区分宗教权力与政治权力

✎✐ 文献选读 ✐✎

一、托马斯·阿奎那：证明上帝存在的五路论证

（引自《神学大全》，第 1 卷，第 2 题，第 3 条）

【导读】

证明上帝存在的五种方式

阿奎那采用了五种方式论证上帝的存在，这五条道路都是从自然世界和经验对象出发，因此是由果溯因的论证方式。在这五条道路中，阿奎那均探讨了事物的属性或存在方式，最后得出结论为：此第一存在即上帝。

阿奎那用理性证明了下列实体的存在：

◇ 一个静止的推动者；

◇ 一个第一原因；

◇ 一个必然实体；

◇ 一个完美实体；

◇ 一个具有秩序力的知性。

这五条论证上帝的道路并不是一种全新的角度：第一条道路借鉴了亚里士多德的思想，第二条和第四条则使用了新柏拉图主义的观点，第三条借鉴了阿维森纳的理论，第五条则是中世纪常见的一种论证方式。但阿奎那的创新之处在于他将这些论证系统且严格地组合在一起。

理性研究与信仰的区别

上述五路论证中，只有在结论部分才会出现上帝，即此条证明中的这个存在即上帝。也就是说，上帝的概念并没有出现在论证过程中，而只是出现于结论中。因此，阿奎那认为理性研究具有完全自主性，可以证明存在一个第一实体，这个实体是世界的根基。

273

【文献原文】

上帝是第一静止推动者

第一条论证，也称为宇宙论证，沿用了亚里士多德使用的方式，证明存在一个第一静止推动者。

可以用五条道路来证明上帝的存在。第一条，也是最明显的一条道路是从运动来入手。这个世界上有些事物是运动的，这是显然的事实，也是我们可以感觉到的。那么，一切运动的事物都必须由另一个事物来推动。因此，如果某物处在可能性中，那么就不会发生变化，只有处在现实中时，才会运动。因为运动即指将某物从可能性转变为现实，如果不是通过一个已经在现实中的事物，那么另一个事物就不会从可能性转变为现实。比如说，现在已经是热的火就可以让木头成为现实中的热，因为木头此前只是有可能会变热，这个过程就是运动和变化的过程。

但同一个事物不可能同时及同一个方面下既处于可能性状态，又处于现实状态中，只有在不同关系下才能二者兼备。例如，那个现实中的热不可能又是那个在可能性中的热，它只能又是那个可能性的冷。因此，不能在同一方面下，某个事物既是推动者又是被推动者（即由自身所推动）。因此一切运动的都必然是被另一个事物所推动的。如果推动的存在本身又是运动的主体，那么它只能被另一个存在所推动，以此类推。因为我们不能穷尽这回溯的过程，就不会存在一个第一个推动者，那么就不会有任何其他推动者，所以这些中间推动者都必须由第一个推动者来推动，就好比如果手不推动棍棒，棍棒就不会运动。因此，必然存在一个不被其他事物所推动的第一推动者，这就是所有人所理解的上帝。

上帝是第一动力因

第二条路的逻辑证明从动力因入手。

第二条路的出发点为动力因。我们知道，感觉世界中各个动力因之间具有秩序，但不存在，也不可能，某个事物是自己的动力因，否则它就会先于自己而产生，而这是无可理喻的事情。那么，动力因的回溯过程也不会是无穷的，因为所有成链条的动力因中必须有一个是中间动力因的第一动力因，而这个中间动力因又是下一个动力因的动力因，不管中间动力因是若干个还是一个，这个过程都是如此。

如果没有原因就不会有结果，所以如果在动力因的秩序中不存在一个第一动力因，那么就不会有最后一个动力因，也不会有中间动力因了。假设这个动力因的过程是无穷的，那么也就不会存在一个第一动力因了，如此一来就不会有最后的结果，也不会有中间结果，而这显然是错误的。因此必须承认有一个第一动力因，而这就是所有人称呼的上帝。

上帝是必然存在的存在

第三种论证从必然实体与偶然实体出发。

第三条路从可能性与必然性入手。我们知道，事物中有一些是可以存在，也可以不存在的。实际上，有些事物会生，也会灭，这就是说，它们可以存在，也可以不存在。那么，因为所有具有这种特性的事物不可能总是存在，因为既然它可以不存在，必定会有某个时刻，它不存在。假设所有的事物都可以不存在，那么在某个时刻，整个世界就不会有任何存在。但如果这个假设是真的，那么现在也不会有任何存在，因为那些不存在的，只能因为某个已经存在的事物才能开始存在。因此假设没有任何存在，那就不会有任何事物能开始存在，那么此刻世界上也不会有任何存在，但这显然是错误的。因此，并不是所有的事物都是偶然性的，客观世界中一定会有某个事物是必然性的。那么所有必然性的事物，其必然性的原因要么是来自另一个存在，要么不是来自另一个存在。与第二条中的动力因论证一样，如果必然性事物的必然性是来自另一个存在，那么这个过程就不能穷尽。因此，一定会有一个存在本身就是必然的，其必然性并不来自其他事物，这个存在是其他事物必然性的原因，这就是所有人说的上帝。

上帝是一切完美的原因

第四条论证从实体的不同完美程度入手。

第四条道路从事物中的等级出发。事物中的善、真、高贵或完美等其他类似性质的程度有大有小。事物的更大或更小的等级是根据事物与那个最大或最绝对的事物的距离来决定的。更热的就是那个最靠近最热的。因此会存在一个事物，是最真的、最善的、最高贵的，因此也是至上的。正如亚里士多德所说，最真的也是至上的。那么，某个事物在某个属性中是最大的，它就会是具有这个属性的其他事物的原因，比如最热的火是一切热的原因，这也是亚里士多德曾说过的。因此存在一个事物，它是一切存在、善与完美的原因，这就是我们所说的上帝。

上帝是知性存在，是自然界目的秩序的制定者

最后一条论证的基础为：上帝为客观世界制定了知性法则。

第五条路从事物的统治入手。我们能看到，不具备认识的某些事物，如物理体，它们会以某个目标而运动，如它们总是（或几乎总是）以相同的方式运动，来达到完美。显然这并不是偶然，而是因为倾向让它们达到目的。如果不是因为被一个有认识力的知性存在所引导，那么这些不具备认识的事物就不会朝向目标运动，就好比箭被弓箭手指引一样。因此存在一个知性存在，所有的自然事物都在其规范下，朝向目标运动，这个存在就是我们所说的上帝。

（托马斯·阿奎那《神学大全》，意大利多明我会士主编，第 1 卷，萨拉尼出版社，佛罗伦萨，1949 年，80—90 页）

二、圣文德：人类灵魂如何才能与上帝合二为一？

（引自《灵魂走向上帝的旅程》，第 1 卷，1—4）

【导读】

受到神秘主义的影响

阿西西的方济各曾在维尔纳接受耶稣的五份记，1259 年圣文德也曾在维尔纳撰写了一部篇幅较短的著作，即《灵魂走向上帝的旅程》。此书的重要观点为经院派哲学内部神秘主义的理论。圣文德认为人类必须通过一系列的认识步骤才能认识上帝的无所不在。此认识过程的最后步骤为对上帝的神秘沉思（借鉴新柏拉图主义观点），这是一切知识的巅峰。

走向上帝所经历的阶段

在第一章中，圣文德阐释了灵魂上升至上帝的三个步骤。正是客观世界本身指引着人们，走过迈向上帝的阶梯。圣文德认为我们应该观照：

◇ 自身之外，观照事物，事物中充满了上帝的象征；

◇ 自身之中，观照灵魂，因为灵魂是上帝的印象；

◇ 自身之上，观照上帝的纯粹先验性。

【文献原文】

上帝允许我们通过祈祷上升至他

"那些依靠你的人，是幸福的人！在眼泪之谷中，人决定迈向你。"极乐是沉思最大的善，而最大的善是一种先验事物。若不上升至自身之上，就无法到达极乐。这种上升当然不是物理意义的，而是心灵的升华。如果一个比我们高的力量不允许我们上升，那么我们也无法上升至自身之上。每个人的心灵都具有这种上升的能力，但倘若没有上帝的帮助，我们就无法达到。上帝只会帮助那些真心祈求他的人，要用谦卑和虔诚的心呼唤他。在这眼泪之谷中的人，渴望迈向他，必须通过热烈的祈祷。

祈祷，是我们上升至上帝的源泉与原因。狄奥尼修斯在他的《论神秘神学》中，曾说实现灵魂狂喜的最重要方式便是祷告。那么，让我们祷告吧，让我们向天主耶和华祈祷："天主啊，请带领我。让我走向你的道路，让我了解真理，我将满心欢喜。"

上升至上帝的三个阶段

在祈祷中，我们被启蒙了，能认识到上升至上帝的步骤。对处在现实世界中的人类来说，整个客观世界都是上升至上帝的阶梯。有些事物中出现了上帝的踪迹，有些事物中则出现了上帝的印象。有些事物是身体的，有些事物是精神的；有些事物是短暂的，有些事物则是永恒的；有些事物是在我们之外的，有些事物则是在我们之中的。

因此，为了达到那第一原因，那个纯粹精神性的、永恒的、先验的原因，我们就应该先观照它的踪迹，即那些身体的、暂时的、在我们身体之外的踪迹，如此我们才能被引导走上迈向上帝的道路。随后，我们应该观照灵魂，灵魂是上帝的印象，灵魂是不灭的、精神的、在我们身体之中的，如此我们就能进入上帝的真理。

最后，我们要迈向那永恒的、纯粹精神的、先验的存在，我们要凝视那第一原因，如此我们就能在认识上帝与崇拜上帝的崇高中达到狂喜。这三个步骤就是在孤独中跋涉的三天旅程，就是在一天之中照亮我们的三束光：第一束光是日落之光，第二束光是晨曦之光，第三束光则是正午之光。

这三个步骤反映了事物存在的三种方式，即存在于中、存在于被创造的知性中与存在于永恒的艺术中，就是那"要有""便创造""便看"，这三个步骤也反映了基督的三种实体：身体的、精神的和神圣的。天主，就是我们上升的阶梯。

（圣文德《灵魂走向上帝的旅程》，毛罗·勒特里奥译，蓬皮安尼出版社，米兰，2002 年，59—61 页）

三、托马斯·阿奎那：相信是什么？

（节选自《信仰之问》，第 1 题）

【导读】

信仰之问

阿奎那于 1257 至 1258 年间撰写了《信仰之问》，共分为 12 个题目。每个题目开篇，作者引用权威观点来引出论题，其后会对相反意见进行讨论和思考，最后得出结论。

"何为相信？"的思考

第一个题目为"何为相信"，以奥古斯丁的定义开篇，"相信即认同被思考的内容"。阿奎那引用定义后，随后列举出相反观点，最后阐释自己的理论，即认同奥古斯丁的定义。

【文献原文】

知性运动：提出定义，构建命题

亚里士多德在《论灵魂》中曾指出，人类知性具有两种运动方式。第一个运动即认识事物的简单本质，如灵魂的本质或动物的本质等。知性运动的第一阶段并不会区分出真假，因此此时针对的对象是一些毫无联系的术语。知性的第二个运动为联合或分离，即否定或肯定，此时才会区分出真假，此时针对的对象是已经组成句子的命题。"相信"并不出现在第一运动，而是在第二个运动中，即我们相信真的事物，不相信假的事物。……

按照知性的本质，可能知性处在可能性中，会转变为任何知性形式，如第一质料处在可能性中时，可转变为任何感性形式。因此，它在决定究竟要联合或分离时，并不会有更大或更小的运动倾向。我们在面对两种可能性时，通常会因为某个特定原因而选择其中的一个。可能知性只会受到两种因素的影响：第一是对象，即亚里士多德在《论灵魂》中所说的知性形式或本质。第二是安瑟尔谟在《论相似》（卷3）中所说的全力运动的意愿。

疑惑与观点

人类的可能知性在面对矛盾的两个方面时，会以不同的方式运动。有时，可能知性对这两个方面并没有偏好，因为并不存在原因，如一些根本没有答案的问题。此时，推动它转向任何一方面的原因看起来都是一样的。这就是"疑惑"的态度，即对矛盾的两个方面都不确定。有时知性也会具有转向其中一个方面的倾向，但这个倾向并不足以推动它真的毫无保留地接受其中的一个方面，所以他依然会采取疑惑的态度。这就是"持有观点"的态度，即接受矛盾的一个方面，但心灵又担心着另一个方面有可能也会为真。

有时，可能知性会完全倾向其中的一个方面，但这种倾向有时是出于知性的能力，有时又是出于意愿。

a) 知性以直接或间接的方式来认识。直接方式是指：知性命题的真假立即显示出来，在知性的范畴内根本不可能出错。这就是亚里士多德在《后分析篇》中所说的依靠直觉认识到基本原则。面对具有这种属性的命题时，知性便能立即直接决定。间接方式是指：知性参考了解到的基本原则，思考这些术语的定义，这就是间接地决定矛盾的某一方面。这就是"知道"的态度。

b) 有时知性用直接或间接的方式都不能决定矛盾的任何方面。即不管是直接定义术语（即原则）的，还是参考术语（即论证过程中的结论），都无法决定。此时，知性是由意愿所决定的，知性出于一种动机，选择"认同"其中的一个方面，而这个动机足以推动意愿，而不是推动知性。因此意愿觉得认同矛盾的这一方面是好的。这就是"相信"的态度。比如说，相信某个人所说的话，是因为认为对方所说的内容是正确且有用的。

所以我们会被所听到的内容推动，去相信永恒生命的奖赏。因为如果我们相信，就会得到永恒的生命。基于对奖赏的思考，意愿就会被推动，来认同所听到的，即使此时知性丝毫没有被推动。因此奥古斯丁认为，即使毫不情愿，人也可以做出行为，但如果没有意愿，那人就不会相信。

（翻译原文引自托马斯·阿奎那《信仰之问》，阿申多夫，1926 年，4—6 页）

四、托马斯·阿奎那：本质的等级
（节选自《论存在者与本质》，第 2 章，第 6 章）

【导读】
《论存在者与本质》

《论存在者与本质》篇幅不长，但很好地体现了阿奎那的哲学思想。此书创作年代不详，根据当时的一位传记家记载，此时阿奎那并未成为教师。尽管此书是阿奎那在青年时期所撰写，但仍阐释了阿奎那的重要哲学理论。阿奎那引用了亚里士多德的观点，即"失之毫厘，谬以千里"，研究初期出现的一个细微失误，也会导致极端错误的结论。因此，阿奎那在书的序言中表明自己将从"实体"与"本质"这样的概念开始，因为这是知性认识到的最基本也最简单的概念。

随后阿奎那讨论了重要的哲学概念，如种、属、质料、形式、现实、可能性、本质、偶然性等，而这也体现了亚里士多德主义的影响。

主要目的

此书的目的是为当时的教士和哲学系学生提供清晰有用的参考，帮助他们深入思考哲学问题，并更好地诠释相关术语。此外，此书也是在基督教思想的指导下对亚里士多德主义的重新审视。阿奎那构建了一个整体框架，让亚里士多德主义中的哲学术语与基督教精神能和谐相处。

本质与存在

此书探讨的主要问题为本质与存在之间的关系，而这种关系也是阐释事物等级秩序的核心方式：

◇ 存在单纯实体与复合实体；

◇ 复合实体由质料与形式构成；

◇ 某个复合实体的本质并不是由质料或形式单独构成；

◇ 本质的属性及本质与存在的关系决定了本体论等级，即从上帝单纯实体至复合实体依次递减。

【文献原文】

由形式与质料构成的复合实体

实体分为单纯与复合两大类，这两大类都具有本质；但只有单纯实体中的本质才是更真实也更高贵的，因为单纯实体的存在是更高贵的。即使不是所有的单纯实体，但至少第一单纯实体即上帝，是复合实体的原因。

此外，我们并不了解单纯实体的本质，所以应从复合实体的本质开始研究，因为从简单的事物开始研究，这是更有效的方法。

复合实体中的形式与质料是明显的，就好比人类的灵魂与身体一样，是明显的。但不能说本质是由形式与质料中间的一个来决定的。

我们都清楚，质料并不能单独构成本质，因为某个事物是根据它的本质才能被认识和被分类为属或种。但质料并不是认识的来源，也不是将某物分为属或种的分类标准；分类标准只能通过某个已经是现实存在的事物来获得。形式也不能单独构成复合实体的本质，即使部分思想家试图证明形式可单独构成实体。

综上所述，本质即某个事物的定义。自然实体的定义不仅包括形式，也包括质料，如果不是包含二者，那么物理实体的定义与数学实体的定义之间就不会具有区别。

也不能这样定义自然实体，即本质的某种附加物或外部物，或是本质的某个外部实体，这种定义只能针对偶然性实体，即其本质本身并未完成，所以对这类定义必须加入不属于这个种属内的实体。可见，本质包含质料与形式。

不同实体的本质

实体拥有本质的方式有三种：

存在一种实体，即上帝，它的本质与其存在是同一的。因此有一些哲学家认为上帝并不具备实质或本质，因为上帝的本质与它的存在不是不同的。所以，上帝并不能归类在某一个种属中，因为某个种属中的所有实体的本质都必须与其存在不同。就其本质来说，种或属中事物的实质或本质不是不同的，但不同事物的存在却是各异的。……

第二种方式即本质存在于被创造的精神实体中，其存在与本质相区别，即使这些实体的本质并不蕴含。因此它们的存在并不能自行继续存在，只能由别处接受得来，因此它们会受到接受它们的事物所具有的本质的限制。但它们的本质或实质即使不蕴含质料，也可以自行继续存在。

因此《论原因》一书说，纯粹精神实体与比它们低等的实体相比是无限的，但与一个更高等的实体相比，又是受到限制的。因为它们的存在必须来自一个更高的实体，所以它们是受限的；而与一个更低等的实体相比，它们的形式并不会受到质料能力的限制，所以它们又是无限的。这些实体中并不蕴含属于同一个种的多个个别，但人类灵魂却是例外，因为灵魂与身体相连，所以可具有多个个别。灵魂的个别化是以一种偶然的方式随机取决于身体的，因为灵魂起初并不具有一个已经被个别化的存在，除非此存在已经出现在身体中，即成为现实，灵魂才能被个别化。但当灵魂与身体脱离后，这种个别化也不一定会消失，因为灵魂可以继续自行存在，当它成为某个具体身体的形式时，又会出现个别化。

因此它的存在总是个别化的。……

第三种方式即本质蕴含在由质料与形式构成的实体中，存在是由别处获得的，也是有限的，因为这种实体的存在从其他事物处获得，也是因为它们的本质或实质是从某个特定质料中获取来的。因此，不管与高等比还是与低等比，这种实体都是受到限制的。根据特定事物的区分，这些实体可能会蕴含属于同一个种的多个个别。

（托马斯·阿奎那《论存在者与本质》，朱塞佩·迪·拿波里主编，学院出版社，布雷西亚，1970 年，55—62 页）

第七章
理性与信仰：是和谐还是冲突

即使人类心灵的自然之光不足以认识理性所展示的知识，但信仰在上帝的旨意下所揭示的知识绝不可能与我们本能就认识的知识相矛盾。

（托马斯·阿奎那：《论波爱修〈论三位一体〉》）

理性与信仰问题

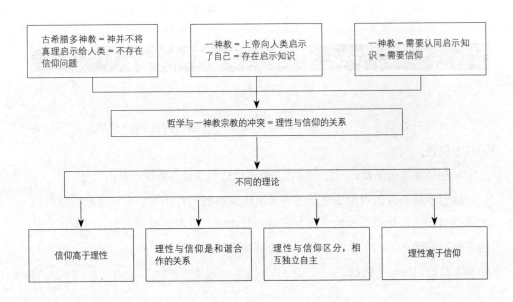

❖ 1. 信仰与理性知识有何区别 ❖

信仰的含义在古希腊哲学中与在地中海地区一神教中并不相同。

古希腊的神的确可现身在人间，但他们并不会向人类揭示任何更高的真理。相反，基督教与犹太教的神则会给予人类一种更高的真理。人类仅凭自己的能力无法获得这种真理，因此需要信仰，需要相信这种真理。

相信启示的真理即宗教意义上所说的信仰。

相信即信仰，也就是认为某个无法通过理性证明的事物具有真理价值。正如奥古斯丁所说，相信即认同被思考的内容。因此，信仰需要意愿的参与。在面对一个用理性无法推动我来判断其真假的命题时（如耶稣基督是不是让人类得救的救世主），我接受它是真的，或是用奥古斯丁的术语，即我认同它，而这种肯定是被上帝的权威所推动的，上帝让我相信这是真理。

对具有信仰的人来说，这类命题是千真万确的真理，是无可辩驳的，是理性无法企及的，是救赎的福音。

宗教信仰因此预示并构筑了一种比理性更高的真理，这种真理是得救的承诺。

❖ 2. 基督教与古希腊哲学 ❖

古典时代晚期开始，直至整个中世纪期间，信仰与理性的问题都是哲学思考的核心问题。

早期基督教思想家，即教会领袖，更多地认为理性与信仰可和谐共处。

他们相信基督教可用更完整的方式来认识和揭示古代哲学家早就隐约感觉到的那些真理，古代哲学家的认识方式是碎片化的，也不乏错误。也就是说，古希腊思想家的确认识到了上帝，但并不像基督教徒们的认识一样好，因为上帝本人向基督教徒们启示了自己。

《门徒》，彩图，12 世纪。
佛罗伦萨，洛伦佐图书馆。

但这并不代表古希腊哲学就毫无价值。相反，古希腊哲学是真理的确定基础，因为它们是基于人类理性而产生的，而人类理性又参与了永恒理性（逻各斯）。

永恒理性在上帝中完全实现，是三位一体的第二位格，是万物理性与知性之源。因此，理性认识到的真理与启示真理并无冲突。

然而，这两种真理仍有区别。

上帝启示：

• 可更好地了解哲学无法完全认识的真理；
• 可拓展真理的范畴，可了解那些人类用理性无法独自认识的真理（如三位一体、圣道下凡、永恒救赎之路等）。

而理性则：

• 更好地理解基督教真理；
• 可深入理解上帝启示知识；
• 可用于驳斥来自异教徒的批判。

但仍有一些基督教领袖，如德尔图良严厉批判哲学。德尔图良认为，神圣智慧是人类根本无法望其项背的。如果从理性角度来看，信仰似乎是荒谬的。但哲学仅依靠理性，自然无法理解信仰的真正内容。所以理性与信仰水火不容。

✦ 3. 奥古斯丁：信仰与理性，共同通往真理 ✦

奥勒留·奥古斯丁则认为哲学理性与基督教信仰紧密联系，两者是一种持续的合作关系。他指出基督教文化开启了一种统一的认识传统，融合了自然与超自然的知识，哲学思想与宗教思想，逻辑论证与对上帝的祷告。

奥古斯丁认为：

• 理性是人类的可知原则与精神原则。

• 在心灵领域，基督教信仰是启蒙原则，可接受神圣恩典，可指引人类了解启示真理的内容。

• 信仰是启蒙之源，也建立在理性的运用之上。如果没有信仰的激励，理性（被原罪削弱）则会迷失在万物中，无法获得最高的知识。

• 在心灵的内省与理性的思考中，信仰找到了一种深化启示知识的具体方式。

理性能让心灵从虚假和邪恶的信念中解放出来，如果没有理性的帮助，那么真正的信仰则可能会被迷信或表面的信仰所取代。因此理性与信仰紧密联系，相互支撑。

他提出了一种信仰的含义：

• 一方面，这种信仰不是一种缺乏确定性的简单信仰，即那种伪装启示超自然真理的虚假信仰；

• 另一方面，信仰与自然知识及知性活动紧密相连。

信仰与知识及相信与认识的交织并不能抹灭二者之间的区别。奥古斯丁认为信仰更重要，因为其真理范畴要大过于理性的真理范畴。

❦ 4. 坎特伯雷大主教安瑟尔谟：为了理解而相信 ❦

早期经院哲学家认为理性与信仰是合作与和谐的关系，大多数思想家认为信仰是哲学研究的基础。

坎特伯雷大主教奥斯塔的安瑟尔谟继承的奥古斯丁提出的名言，即"我为了理解而相信"，是上述观点的体现。

安瑟尔谟认为有必要理性地证明信仰及所有不依附于理性的启示真理，因此他提出了寻找理性能力（即知性）的信仰。

哲学的任务是深化已经存在于信仰中的理性内容。但人类由于犯下原罪，也因此成为脆弱和不确定的存在，因此哲学受到限制。如果没有信仰，那么就无法真正了解启示内容。

因此，理性与信仰并不是截然区分的两个领域，哲学与神学也并无区别。安瑟尔谟在《独白》中就指出，信仰是哲学思考的根基。奥古斯丁用逻辑理性证明了上帝的存在，论证的出发点是由信仰而得的上帝的概念（即"那个无法设想比他更大的存在"）。

安瑟尔谟《独白》的目的在于证明信仰认识的上帝与哲学思考的上帝是同一的，让没有信仰的人也必须认可上帝是存在的。上帝赐予了人类知性，因此即使是不愿意相信的人，如无知者，也会因为自己的知性而不得不接受上帝的存在。

阿奎那提出:

* 理性与信仰是泾渭分明的两个领域;
* 因此理性思考具有独立自主性,不依附于神学。

阿奎那试图使用古希腊传统中的哲学工具,来解决人类提出的问题(首先是针对上帝的问题)。

阿奎那认为,人用自然工具获得的知识与因为信仰而获得的知识并不是冲突的,而是完全和谐的。尽管理性与信仰具有完全不同的领域与认识方法,但二者并无冲突,因为它们都来自上帝,都可以揭示真理。如果认为二者是矛盾的,就等于认为上帝在造假。

如果哲学思考得出的结论与启示真理相矛盾,那这些结论毫无疑问就是假的,是错误或误解。此时,理性必须回顾推论过程,找出失误的地方,找出错误并纠正它。

这就是"信仰规则",即信仰是检验理性论证的最终标准。

但理性仍是有效的认识工具,可获得真理,也可重新审查推论步骤。但理性具有局限性,无法参透神秘,因此需要恩典的帮助。恩典是上帝赐予人类的礼物,可在不否认理性独立性的前提下完善理性。

乔托,《信仰》,壁画,14世纪上半叶。帕多瓦,索罗维尼小堂。

阿奎那认可理性认识的价值，即古典哲学的哲学概念和逻辑论证，认为它们是信仰的支撑。理性可：

- 为信仰提供坚实的认识根基，让信仰者的选择更可令人信服；
- 可帮助阐释启示真理的内容；
- 可捍卫基督教教义，驳斥异教徒的反对观点。

理性与信仰应相互尊重对方的适用范围，从而和谐共处。

❧ 6. 方济各会思想家：信仰与理性之间的距离 ❧

经院哲学发展晚期，阿奎那的思想受到了方济各会两位最著名的哲学家邓斯·司各脱与奥卡姆的威廉的质疑。

两位思想家认为，理性与信仰之间的分歧大过于相同，理性与信仰的对象及思考方式各有特色。他们都：

- 认可人类在犯下原罪后，陷入了堕落。
- 强调人类理性的脆弱性，认为理性无法仅靠自身获得最重要的真理，即那些与永恒救赎相关的真理。

两位思想家并不认同阿奎那所说的"信仰的前提"，认为理性并不能长久地伴随人类走在信仰之路上。自然认识与启示真理（理性无法企及）之间、人类的自然目标与超自然目标之间存在区别。

哲学可以帮助我们认识世界万物，但不可以帮助我们获得救赎。

福音书中的上帝并不是哲学思考中的上帝，哲学家们的上帝也并不是基督徒们的上帝。人类是不完美的，犯下了原罪，因此上帝才会通过信仰给予人类恩典，而这是理性范畴之外的知识。

☙ 7. 邓斯·司各脱：哲学并不能认识终极真理 ❧

阿奎那认可理性的自主性，但邓斯·司各脱却持相反意见。人在人间是流浪者，渴望回归到天上故国（柏拉图－奥古斯丁的观点），人依靠理性只能认识到感性事物。而他的终极目标则是哲学思考无法认识的，因为终极目标根据上帝的自由意志而决定，因此需要启示，因为只有启示才能让人类了解到自己的终极目标，让人类了解到达这终极目标的方式。

邓斯·司各脱在其最伟大的著作《牛津论著》开篇便提出一个问题：人类为了获得真理，是否需要一种超自然知识？他的回答清晰明了：哲学只能获得自然理性，神学才能了解超自然理性。哲学并不能作为神学的前提，神圣启示是帮助人达到完美的必需知识。

☙ 8. 奥卡姆的威廉：启示是必需的 ❧

奥卡姆的威廉也认为神学真理是必需的，在人间流浪的人类必须依靠神学才能获得永恒救赎。

但人类知性无法认识神学真理，因为：

- 知性在地上的生活中无法直觉地了解上帝。
- 因此，知性也不能获得对上帝的抽象认识，因为抽象认识基于直觉认识。

只有启示才能为"上帝"这个词语赋予意义，才能谈论上帝的属性。而理性的力量无法了解信仰内容，因为信仰并不是科学命题，既不是论证过程的出发点，也不是论证的结论。如果信仰内容可用理性证明，那么启示就会毫无意义。正是它们的不可证明性才决定了神学不是一门科学，因此哲学与神学、理性与信仰是截然不同的。只有信仰才能指引人类获得救赎和永恒极乐。

中世纪对理性与信仰关系的论述

基督教领袖	· 理性与信仰是和谐统一的 · 信仰 = 真理的预示与根基，是得救之道 · 信仰的来源是意愿，而非知性
德尔图良	· 神圣智慧是无法计量的 · 信仰真理对理性来说是荒谬的
奥古斯丁	· 信仰与理性是相互合作的 · 信仰 = 神圣恩典赐予的启蒙之源 · 理性 = 被信仰指引，帮助信仰摆脱异教和错误 · 信仰更重要
安瑟尔谟	· 信仰与理性是相互合作的 · 信仰需要知性与理性的帮助 · 信仰建立哲学思考
托马斯·阿奎那	· 信仰与理性是和谐统一的，是相互独立的 · 理性思考是独立自主的（信仰的前提） · 哲学理性 = 信仰的工具
邓斯·司各脱	· 信仰与理性是相互区别的，信仰在超自然领域中更重要 · 哲学并不能是信仰真理的前提 · 只有神学才能认识超自然真理
奥卡姆的威廉	· 信仰与理性是相互区别的，信仰在超自然领域中更重要 · 人类知性并不能认识神学真理 · 只有信仰才能指引得救之路

译名对照表

A

Abelardo Pietro	皮埃尔·阿伯拉尔
Agostino Aurelio	奥勒留·奥古斯丁
Alberto Magno	大阿尔伯特
Alcuino di York	约克郡的阿尔昆
Al-Farabi	阿尔·法拉比
Alighieri Dante	但丁·阿利基耶里
Al-Kindi	阿尔·肯迪
Ambrogio Aurelio	奥勒留·安布罗修斯
Ammonio Sacca	阿摩尼阿斯·萨卡斯
Anselmo d'Aosta	奥斯塔的安瑟尔谟
Anselmo di Laôn	拉昂的安瑟尔谟
Ario	阿里乌斯
Aristotele	亚里士多德
Averroè（Ibn-Rashid）	阿威罗伊（伊本·路西德）
Avicenna（Ibn-Sina）	阿维森纳（伊本·西纳）

B

Bacone Ruggero	罗杰·培根
Benedetto da Norcia	努尔西亚人本笃

Bernardo di Chartres	沙特尔的贝尔纳
Bernardo di Chiaravalle	圣克莱尔沃的贝尔纳
Boccaccio Giovanni	乔万尼·薄伽丘
Boezio Severino	塞维林·波爱修
Bonaventura da Bagnoregio	白露里治奥古城的圣文德

C

Capella Marziano	马蒂纳斯·卡佩拉
Cassiodoro Flavio Magno Aurelio	卡西奥多罗斯·弗拉维·奥勒留

D

Damiani Pier	彼得·达米安
Diogene Laerzio	第欧根尼·拉尔修
Donato vescovo	主教多纳图
Duns Scoto	邓斯·司各脱

E

Enesidemo	埃涅希德谟斯
Epicuro	伊壁鸠鲁
Epitteto	爱比克泰德

F

Francesco d'Assisi	阿西西的方济各

G

Gaunilone	高尼罗
Gerolamo Sofronio Eusebio	索弗诺尼·优西比乌·哲罗姆
Giovanni di Salisbury	索尔兹伯里的约翰
Giovenale Decimo Giunio	尤维纳利斯

Giustino	殉道者查士丁
Gotescalco	哥特沙勒克神父
Grossatesta Roberto	罗伯特·格罗斯泰斯特
Guglielmo d'Auvergne	奥弗涅的威廉
Guglielmo di Champeaux	香浦的威廉
Guglielmo di Moerbeke	穆尔贝克的威廉

I

Isidoro di Siviglia	圣依西多禄

J

Jandun (de) Jean	詹丹的约翰

L

Lanfranco di Pavia	兰弗郎克
Luca	路加
Lucrezio	卢克莱修
Ludovico di Baviera	巴伐利亚国王路德维希二世

M

Maimonide	迈蒙尼提斯
Marco	圣马可
Marco Aurelio	马可·奥勒留
Marsilio da Padova	帕多瓦的马希留斯
Matteo	马太

N

Nausifane	瑙西芬尼
Nestorio	聂思脱里

| Numenio | 努谟尼俄斯 |

O

Ockham (di) Guglielmo	奥卡姆的威廉
Omero	荷马
Orosio Paolo	保卢斯·奥罗修斯

P

Paolo di Tarso	塔瑟斯的圣保罗
Pelagio	伯拉纠
Petrarca Francesco	弗朗西斯·彼特拉克
Pirrone di Elide	伊利亚的皮浪
Platone	柏拉图
Plotino	普罗提诺
Plutarco di Cheronea	喀罗尼亚城人普鲁塔克
Porfirio di Trio	推罗人波菲利
Pseudo-Dionigi	伪－狄奥尼修斯

R

| Roscellino di Compiègne | 贡比涅的洛色林 |

S

Scoto Eriugena Giovanni	约翰·司各脱·爱留根纳
Seneca Lucio Anneo	吕齐乌斯·安涅·塞内卡
Sesto Empirico	塞克斯都斯·恩披里可斯
Socrate	苏格拉底
Stilpone	斯底尔波

T

Tempier	唐皮耶
Tertulliano	德尔图良
Tommaso d'Aquino	托马斯·阿奎那

U

Ugo di Provenza	休·迪·普洛文扎

V

Virgilio Publio Marone	普布利乌斯·维吉留斯·马罗（维吉尔）

Z

Zenone di Cizio	季蒂昂的芝诺

图书在版编目（CIP）数据

西方哲学史七讲：从古罗马时期到中世纪／〔意〕弗兰切斯卡·奥基平蒂著；
长夏，彭倩译．—上海：上海三联书店，2021.4
ISBN 978-7-5426-7294-0
Ⅰ.①西… Ⅱ.①弗… ②长… ③彭… Ⅲ.①西方哲学－哲学史 Ⅳ.① B5

中国版本图书馆 CIP 数据核字（2020）第 246234 号

著作权合同登记号　图字：09-2020-791 号

西方哲学史七讲：从古罗马时期到中世纪

著　　者／〔意〕弗兰切斯卡·奥基平蒂
译　　者／长　夏　彭　倩
责任编辑／程　力
特约编辑／刘文硕
装帧设计／鹏飞艺术
监　　制／姚　军
出版发行／上海三联书店
　　　　　（200030）中国上海市漕溪北路 331 号 A 座 6 楼
邮购电话／021-22895540
印　　刷／三河市华润印刷有限公司
版　　次／2021 年 4 月第 1 版
印　　次／2021 年 4 月第 1 次印刷
开　　本／710×1000　1/16
字　　数／159 千字
印　　张／19.5

ISBN 978-7-5426-7294-0/B · 716

定　价：42.80元